복지행정의 선구자 **김학묵**

사회복지 인물사

복지행정의
선구자 김학묵

이용교 지음

미래복지경영 코람데오

머리말

　김학묵은 1916년에 충북 음성군 감곡면 상평리 상촌마을에서 태어나고 감곡소학교를 졸업했다. 서울에서 휘문보고를 다닐 때, 아버지가 주선한 신부 이영수와 결혼하였다. 2001년 서울에서 사망할 때까지 복지행정의 선구자, 사회사업학의 교육자, 장애인복지계의 대부 등으로 불리며 살았다.
　일제 강점기에 보성전문학교 법학과를 다닐 때 장덕수 교수로부터 영국에서 사회보장을, 미국에 가서 사회사업을 공부하면 좋겠다는 조언을 듣고 이를 실행하였다. 문학을 좋아했던 그는 경성방송 아나운서로 직장생활을 시작하였지만, "창하는 사람을 여사로 소개했다."는 이유로 구설에 오르자 퇴사했다. 이후 경기도 사회과에서 공무원으로 근무했다. 당시 경기도는 경성시(서울)를 포함하였기에 광역 행정을 배울 수 있었다.
　해방 이후 미군정기에 경기도 사회과장으로 일하고, 1950년에 유엔 장학생으로 선발되어 영국에서 6개월 동안 연수하였다. 귀국하여 사회부에서 1.4 후퇴 피난민 구호사업 등에 참여하였다.
　전후 복구사업을 위해 미국을 포함한 유엔 회원국가들과 일하며 국제적 네트워크를 형성했다. 1955년부터 2년간 미국 미네소타대학교 대학원에서 사회사업학을 공부하고 석사학위를 취득하여, 여러 대학교에서 지역사회조직과 행정 등을 강의하였다. 이후 서울특별시장 비서관, 중앙지역사회개발위원회 간사장을 거쳐, 1960년 허정 과도내각에서 보건사회부 차관으로 일했다. 이력서에서 '보건사회부 차관'은 가장 강조되었다.

대한적십자사 사무총장을 할 때 남북 적십자 회담을 총괄 지원하고, 한국청소년단체협의회 회장을 역임하였다. 대한적십자사 부총재로 퇴직한 후 한국사회복지협의회 회장, 의료보험조합연합회 회장 등을 역임하였다. 삼부토건 부사장이던 1978년에 한국뇌성마비복지회 초대 회장이 되어 2001년까지 회장으로 활동했다. 이 시기에 중앙장애인복지대책위원회 위원장, 장애인복지단체협의회 회장 등으로 장애인복지계를 넘어 사회복지계의 발전을 위해 헌신하였다. 85년간 다양한 활동을 하였기에 그의 생애는 여러 시각에서 평가될 수 있다.

이 책은 '사회복지인물사 연구'로 집필되었는데, 이는 한국 사회복지계가 김학묵을 '복지행정의 선구자'로 인식하고 있다는 뜻이다. 그는 일제 강점기에 경기도 사회과에서 사회(사업)행정을 경험하고, 미군정기와 한국전쟁기에 구호사업을 실천하였다. 미국 유학을 마친 후에는 미국의 지원을 받아 지역사회개발사업을 전국에서 시범적으로 실행하였다. 이러한 경력이 축적되어 4.19 혁명 이후 허정 과도내각에서 보건사회부 차관으로 일하였다. 그 공적을 인정받아 미국 하딩대학교에서 명예박사 학위를 받았으니 '복지행정의 선구자'라는 이름에 걸맞다고 볼 수 있다.

김학묵은 일본어와 영어를 자유롭게 구사하면서 사회복지계의 국제 교류협력을 개척하였다. 대한적십자사 사무총장일 때 국제적십자사연맹/이사회 등에서 남북이 총성 없는 체제 경쟁을 할 때 최일선에서 뛰었다. 한국청소년단체협의회 회장일 때는 아시아태평양청소년단체협의회의 창설을 주도하였다. 한국사회복지협의회 회장, 한국뇌성마비복지회 회장 때도 국제회의에 민·관 대표가 함께 참가하여 선진국의 복지를 도입하였다. 그는 사회복지계에 '세계로 열린 문'을 열어 다른 나라의 것을 배우고, 나라 간에 교류하며, 한국에서 국제행사를 주최하도록 주선했다.

김학묵의 삶을 관통하는 정신은 무엇일까? 그는 평소 "이 생명과 이 힘을 눌린 것을 치들고 굽은 것을 펴기에 쓰리로다, 부리리로다."란 신념을 실천한 휴머니스트였다. 청년시절에는 민족 지도자 여운형을 존경하고 '사회주의자(socialist)'의 길에 관심이 많았으며, 장애인을 포함한 사회적 약자도 좀 더 살기 좋은 세상을 열어가기 위해 노력하였다.

사람들은 그를 "위풍당당하던 노신사, 빨간 나비넥타이와 중절모가 잘 어울리고 그 멋있는 외모에 걸맞은 매력과 유머를 지닌 회장님"으로 기억했다. 그런데 뇌수술을 한 후 함몰된 머리를 보호하기 위해 모자를 썼다는 이야기를 듣고 자신의 아픔까지도 매력과 유머로 이겨낸 것으로 보인다.

그는 15세에 동갑내기와 결혼하여 4남 1녀를 두었다. 유명한 사극 드라마 연출가인 장남 재형은 "아버님의 삶을 드라마로 치면 어떤 것이냐?"라는 기자의 질문에 "그 어른의 인생은 한마디로 '휴머니즘 강한 홈드라마'였다."고 회고했다. 3남 재덕이 베체트병으로 시각장애인이 된 것이 장애인부모의 마음을 이해하고, 장애인의 복지를 위해 헌신한 계기가 되었을 수도 있겠다.

그는 미군정기에 경기도에서 수많은 구호물자를 다루고, 서울특별시장 비서실장을 할 때에는 도시계획사업에 관여하며, 중앙지역사회개발위원회 간사장일 때는 미국의 원조금을 재량으로 쓸 수 있었다. 하지만 아내가 개발 예정지 주변에 집을 사려는 것을 막았고, "보건사회부 차관 시절에도 전셋집에서 살았다."는 것은 결코 평범하지 않다. 언론은 '청렴한 공직자'로 칭송하지만, 가족의 입장에서 보면 가장으로서의 역할을 소홀히 한 측면도 있었다.

청렴하게 살면서도 보건사회부 차관이란 사회적 품위를 유지하기 위해 '운전자 딸린 승용차와 넓은 회장실'을 제공한 한국뇌성마비복지회와 함께 했다. 이 넓은 회장실은 1988년 서울 장애인 올림픽 이후 폭발적으로 늘어난 장애인복지계의 정책의제를 생산하는 여론광장이 되었다. 김학묵 박사의 일생은 '복지행정의 선구자'로서의 삶이었고, 특히 노년에는 '장애인복지계의 대부'로서의 삶이었다고 정리할 수 있다.

이 책은 김학묵 박사의 생애사지만, 그 생애 속에 씨줄과 날줄이 된 복지행정, 사회복지학계, 한국사회복지협의회, 한국사회복지사협회, 대한적십자사, 한국청소년단체협의회, 의료보험조합연합회 등도 다루었다. 수많은 자료를 생산하거나 제공한 분들에게 감사드린다.

또한, 재정 지원을 한 미래복지경영 최성균 회장님, 인터뷰를 통해 소중한 정보를 준 한국뇌성마비복지회 3대 최경자 회장님, 김학묵 회장의 4남 재연 전 KBS국장님께 감사드린다. 독자 여러분의 성공과 행복을 기원하며 집필을 마친다. 혹 부족한 점이 있다면, 개정판을 통해 보완할 계획이니 의견을 주시기 바란다.

2023년 7월 23일
저자 이용교

발간사

사회복지 선각자들의
정신을 잇는 작업

　(사)미래복지경영과 한국사회복지역사학회가 공동으로 한국 사회복지교육의 역사에 중요한 발자취를 남기신 분들의 이야기를 출판하게 된 것을 기쁘고 감사하게 생각합니다.

　단재 신채호 선생께서는 역사를 모르는 민족에게는 미래가 없다고 말씀하셨습니다. 이는 우리나라 사회복지의 역사에도 동일하게 적용될 수 있을 것입니다. 역사의 고비마다 치열하게 싸우고 고민했던 분들의 삶을 기억하지 않는다면 앞으로의 발전은 기대할 수 없을 것입니다.

　이번 〈사회복지인물사 발간사업〉에는 한국 사회복지교육의 토대를 마련하신 네 분의 선구자적 인물로 김덕준, 하상락, 김학묵, 백근칠 선생을 선정하였습니다. 그리고 이분들의 생애사를 집필할 연구진들 역시 적절한 절차를 거쳐 선정되었습니다. 집필된 원고는 학회 세미나 등을 통해 검토·논의되었고, 연구진들의 수정·보완을 거쳐 발간되는 것입니다.

　〈사회복지인물사 발간사업〉은 시작부터 발간까지 1년을 훌쩍 넘기며 이어져 왔습니다. 한국사회복지역사학회가 함께 해주지 않았다면 이루어지기 어려웠을 것입니다. 이 뜻깊은 여정에 기꺼이 동참해주신 전·현직 학회장님을 비롯한 임원진 여러분께 깊은 감사의 마음을 전합니다.

발간사업을 통해 소개되는 분들 중에서 김덕준 교수님과 하상락 교수님은 각각 강남대학교와 서울대학교에서 사회사업학과를 개설하셨습니다. 그리고 김학묵 박사님과 백근칠 박사님은 각각 공공 사회복지와 민간 사회복지 분야를 개척하신 분들입니다. 한국 사회복지가 불모지일 때 사회복지를 시작해서 치열하게 고민하며 나아갈 방향을 제시하려고 고민하셨던 분들입니다. 암울했던 시절, 일본, 미국 혹은 영국으로 건너가 아무나 쉽게 받을 수 없었던 사회복지 전문교육을 받고 그곳에서의 안정된 삶을 포기하고 한국 사회복지를 위해 귀국하여 학계와 현장에서 사회복지사들을 위해 교육자의 역할을 해주셨던 분들입니다.

이분들에게도 공과(功過)가 있겠습니다마는, 저 또한 어려운 시절을 살아냈던 사회복지사로서 지금의 한국 사회복지가 이만큼 발전하기까지는 이분들이 초창기 사회복지사(史)에서 혁혁히 이루어냈던 공로가 과실과는 비교할 수 없을 만큼 빛나기 때문이 아닐까 싶습니다. 그 결과 우리는 수많은 사회복지사들이 전문직으로 전국 방방곡곡에서 자부심을 가지고 일하고 있는 것을 보고 있습니다. 누군가 첫 발을 내디뎠고,

그 누군가들 중에 이 네 분이 있습니다.

　마지막으로, 집필진께 감사의 마음을 전합니다. 적은 원고료에도 서슴지 않고 집필을 맡아 주셨습니다.

　이용교 광주대 교수님께서는 김학묵 편을 맡아 주셨습니다. 최원규 전북대 교수님께서는 하상락 편을 맡아 주셨습니다.

　김범수 전 평택대 교수님과 이선혜 일본 간세이가쿠인대학 교수님은 김덕준 편을 맡아 주셨습니다. 이부덕 전 미국 로욜라대 교수님께서는 김덕준 편에 함께 참여해 주셨습니다.

　박경현 샘복지연구소장님께서는 백근칠 편을 맡아 주셨습니다. 허남순 전 한림대 교수님께서는 백근칠 편에서 입양 관련한 내용으로 참여해 주셨습니다.

　모두들 어렵다, 부질없다고 이야기한 이 프로젝트를 한국사회복지역사학회와 함께 (사)미래복지경영이 늦게나마 출판하게 된 것은 다행이기도 하지만, 지금에서야 이러한 결실이 맺어졌다는 것은 매우 안타까운 일이기도 합니다. 잊혀져가는 한국 사회복지의 뿌리와 역사 속에서 선배들이 걸어온 길과 정신을 우리가 본받아 후배들에게 알려야겠다는 사명감 속에서 최선을 다했습니다.

　특히, 백근칠 선생님의 자료는 찾기가 매우 힘들어 많은 시간과 노력을 통해 박경현 선생이 글을 마무리 해준 것을 매우 감사히 생각합니다. 백근칠 선생님과 관련하여 아동 입양사를 허남순 교수께서 채워 주셔서 부족한 부분은 조금이나마 보완하고자 노력하였습니다.

　이제 우리나라도 세계적인 복지국가로 들어섰습니다. 과거 이 척박한 땅에 사회복지를 뿌리 내리게 한 역사의 내용을 간과하지 말고, 곱씹으며 더 나은 미래의 복지국가를 만들어 가는 노력을 모두가 함께해야 할 것입니다.

　다시 한 번 어려운 환경 속에서 성심성의껏 원고를 보내주신 집필진 분들에게 감사 인사드립니다.

2023년 11월

최 성 균

미래복지경영 회장

차례

발간사 ·· 5
머리말 ·· 10

제1장 성장 과정
1. 출생과 성장 ··· 19
2. 형제와 자매 ··· 27
3. 휘문고등보통학교 ·· 30
4. 보성전문학교 ··· 35

제2장 사회복지행정의 개척
1. 경기도 사회과 공무원 ·· 51
2. 사회부 사회국 국장서리 ·· 73
3. 서울특별시장 비서관 ··· 80
4. 지역사회개발중앙위원회 간사장 ·· 82
5. 보건사회부 차관 ·· 91

제3장 사회사업학의 도입과 교육
1. 유엔 장학생으로 영국 연수 ·· 105
2. 미국 미네소타대학교 대학원 유학 ··· 140
3. 대학교에서 사회사업(복지)학 강의 ·· 149
4. "최초" 사회사업개론 집필 ·· 166
5. 활발한 방송활동 ·· 172

제4장 대한적십자사 재직 시기 활동

1. 대한적십자사의 최장수 사무총장 ···································· 177
2. 남북적십자 회담의 실무 총괄 ···································· 185
3. 한국청소년단체협의회 회장 ···································· 196
4. 사회복지계 발전에 기여 ···································· 206

제5장 한국사회복지협의회 회장과 회관 건립

1. 한국사회복지협의회 회장 ···································· 213
2. 삼부토건 부사장 ···································· 216
3. 한국사회복지회관의 건축 추진 ···································· 220
4. 한국사회사업가협회 회장 경선 ···································· 224

제6장 의료보험조합연합회 회장

1. 의료보험조합연합회 회장 ···································· 233
2. 의료보험조합연합회 회장 시기의 일화 ···································· 243
3. 의료보험조합연합회 회장직의 의미 ···································· 244

제7장 한국뇌성마비복지회 회장

1. 사단법인의 설립과 김학묵 회장 ···································· 249
2. 초기 사무국의 활동 ···································· 256
3. 모금활동과 기금 조성 ···································· 260
4. 국제회의 참석과 선진 제도의 도입 ···································· 263
5. 치료실 및 교실의 확보와 자체 회관 필요성 ···································· 265
6. 청소년캠프와 국제청소년캠프 ···································· 268

7. 뇌성마비인의 성장과 자립 지원 ·· 273
  8. 복지회 임원과 회관 건립 ·· 276

제8장 장애인복지계에서 중추적 활동
  1. 장애인복지단체협의회 회장 ·· 285
  2. 장애인복지계 민관협력 활동 ·· 290
  3. 훈장·포장 ·· 293

제9장 가족
  1. 결혼 ·· 297
  2. 자녀 ·· 298

제10장 장례와 추모

연보 ·· 328

참고문헌 ··· 332

제1장
성장 과정

1. 출생과 성장

김학묵(金學默)은 1916년 4월 24일에 충북 음성군 감곡면 상평리 상촌(桑村)에서 태어났고, 2001년 5월 15일에 서울에서 사망했다. 그는 우리나라에 사회사업(복지)학이란 개념을 도입한 사회복지학자이자 보건사회부 차관을 역임한 공무원, 대한적십자사 사무총장과 부총재, 한국청소년단체협의회 회장, 한국사회복지협의회 회장, 의료보험조합연합회 회장, 한국뇌성마비복지회 회장, 중앙장애인복지대책위원회 위원장, 장애인복지단체협의회 회장 등으로 사회복지를 위해 기여하였다.

그는 대한제국 시기인 1906년 4월에 한성(서울)에서 설립된 민중계몽단체 '대한자강회(大韓自强會)'의 발기인이었던 김상범(金相範)의 맏아들로 태어났다. 한국민족문화대백과사전에 따르면, 대한자강회는 1905년 5월 이준(李儁)·양한묵(梁漢默) 등이 조직한 헌정연구회(憲政研究會)를 확대·개편한 것이다. 장지연(張志淵)·윤효정(尹孝定)·심의성(沈宜性)·임진수(林珍洙)·김상범(金相範) 등 20여 명이 국민 교육을 고양하고 식산을 증진해 부국강병을 이루어 장차 독립의 기초를 마련하기 위한 목적으로 조직하였다. 대한자강회는 강연회의 개최, 기관지 발행 등을 추진하였다.

1906년 4월 임시회에서 회장 윤치호(尹致昊), 고문 오가키(大垣丈夫), 평의원과 간사원은 각각 10명씩 선임되었다. 1907년 5월의 보고에 의하면 전국에 지회 25개소가 있었는데, 주로 서울 본회가 중심이 되어 활동하고, 교육부와 식산부를 두어 사무를 수행하였다.

대한자강회는 당시 법이 허용하는 한도 내에서 활동 범위를 설정했기에 소극적이며 온건한 계몽운동으로 일관하였다. 대한제국 정부도 통감부의 영향 아래 있었기에 대정부 건의운동도 실질적인 성과를 거둘 수 없었다. 특히, 일제의 감시를 피하기 위해 일본인 고문 오가키를 두었지만, 그가 한국인을 위해 활동하기를 기대하기는 어려웠다. 그가 회고담에서 일제 침략의 수족으로 활약했음을 밝히고 있는 데서도 잘 나타난다. 이 단체는 국채보상운동 이후에는 적극적인 현실참여운동을 전개하면서 1907년 8월 이완용(李完用) 내각의 지시에 따라 내부대신의 명의로 해산 당했다. 대한자강회는 설립된 지 1년 4개월 후인 1907년 8월 21일에 보안법에 의거하여 강제 해산되었다.

대한자강회는 한계가 있었지만, 당시 사회적 제약 아래서도 월보(대한자강회월보)의 간행, 지회의 설립 등으로 주권회복·자주독립의 쟁취를 위한 국민계몽에 이바지한 바 크다. 그 뒤에 조직되는 대한협회의 전신이라는 점에서 한말 애국계몽운동의 전개에 중요한 구실을 하였다.

김상범은 1906년 7월 31일 창간된 대한자강회의 회지인 '대한자강회월보(大韓自彊會月報)'의 '편집 겸 발행인'으로 일했다. 이 월보는 대한자강회의 취지에 따라 내외의 학문과 소식을 전달하고, 연설과 소설 등을 실어 민중세력의 지식계발을 꾀하였다. 그러나 1907년 송병준이 내부대신이 되면서 치안방해라는 구실로 자강회를 해산시키는 바람에 그해 7월 25일 제13호를 마지막으로 종간되었다.

김상범은 1906년 4월에 창립된 대한자강회의 5명의 설립자 중 한 사람으로, '대한자강회월보'의 편집 겸 발행인이었다. 대한자강회가 1907년 8월에 강제 해산되자 대한자강회의 명칭은 대한협회로 바뀌었다. 1908년 4월 25일 창간된 대한협회회보의 편집 겸 발행인은 이종일이었다. 대한협회 회보는 1909년 6월부터 일간지 '대한민보'로 이어졌다.

따라서, 각종 인터넷 자료에서 "김상범은 황성신문의 주필과 편집국장을 지냈다."는 기록은 수정되어야 한다. 나무위키 김학묵의 주 1번에서 김상범은 "일제 강점기 민중계몽단체 '자강회'의 발기인이었으며, 위암 장지연 선생이 창간한 황성신문의 주필과 편집국장을 지낸 인물이다."로 소개되어 있다. 그의 장남 김재형을 소개한 글에서도 "조부 김상범은 민중계몽단체 '대한자강회'의 발기인이었고 '황성신문'의 주필과 편집국장을 지냈다."란 구절이 나온다.

역사적 자료를 보면, 김상범은 대한자강회월보의 '편집 겸 발행인'이었고, 황성신문의 '주필과 편집인'은 아니었다. 황성신문은 국한문을 혼용하였고, 한문이 많이 사용되었기에 지식인층에게 많이 읽혔다. 민중을 계몽하는 데에 큰 역할을 하였고, 일제의 침략에 저항하는 저항 언론으로서의 명성도 가지고 있었다. 1905년 강제로 체결된 을사늑약 이후 장지연이 '시일야방성대곡'이라는 사설을 게재한 것으로 정간 당하였다.

시일야방성대곡(是日也放聲大哭) 전문

지난 번 이등(伊藤) 후작이 내헌했을 때에 어리석은 우리 인민들은 서로 말하기를, "후작은 평소 동양삼국의 정족(鼎足) 안녕을 주선하겠노라 자처하던 사람인지라 오늘 내한함이 필경은 우리나라의 독립을 공고히 부식케 할 방책을 권고키 위한 것이리라"하여 인천항에서 서울에 이르기까지 관민상하가 환영하여 마지않았다. 그러나 천하 일 가운데 예측키 어려운 일도 많도다.

천만 꿈밖에 5조약이 어찌하여 제출되었는가. 이 조약은 비단 우리 한국뿐만 아니라 동양 삼국이 분열을 빚어낼 조짐인 즉, 그렇다면 이등 후작의 본뜻이 어디에 있었던가? 그것은 그렇다 하더라도 우리 대황제 폐하의 성의(聖意)가 강경하여 거절하기를 마다하지 않았으니 조약이 성립되지 않은 것인 줄 이등 후작 스스로도 잘 알았을 것이다. 그러나 슬프도다. 저 개돼지만도 못한 소위 우리 정부의 대신이란 자들은 자기 일신의 영달과 이익이나 바라면서 위협에 겁먹어 머뭇대거나 벌벌 떨며 나라를 팔아먹는 도적이 되기를 감수했던 것이다.

아, 4천년의 강토와 5백년의 사직을 남에게 들어 바치고 2천만 생령들로 하여금 남의 노예 되게 하였으니, 저 개돼지보다 못한 외무대신 박제순과 각 대신들이야 깊이 꾸짖을 것도 없다. 하지만 명색이 참정(參政)대신이란 자는 정부의 수석임에도 단지 부(否)자로써 책임을 면하여 이름거리나 장만하려 했더란 말이냐.

김청음(金淸陰)처럼 통곡하며 문서를 찢지도 못했고, 정동계(鄭桐溪)처럼 배를 가르지도 못해 그저 살아남고자 했으니 그 무슨 면목으로 강경하신 황제 폐하를 뵈올 것이며 그 무슨 면목으로 2천만 동포와 얼굴을 맞댈 것인가. 아! 원통한지고, 아! 분한지고. 우리 2천만 동포여, 노예된 동포여! 살았는가, 죽었는가? 단군, 기자이래 4천년 국민정신이 하룻밤 사이에 홀연 망하고 말 것인가. 원통하고 원통하다. 동포여! 동포여!

[출처] 시일야방성대곡 전문 - 장지연

김상범은 장지연과 함께 대한자강회의 창립에 관여하였고, 대한자강회월보의 '편집인 겸 발행인'으로 참여하였다. 그런데, 장지연이 황성신문의 주필, 사장으로 관여하였기에 김상범이 "황성신문의 편집인 겸 발행인"으로 와전된 것으로 보인다.

한국민족문화대백과사전에 따르면, 황성신문은 1898년 9월 5일 사장 남궁억(南宮檍), 총무원 나수연(羅壽淵) 등이 국민지식의 계발과 외세 침입에 대한 항쟁의 기치 아래 지금의 서울 광화문에서 창간되었다. 황성신문은 "1910년 6월 12일부터 편집 겸 발행인이 성선경(成善慶)으로 바뀌었다."는 기록이 있을 뿐이다.

> 황성신문은 초기 주필로는 유근(柳瑾)·박은식(朴殷植) 등이 활약하였으며 얼마 뒤 장지연(張志淵)도 합류하였다. 창간 때부터 1902년 8월까지 만 4년간 사장직을 맡은 남궁억은 재임 중 두 번이나 구속되었다. 1902년 8월 31일에는 2대 사장으로 장지연이 선출되었다.
> 1905년 11월 20일자 〈시일야방성대곡(是日也放聲大哭)〉 기사로 정간을 당하고, 사장 장지연을 비롯하여 10여 명의 직원이 체포되었다. 이듬해 1월 24일 장지연이 석방되고 발행정지도 동시에 해제되었으나 장기정간으로 재정난이 악화되어 2월 12일에야 겨우 속간할 수가 있었다.
> 2월 17일자에는 사장 장지연, 부사장 김상연(金祥演), 회계 김시영(金始榮) 등이 사임하고 새로운 운영진이 사원총회에서 선임되었는데, 이때 남궁훈(南宮薰)이 3대 사장으로 취임하였고 총무에 성낙영(成樂英), 회계에 김재완(金在完)을 선임하였다.
> 그 뒤 1907년 5월 18일 총회에서 사상에 심상천(金相天), 총무에 김재완이 선출되었고, 그해 9월 17일 총회에서 사장에 유근이 선출되었다. 1910년 6월 12일부터는 편집 겸 발행인이 성선경(成善慶)으로 바뀌었다.

한편, 대한자강회의 활동에 대해 관운(管韻)은 "일제의 침략 의도를 제대로 파악하지 못한 애국계몽운동의 대표 단체"라고 평가했다. 대한자강회는 1906년 4월 설립된 애국계몽운동 단체로서, 1905년 11월 을사늑약 체결로 한국(대한제국)이 일제의 보호국으로 전락한 상황에서 윤효정, 장지연을 비롯한 개화 자강 계열 및 개신 유학적 인사들이 실력 양성을 통한 자강 독립의 실현을 목표로 결성하였다.

대한자강회는 한국 정부와 통감부에 계몽적 활동 외에 어떠한 정치적 활동도 하지 않겠다는 약속을 하고 승인을 얻은 후 '합법적' 단체로 발족했다. 즉, 대한자강회의 설립 목적과 활동은 '자강(自强)' 즉 서양과 같은 문명 달성을 통해 국권회복을 이루자는 데 있었다. 설립취지서를 보면 "무릇 나라의 독립은 자강 여하에 달렸다. 우리 대한이 종전에는 자강지술(自强之術)을 강구하지 않아 인민이 우매한 것에 갇히고, 국력이 쇠패(衰敗)해졌다."고 하며, '자강지술'은 "다른 것이 아닌 교육을 진작하고 식산흥업하는 것에 있다. 교육이 흥하지 않으면 민지(民智)가 미개하고 산업을 일으키지 않으면 국부(國富)가 증가할 수 없으니, 그런 즉 민지를 열고 국력을 기르는 길은 단지 교육과 산업의 발달에 있다."라고 하였다.

대한자강회는 초기에 교육과 식산에 대한 정책을 정부에 제안하였는데, 1907년 2월 시작된 국채보상운동에 동조하여 적극 참여하였고, 1907년 6월에 박영효 귀국환영 집회에서 대한자강회 인천지회장 정재홍의 자살사건으로 더욱 적극화 되었다. 1907년 6월 헤이그 특사 사건으로 인한 고종의 양위가 일제의 강압적 수단에 의해 이루어졌다는 사실이 전해지자 자강회는 양위반대운동과 배일운동을 전개하였다. 결국 대한

자강회는 1907년 8월 보안법에 의거해 내부대신의 명의로 강제 해산당했다.

대한협회는 1906년 창립되어 교육진흥과 식산흥업을 주지로 삼고 계몽운동에 앞장서서 일제의 침략정책에 항거, 투쟁하던 대한자강회가 일제 통감부에 의하여 강제 해산된 뒤 대한자강회의 고문이던 오가키 다케오(大垣丈夫)가 이토 히로부미(伊藤博文)의 내락을 얻어 1907년 11월 10일 윤효정(尹孝定)·장지연(張志淵) 등 이전의 대한자강회 간부들과 천도교의 대표로서 권동진(權東鎭)·오세창(吳世昌) 등을 추가시켜 10명으로 이 단체를 조직하였다.

대한자강회가 해산된 지 겨우 3개월 만에 그 구성과 목적이 크게 다르지 않은 대한협회가 창립될 수 있었던 것은 일제가 한국의 배일적인 지식인들을 한 단체로 규합하고 회유하여 적극적이고 직접적인 반일투쟁에의 참여를 막기 위한 것으로 풀이된다. 사무소는 서울 탑동(塔洞)에 있었고, 회원은 약 5,000명이었으며, 평양·대구·진주 등 37개 지회가 있었다. 총재에 민영휘(閔泳徽)가 선출되었으나 취임을 사양하여 공석으로 있었고, 회장 장박(張博)도 취임을 사양하여 남궁억(南宮檍)이 되었다. 1908년 7월 남궁억의 사임으로 김가진(金嘉鎭)이 회장이 되었으며, 일본인 기사 스케고로(志賀祐五郞)가 고문으로 선출되면서 협회의 성격도 크게 변하였다.

대한협회는 1909년의 시국에 관한 견해는 통감부의 침략정책을 정면으로 비판, 거부하지 못하고 점진적인 시정 개선이나 건의를 하였다. 특히, 항일의병 투쟁을 지방 소요로 규정하고 그 진압을 지금의 급선무라고 하였다. 대한자강회의 강력한 항일운동을 이어받고 민족진영을 대표하기 위하여 조직한 정치단체로서의 대한협회는 이용구(李容九)에게 이용당하여 친일단체인 일진회(一進會)와 제휴하였다. 일반회원들은 이에 반대하였으나, 1909년 9월 두 단체는 서로 협력하여 친일경향을 나타내었다.

김상범은 일제 강점기에 경성(서울)에서 충북 음성군 감곡면 상평리 상촌으로 이주하였다. 김학묵이 감곡소학교를 졸업하고, 휘문고보에 다닐 때 결혼하여 1936년 6월 5일 첫아들을 삼청동에서 낳은 것으로 보아 서울에도 거처를 둔 것으로 보인다.

김학묵은 대한제국 시기에 대한자강회에 참여하고, 일제 강점기에 독립운동에 참여한 혐의로 옥고를 치룬 아버지 밑에서 성장하였다. 그의 4남 재연은 "김상범 할아버지는 조선시대 정3품으로 정주군수 등을 하였는데, 일찍 상투를 자르고 개화했다. 독립군에게 군자금을 제공했다는 혐의로 옥고를 치렀다. 옥중에서 고문을 받아 중풍에 걸려서 와병 상태에 있다가 해방 후에 돌아가셨다. 할아버지가 돌아가셨을 때, 이승만 대통령이 무엇인가를 하사하였고, 상여가 나가기 전에 '범이 마을을 빙빙 돌았다'는 전설 같은 이야기가 있다."라고 증언했다.

김학묵은 구 안동 김씨의 후손이다. 구 안동 김씨는 신라 경순왕의 후예인 김숙승(金叔承)을 시조로 하고, 김방경(金方慶)을 중시조로 한다. 김방경은 삼별초를 토벌한 공으로 수태위중서시랑평장사에 올랐으며, 1283년 삼중대광 첨의중찬 판전리사사 세자사로 치사되었다. 추충정난 정원공신 상락공(上洛公)에 봉해지고 충렬공의 시호가 내려지고 숭의전에 배향되었다. 안동(安東)을 식읍으로 받아 구 안동 김씨의 중시조가 되었다. (신안동 김씨가 따로 있음)

김방경은 1270년 6월 배중손 등이 삼별초의 난을 일으켜 승화후 온(承化後 溫)을 왕으로 추대하자 추도사가 되어 참지정사 신사전과 함께 삼별초를 공격했다. 그때 삼별초에 의하여 함락되기 직전의 전주와 나주를 구하고, 진도의 대안에서 토벌에 진력하다가 무고로 개경에 압송되기도 하였지만 곧 석방되어 상장군을 제수 받고 다시 삼별초의 토벌에 힘쓰게 되었다.

그는 1274년 10월에 원나라와 함께 1차 일본 정벌에 도독사(都督使)로 참전하였다. 군세는 병력이 몽고군과 한인병이 2만 5천 명, 함선이 9백 척이었지만 일본군의 저항과 태풍으로 병사 절반 이상을 잃고 합포(마산)로 돌아왔다. 1281년 제2차 일본 정벌에 원나라로부터 중선대부(中善大夫)·관령고려국도원수(管領高麗國都元帥)의 직임을 받고, 10만 연합군을 이끌고 참전하였다. 김방경과 홀돈의 지휘 하에 합포를 출발, 이키도를 비롯해 구주 연안의 섬을 공략하고 하카타만을 공격하였지만 태풍과 해전의 미숙으로 실패하였다.

2. 형제와 자매

김학묵의 형제와 자매는 2남 2녀로 누나 애란, 남동생 주묵, 여동생 경란이었다. 김주묵(金周默)은 1918년 1월 14일에 감곡면에서 태어나서 경성공립고등보통학교(현 경기고등학교)와 일본 와세다대학교 법과를 졸업했다.

4남 재연은 "작은 아버지는 신사참배를 거부하고, '데카당스'였다."라고 증언했다. 데카당스는 19세기 말 프랑스와 영국 등 유럽에서 유행하였던 문예 현상으로, 병적인 감수성, 탐미적 경향, 전통의 부정 및 비도덕성 등이 특징인데, 주묵은 일제 강점기에 직업을 가지지 않았다.

1950년대 초기에 장면 국무총리 비서관으로 정계에 입문하였고, 이후 한국일보 정치부장, 조선일보 정치부장 등을 지냈다. 1958년 5월 제4대 국회의원 선거에서 음성군 선거구에 민주당 후보로 출마해 당선되었다. 1959년 자유당에 입당하였다가 1960년 3·15 부정선거 가담을 이유로 공민권을 제한당했다. 이후 경향신문 상무로 일하다가 1963년 민정당 창당에 참여하였으며, 신한당, 신민당, 국민당 등에도 몸담았다.

대통령긴급조치 위반으로 1974년 9월 징역 15년에 자격정지 15년을 선고받았고 1980년 초 사면 복권되어 1981년 민주정의당 지도위원이 되었다. 1988년 11월 8일에 사망하였고, 2018년 긴급조치 위반 건에 대해 재심에서 무죄를 선고받았다.

> **'긴급조치 위반' 김주묵 전 의원, 별세 30년 만에 무죄**
>
> 세계일보 배민영 기자. 2018년 5월 6일
>
> 검찰의 공소장에 따르면 그는 1974년 1월 서울 종로구의 한 역학연구소에서 "대통령긴급조치는 (박정희 당시 대통령이) 1인 독재로 장기집권하기 위해 선포된 것이다"는 말을 듣고 "나도 대통령긴급조치는 학생들을 누르기 위한 지나친 조치라고 생각한다"고 말했다. 이어 같은 해 5월에는 "개헌을 요구하는 민의를 긴급조치로 막고 있다"는 내용의 미국 워싱턴포스트 기사 복사본을 지인한테서 건네받아 읽은 후 "외국에서도 우리와 같이 대통령긴급조치는 개헌을 막기 위한 독재적 조치라고 규정하고 있

> 다"고 말해 대통령긴급조치를 비방한 혐의가 적용됐다.
> 　이른바 유신 정부는 '긴급조치 위반' 혐의로 언론인이자 정치인인 김주묵의 정치적 생명을 끊은 것이다. 그의 '긴급조치 위반' 혐의는 사후 30년 만인 2018년 5월 6일 서울중앙지법 형사4단독 엄기표 판사에 의해 '무죄'로 판결되었다. 그는 생전에 민주화가 실현되는 것을 끝내 보지 못하고 노태우정권 집권 1년차인 1988년 11월 8일에 사망했다.

　김학묵은 두 살 터울인 주묵과 중요한 일을 상의하였다. 자신은 1960년에 보건사회부 차관을 했고, 주묵은 1958년에 고향에서 국회의원으로 당선되었기에 정치적으로 판단할 사항도 적지 않았을 것이다. 4남 재연은 "국가재건최고위원회가 아버지에게 공보부 장관을 제안할 때, 그날 저녁 제기동 집 안방에서 두 분이 '군사정부는 오래 못갈 것'이라고 하면서 제안을 거부하기로 결정했다."고 목격담을 전했다(2023년 2월 27일 인터뷰). 군사정부에 참여할지 여부는 개인의 운명과 집안의 명운을 좌우하기에 형제끼리 심사숙고했던 것이다.

　재연은 "큰고모 김애란은 결혼하였지만 자식이 없었다. 남편이 해방 후에 월북했다고 한다."고 하며, '고적했을 것'이라고 말했다. "작은 고모 김경란은 이화여대 가정과를 수석으로 입학했다고 한다. 며느리(자신의 어머니 이영수)는 (시아버지께서) '중학교에 보내주겠다'고 약속했지만 보내주지 않았는데, 고모는 대학을 다녔으니 섭섭했을 것이다."라고 증언했다(2023년 2월 27일 인터뷰).

3. 휘문고등보통학교

　김학묵은 음성군 감곡면에 있는 감곡소학교를 졸업한 후 경성(서울)에 있는 휘문고등보통학교(약칭 휘문고보, 현 휘문고등학교)를 1934년에 졸업했다. 그가 생전에 휘문고보에서의 생활을 회고한 것은 찾기 어렵다.

　휘문고보는 1922년 4월부터 4년에서 5년제로 개편되었기에 김학묵은 1929년 4월에 입학하였을 것이다. 휘문고보는 1904년 9월 1일에 민영휘(閔泳徽, 1852~1935)[1]가 '광성(廣成)의숙'으로 개교하였지만, 1906년에 고종으로부터 '휘문의숙'을 하사받았기에 휘문고등학교는 1906년을 개교원년으로 삼는다. '휘문'은 민영휘에서 '휘'(아름다울 휘 徽)자를 따오고, 글월 문(文)을 덧붙여 "글을 빛나게 하라"는 뜻이다. 학교 교훈은 "큰사람이 되자"이다.

> **경우궁 터에 세워진 휘문의숙**
>
> 　1884년 10월 17일에 갑신정변이 일어나자 고종과 왕비, 후궁들은 순조의 생모인 수빈 박씨의 사당인 '경우궁(景祐宮)'으로 피신한다. 다음 날 갑신정변의 주역인 김옥균을 비롯한 개화파들이 경우궁 대청에서 현직 관료인 수구파들을 죽인다. 그리고 고종은 근처에 있는 이재원의 집(계동궁)으로 거처를 옮겼다가 다시 창덕궁 관물헌으로 돌아갔다.
> 　갑신정변이 끝난 다음 해에 고종은 경우궁을 육상궁 근처 인왕동으로 옮길 것을 명하고, 다음 해에 경우궁을 인왕동 자수궁 터로 옮겨 지었다. 그

1　민영휘와 휘문의숙에 대한 더 많은 이야기 : https://blog.naver.com/joonho1202/222034756404

후로 경우궁터는 비어 있게 되었고 민영휘의 소유가 되었다.

민영휘는 민쇠갈구리라고 불리는 민두호의 아들 민영준이다. 민영준은 1877년(고종 14년) 문과에 급제한 이후 1879년부터 관직에 오르면서 승승장구했다. 이조참의, 이조판서, 일본주재 판리대신(辦理大臣), 규장각 직제학, 평안도 관찰사, 강화부 유수, 형조판서, 선혜청 제조, 이조판서, 예조판서, 규장각 제학, 공조판서, 병조판서 등을 두루 지냈다. 그러나 아들 민형식과 함께 오로지 취렴(聚斂)을 일삼아 자신을 살찌우는 것으로 원망을 샀다고 하여 민영준은 영광군 임자도에, 민형식은 홍양현(현 고흥군) 녹도로 유배를 보낸다. 그러나 다시 등용되었고, 민영준은 이름을 민영휘로 바꿨다. 이러한 과정에서 그는 조선 최고의 갑부가 되었다.

민영휘는 교육의 중요성을 강조하며 1904년에 학생 30명으로 자택에서 '광성의숙(廣成義塾)'을 열었다. 광성의숙은 "넓게 배우며 그 뜻을 성취하라"는 의미다. 1906년 한성부 북부 광화방 관상감터에 교사를 신축할 때 고종이 민영휘의 '휘(徽)'자를 따서 친히 '휘문'이라는 교명을 하사했다. 1920년에는 경성부 소유의 경우궁터를 매입하여 약 9,917㎡(3,000평)를 운동장과 고교 교사로 사용했다. 1978년 1월 강북의 학교를 강남으로 이전하는 국가 정책에 따라 휘문고등학교는 72년간 자리했던 이곳에서 강남구 대치동 952번지 1호로 이전했다.

'휘문칠십년사'의 도면을 보면 본관 교사가 자리하고 있는 곳이 관상감터였고, 운동장이 있는 곳이 경우궁터다. 그리고 휘문고 남측의 주택까지 포함하여 현대빌딩이 들어섰다.

휘문의숙은 경성의 대표적인 학교였다. 1910년 5월에 오성(현 광신고등학교 전신), 보성, 배재, 중앙 등 5개교와 연합하여 삼선평에서 5개교

1976년 휘문고등학교 정문과 희중당 모습

운동회를 개최하는 등 명문학교로 발전하였다. 휘문의숙은 1922년에 경우궁 터(약 3천 평)를 매입하여 운동장을 확장하고, 1923년에 교지 '휘문'을 창간하며, 1923년에 창덕궁으로부터 양악기 72점을 하사받아 기존 악대를 확대 개편하여 취주악단을 창설했다. 1923년에는 전 일본중등학교 야구우승권대회(갑자원 대회)에 조선대표로 출전하고, 1925년에 농구부, 1928년에 역도부를 창단하였다. 1929년에는 제1회 전조선 중등학교 씨름대회, 제1회 경평(서울과 평양) 축구전을 학교 운동장에서 개최하였다. 1933년에는 조선 최초 학교도서관을 개관하고, 1934년에는 조선 초유의 '조선박물대전람회'를 개최하였다. 1938년 4월에 5년제 휘문중학교로 개명하였고, 1951년 중등교육법에 의해 중학교와 고등학교가 분리되어, 휘문고등학교(3년제)로 개칭되었다.

김학묵은 명문학교였기에 휘문고보에 진학하였을 것이다. 휘문은 사립학교였지만, 황제의 칙명으로 개교한 학교답게 훌륭한 교육시설을 갖추고 있었다. 자체적으로 교과서 인쇄와 편찬을 할 수 있는 인쇄소 휘문관(徽文館)을 보유하였고, 도서실과 각종 과학실험 기자재 등도 다른 학교보다 나았다. 조선의 명문가 자제들이 총독부에서 세운 공립학교 대신 휘문으로 몰리기 시작하여 "양반 학교, 귀족 학교"로 통했다.

또한, 그의 아버지도 휘문의숙의 제2대 숙장(塾長, 교장)인 장지연(1864~1921)과 친분이 있었기에 보냈을 것이다. 장지연은 1906년 3월 대한자강회 발기인으로 참여하였고, 4월부터 평의원으로 선출되었다. 같은 해 평양일신학교 교장을 지냈고, 1907년 3월 휘문의숙 숙장으로 취임하였다. 이와 함께 1906년 6월부터 1907년 6월까지 대한제국 내부 발행허가를 받은 잡지 '조양보(朝陽報)'의 편집위원과 주필로 활동하였다.

장지연 숙장의 영향이었는지, 휘문 교사 중에는 민족주의자들이 많았다. 조선어학회를 조직해 우리말을 지키려 했던 국문학자 이병기(李秉岐)와 권덕규(權悳奎)는 휘문의 교사 출신이다. 일제 강점기에 "경성제대 녹을 먹고 싶지는 않다."며 휘문 등 사립고등학교에서 학생들을 가르치는 교사들이 적지 않았다. 이러한 분위기 속에서 일제에 대한 문화적 저항 단체인 '조선어연구회'도 휘문에서 시작됐다. 1921년 당시 임경재 교장, 가람 이병기 선생 등을 비롯해, 최두선(崔斗善), 장지영(張志暎) 등이 휘문 기숙사에 모여 조선어연구회를 창립했다. 이것이 1931년 조선어학회, 1949년 한글학회로 명칭이 바뀌어 지금까지 전해지고 있다.

김학묵이 휘문고보에 다닐 때는 광주학생의거(1929년) 직후이기에 민족주의자의 활동이 비교적 활발할 때였다. 휘문 36회 출신인 인제학원 백낙완(白樂晥) 이사장은 "시인 정지용(鄭芝溶)이 내 영어선생이었다."며 다음과 같이 회고했다.

> 휘문이 좋아서 휘문에 입학했지요. 다른 이유가 있겠습니까? 일제시대에도 대학진학률로 고등학교 서열을 매기는 사람들이 많았는데, 5대 사립 중에서도 휘문 진학률이 제일 좋았습니다. 경성제대, 연세대, 고려대의 입학률도 아주 높았고요. 내 삼촌 한 분이 중앙학교 교장이셨는데, 조카가 삼촌 학교 안 가고 휘문 갔으면 더 할 말이 없지 않겠소? (웃음).

또한, 그는 "휘문은 공부만 시키는 학교는 아니었다."고 말했다.

> 일제시대였지만 휘문만큼은 자유스러운 분위기였습니다. 대부분의 학교가 군복 같은 교복을 입고 다녔는데, 휘문만 자율교복을 입고 다녔거든요. 국어학자이자 시조 시인이셨던 이병기 선생님 같은 분들은 그 험한 시대에도 조선옷인 두루마기를 입고, 조선어로 교육을 하셨습니다. 동료 교사 중에 일본 사람들도 많이 있었는데 말입니다. 사회부 장관과 한국외국어대 학장을 지낸 박술음 선생님, 서울대 미대 학장을 지낸 장발 선생님, 시인 정지용 선생이 우리 선생님이셨지. 모두들 명교사, 명강의였답니다.

한편, 김학묵은 '나무위키 휘문고등학교'편의 출신 인물 중 '전 보건사회부 차관'으로 소개되어 있다.

맏아들 재형은 서울 삼청초등학교, 휘문중학교를 졸업한 후 휘문고등학교에 입학하였다가 경기상업고등학교에 편입학하였다. 차남 재휘도 휘문고등학교를 다닌 것을 보면 그는 모교에 대한 자부심이 강했다는 것을 알 수 있다.

4. 보성전문학교

김학묵은 1938년에 3년제인 보성전문학교 법과(고려대학교 법과대학의 전신)를 졸업하였기에 1935년 4월에 입학하였을 것이다. 보성전문학교는 이용익(李容翊)이 교육 구국의 인재를 양성하기 위하여 1905년 한성에 설립하였던 고등교육기관이다. 이용익이 보성을 세운 것은 일본에 납치되었다가 귀국한 이듬해이다. 그는 일본 체류 중에 근대 교육기관을 두루 살펴보았고, 귀국할 때 다수 도서와 인쇄기를 구입해 왔다. 신교육기관을 창설하려는 의도였다.

이용익이 사망한 후 손자 이종호(李鍾浩)가 잠시 학교 경영의 책임을 맡았으나 경영난에 봉착하였다. 1910년에 천도교의 손병희(孫秉熙)가 경영을 인수하여 재정적 위기는 면했지만, 일제 총독부의 간섭은 면할 수 없게 되었다. 1915년 4월 총독부의 전문학교 규칙에 따라, "본령에 의하여 설치하는 전문학교가 아니면 전문학교라 칭할 수 없다."고 하여 교명은 '보성법률상업학교'로 격하되었다.

따라서 보성은 1920년 2월에 교장으로 취임한 고원훈(高元勳)이 총독부에 전문학교로의 승격을 거듭 타진하는 한편, 김병로(金炳魯) 등이 재단법인 기성회를 조직하여 널리 사회 독지가들에게 호소하기 시작하였다. 이에 서울을 비롯한 전라도·경상도·경기도·황해도 등의 사회 인사 58명이 각각 1,000원에서부터 3만 원까지 출연해 총액이 43만 3,000원에 달하였다. 이리하여 1921년 11월 28일자로 총독부에 재단법인 설립 허가신청서를 제출해서 12월 28일자로 보성전문학교라는 교명을 부활시켰다.

1922년에는 일제의 조선교육령에 의한 전문학교(법과·상과) 3년제로 개편하였으나, 그 이후 총독부의 지나친 간섭과 물가의 변동, 재단 경영의 부진 등으로 1932년에 김성수(金性洙)가 경영을 인수했다. 그는 이보다 앞서 재단법인 중앙학원(中央學院)을 조직하여 육영사업에 힘써 왔는데, 또다시 거액의 사재를 희사하여 보성재단을 확충하여 전면적으로 경영하였다. 그는 민립대학의 꿈을 펴기 위해 1934년에는 현재의 안암동 교사로 신축 이전함으로써 점차 일제 식민지하의 민족 고등교육기관으로 발전하였다. 송현동(松峴洞) 교사의 기지 600여 평에 비하면 그 면적은 100여 배에 달하여 오늘날 고려대학교 캠퍼스로 발전할 수 있는 기지가 되었다. 이로부터 보성은 외형·내용 모두 발전 일로를 걸어 교사를 신축하고 도서관·운동장 등 최신 규모의 시설을 확충하는 동시에, 도서·민속고고품(民俗考古品)을 모집하고, 교과목 및 교수내용에 충실을 기했으며, 재학생 및 졸업생들의 활약과 그 사회 진출 등 해를 따라 괄목할 만한 발전을 하였다.

김학묵이 보성전문학교에 입학한 1935년은 조선 부자이고 사업가·언론인·교육자·정치가인 김성수[2]가 보성전문학교를 인수하고, 6만 평에 이르는 안암골에 새로운 캠퍼스를 개척하고 교수진을 확충하는 시점이었다. 보성전문학교는 법과, 상과가 전통이 있었고, 총독부로부터 '농과'의 신설을 요구받았지만 거부한 상태였다.

그는 보성전문학교에서 장덕수 선생(교수)을 만난 것을 사회복지 혹은 사회정책에 관심을 가진 계기라고 회고했다. 중앙대학교 사회복지학과

---

2 https://100.daum.net/encyclopedia/view/b03g1667a

에서 사회복지역사를 배운 박준범이 1991년 5월 27일에 '이 땅의 살아있는 복지역사를 찾아서'란 주제로 한국뇌성마비복지회 김학묵 회장을 인터뷰한 자료에 따르면, 그는 장덕수 선생 덕분에 사회복지계에 입문하게 되었다고 말했다.

그는 사회개량적 입장에서 사회정책을 가르친 장덕수 선생으로부터 "너 언제 한번 영국 가서 사회정책, 사회보장을 공부해라. 그리고 미국 가서 그 개인, 사람문제, 인간의 성장·발달이라든지 사회사업방법론이지 그것을 배워라."고 말한 것이 계기가 되어 영국과 미국으로 유학했다고 말했다. 그는 장덕수 선생이 그렇게 말해준 것에 대해 평생 고맙게 생각했다고 회고했다.

> (장덕수 선생이) 사회정책이라는 것을 가르쳤어. 이 사회정책은 사회개량론적 입장에서 특히 노동정책을 강조했어. 빈곤정책, 노동정책을 마르크스주의를 전제로 한 것이 아닌 사회개량주의 입장에서 가르쳤어. 가르치는 과정에서 마르크스주의도 언급하지만, 사회정책은 현실 사회를 부정하는 게 아니라 사회의 결점을 얘기하고 개량 대책을 얘기하는 것을 배웠어.
> 내가 사회정책을 공부할 때 흥미를 갖고 아주 열심히 공부했어요. 그때 장덕수 씨가 자기 과목을 잘하고 그러니까, 지금도 그렇지만 선생하고 학생하고 가까워질 거 아닙니까? 그 어른이 나한테 말했어. 지금도 아주 아주 고맙게 생각하는데 평생 고맙게 생각하는데, 사회정책은 사회제도의 정치·경제·사회적 제도에 대한 것을 많이 가르친다 이 말이야. 근데 그 어른이 제도만 가지면 안 된다, 개인 혹은 시민의 활동을 얘기하고, 또 개인과 시민의 조건을 강조했어. 제도는 여건이나 환경이다. 활동 다시 말해 인간이라는 것은 조

건과 여건상 상호관계가 어떠냐에 따라서 행복과 불행이 달라진다는 거야.

그러니까 사회정책으로 제도를 개량하고, 또 사람도 개량에서 벗어나서 제도를 도입해 가지고 이 제도를 잘 쓸 수 있고 제대로 고치는 일을 양자를 다 공부해야 된다 하는 이야기를 했어. 지금도 아주 금언이고 격언이야. 아주 훌륭한 말이야. 그분이 나한테 뭐라고 그랬느냐 허니, "너 언제 한번 영국 가서 사회정책, 사회보장을 공부해라. 그리고 미국 가서 그 개인, 사람문제, 인간의 성장·발달이라든지 사회사업방법론이지 그것을 배워라."고 충고해 주었어.

그래서 내가 해방 후에 영국에 가서 사회보장을 공부했지. 그러다가 6·25 사변이 나서 귀국을 했지. 영국에 가서 런던대에서 청강했고, 한국으로 말하면 보건사회부와 민간단체에 가서 프로그램들을 공부해. 6·25 때문에 돌아왔기에 구제를 공부 못해서 휴전한 후에 이제 영국[3] 가서 공부를 더 했지.

(김학묵 인터뷰 - 박준범 질문, 1991년 5월 27일)

장덕수 선생이 그에게 미친 영향은 "영국에 가서 사회정책을 공부하고, 미국에 가서 사회사업을 제대로 공부하면 좋겠다."고 말한 것에 한정되지는 않았다. 그는 대학교에서 사회복지학을 공부하기 시작한 대학생에게 "그 어른을 지금도 아주 아주 고맙게 생각하는데 평생 고맙게 생각하는데"라고 말했다. 인터뷰의 내용을 보면 장덕수 선생은 그가 사회복지학을 공부하고, 사회복지사업을 하는데도 영향을 준 것으로 보

---

3 휴전 후 영국에서 더 공부했다는 기록을 찾기 어렵고, 미국을 영국이라고 잘못 말한 듯하다. 그는 1955년부터 1957년까지 미국 미네소타대학교 대학원에 유학하여 사회사업학 석사학위를 취득하였다. (필자 주)

인다. 이 인터뷰에서 그는 "그때 장덕수 씨가 자기 과목을 잘하고 그러니까, 지금도 그렇지만 선생하고 학생하고 가까워질 거 아닙니까?"라고 반문한다. 장덕수와 김학묵은 학문적으로 소통하면서 인간적으로 밀접한 관계를 형성했던 것으로 보인다.

한국민족문화대백과사전에 따르면, 장덕수(張德秀)는 1894년에 황해도 재령군에서 장붕도(張鵬道)와 김현묘(金賢妙)의 자녀로 태어나서 1947년 12월 2일에 사망했다. 그는 '일제 강점기 동아일보 부사장, 조선임전보국단 이사 등을 역임한 언론인, 정치인, 친일반민족행위자'다. 주요 경력으로 신한청년당, 동아일보 주필, 보성전문학교 교수, 조선임전보국단 이사, 한국민주당 외교부장 등이 소개되어 있다. 장덕수는 김학묵에게 학풍뿐만 아니라, 사상, 사회적 관계망, 직업 등과 관련하여 광범위한 영향을 준 것으로 보인다.

장덕수는 미국에서 유학한 후 김학묵에게 영국의 사회정책을 가르치고, "영국에서 사회정책을, 미국에서 사회사업을 배우도록" 안내하였다. 그는 어린 시절에 서당에서 1년간 한문 교육을 받았고, 사립연의학교(私立演義學校)에서 수학하였다. 1912년 일본에 유학하여 와세다대학교 정경학부에 입학하여 1916년에 졸업하였다. 1923년 미국으로 유학을 떠나 오리건(Oregon)주립대학에 입학했으나 그만두고, 이듬해 컬럼비아(Columbia)대학교에 입학하여 1936년에 "영국의 산업화정책"으로 박사학위를 받았다. 김성수(金性洙)·송진우(宋鎭禹)·김철수(金綴洙: 부안 출신) 등과 교유하였다. 후에 김학묵은 영국에서 사회정책을 공부하고, 미국에서 사회사업을 공부하였는데, 이는 스승 장덕수의 영향이 컸다.

장덕수[4]는 1918년 여운형과 함께 신한청년당(新韓青年黨)의 결성에 참여하고 김규식(金奎植)을 파리강화회의의 한국대표로 파견하였다. 김학묵은 장덕수를 통해 여운형의 사상에 공감한 것으로 보인다. 장덕수는 1941년에 일제 침략전쟁의 협력단체인 '조선임전보국단'의 발기인과 이사로 활동 등을 하여 '친일반민족행위자'로 불리기도 하지만, 청년기에는 일본 동경에서 한인 유학생과 중국 학생들과 함께 일제의 타도와 새 아시아의 건설을 목표로 하는 신아동맹당(新亞同盟黨)을 조직하고, 중국 상해에서 신한청년당을 결성하는 등 독립운동에 참여하였다. 1919년 국내에 잠입하여 독립운동의 자금을 모금하는 활동을 하다가 일제 경찰에 체포되어 주거제한 처분을 받았다.

장덕수는 미국유학을 계기로 허정 등과 함께 삼일일보를 창간하고, 이승만을 지지·지원하는 활동을 하였는데, 이러한 사회관계망은 김학묵이 이승만 정부에서 고위공무원으로 일하고, 허정 서울특별시장의 비서관, 4·19 직후 허정 총리가 수반인 과도내각에서 보건사회부 차관을 하는데 영향을 주었을 것이다.

1923년부터 미국 유학을 하는 동안 미주지역 한인유학생의 단체인 북미한국유학생총회에 가입하여 부회장 등을 맡아 활동하였다. 특히 이승만의 지지 단체인 동지회(同志會)에 가입하고, 1927년부터 허정(許政) 등

---

4 장덕수는 1920년 동아일보 창간과 더불어 초대 주필과 부사장이 되었다. 1920년대 초반 조선교육회 평의원, 조선청년회연합회 집행위원, 조선노동공제회 의사부원을 비롯한 사회단체의 간부로 활동하였으며, 민립대학설립기성준비회의 발기인으로 참여하였다. 1922년 동아일보사가 발기한 재외동포위문순회강연단의 일원으로 여러 차례 강연하였으며, 사회주의 계열의 사회혁명당과 상해파 고려공산당에도 참여하는 등 다양한 활동을 전개하였다. 출처: 한국민족문화대백과사전 장덕수 https://100.daum.net/encyclopedia/view/14XXE0048376

과 함께 '삼일신보'의 창간 및 발간을 위해 노력하는 등 이승만을 지지, 지원하는 활동을 벌였다. 이 무렵 그는 박은혜(朴恩惠; 훗날 경기여자고등학교 교장)와 결혼했다.

1938년 흥업구락부(興業俱樂部) 사건에 연루되었으며, 이후 일제가 사상전향 공작을 위해 조직한 친일단체인 시국대응전선사상보국연맹(時局對應全鮮思想報國聯盟)의 간부를 지내면서 기관지 '사상보국(思想報國)'의 발간을 주도하였다.

1939년 일제 전시체제하에서 관변 통제단체인 국민정신총동원조선연맹과 1940년 이 단체를 확대 개편한 국민총력조선연맹의 참사(參事) 등을 맡았고, 야마도쥬쿠(大和塾)에 참여하였다. 1941년 일제 침략전쟁의 협력단체인 '조선임전보국단'의 발기인과 이사로 활동하였으며, 1945년 해방 직전에 결성된 국민의용대 조선총사령부 지도위원으로 선임되어 활동하였다. 친일단체의 활동과 더불어 일제의 침략전쟁을 지지·지원하는 내용의 글을 신문과 잡지에 발표하고, 여러 차례 강연하였다.

장덕수는 1936년 귀국하여 이듬해 김성수의 도움으로 보성전문학교의 강사를 거쳐 교수로서 활동하였으며, 동아일보의 취재역도 겸직하였다. 김학묵은 보성전문학교에서 장덕수 교수로부터 '사회정책'을 배울 때, 영국과 미국으로 유학하여 사회복지학을 공부하는 것을 꿈꾸었다. 그는 1938년 3월에 보성전문학교 법과를 졸업하고, 이후 경기도 사회과 공무원으로 일했다. 1950년에 유엔 장학생으로 선발돼 영국 런던문화원과 런던대학교에서 사회보장제도를 공부하고, 1955년 9월부터 미국 미네소타대학교 대학원에 2년간 유학하면서 꿈을 구현하였다.

장덕수는 1945년 해방이 되자 송진우·김성수 등과 함께 한국민주당의 창당을 주도하고, 외교부장과 정치국장 등을 지내며 당의 중요한 역할을 담당하였다. 이승만이 주도한 독립촉성중앙협의회와 대한독립촉성국민회·비상정치회의를 포함한 우파 세력의 정당과 주요 정치단체에 참여하여 대표적인 이론가로서 활동하였다. 1946년 10월에 실시된 남조선과도입법의원 선거에 서울에서 입후보하여 당선되었으나, 선거 무효로 다시 실시된 선거에서 낙선하였다.

청년 장덕수는 여운형 등과 활동하고 한때 사회주의 계열의 사회혁명당(社會革命黨)과 상해파 고려공산당에도 참여하였지만, 미국 유학을 계기로 이승만을 지지하였다. 1936년 귀국하여 이듬해 김성수의 도움으로 보성전문학교 교수로 그와 긴밀한 관계를 형성한다. 1947년 12월 2일에 자신의 집에서 현직 경찰과 학생에게 암살당했지만, 그의 사회활동과 사회관계망 등은 김학묵에게 영향을 주었을 것이다.

김학묵은 해방 후 경기도 사회과장을 거쳐, 1954년에 보건사회부 사회국 국장서리를 하고, 1954년에 고등전형시험에 합격하여 1958년에 서울특별시장 비서관, 1959년에 지역사회개발중앙위원회 간사장을 하고, 1960년에 보건사회부 차관을 하였다. 이 기간은 대부분 이승만 대통령 집권기였고, 1960년 4·19 직후 허정 총리 과도내각에서 보건사회부 차관이 된 것은 '관운'만으로 설명하기 어렵다. 장덕수는 미국 유학시절에 허정과 함께 이승만을 지지하였고, 이후 김학묵을 이승만과 허정에게 추천하였을 것이다. 당시 영국이나 미국에 국가 차원에서 지원하는 장학생으로 선발되는 것은 고위 정치인의 추천이 필수였다. 1917년에 보성법률상업학교(보성전문학교 전신) 법률과를 다녔던 허정 서울특별시장은 김학묵을 비서관으로 임용하고, 총리일 때 보건사회부 차관으로 임용한 것은 이러한 사회적 관계망이 이어진 것이라고 볼 수 있다.

김학묵은 장덕수를 통해 여운형(1886~1947)[5]의 사상에 관심을 가진 듯하다. 그는 여운형을 사회민주주의자로 인식했다. 그는 "공산주의자는 유물론에 따라 철저히 신을 부정하는데, 여운형은 기독교를 믿었기에 공산주의자가 아니다."라고 말했다.

> 장덕수 선생님이 웅변도 잘하고 독립운동 일보러 왔어. 내 아는데 그때로 돌아가서 여운형 씨를 공산주의자라고 하는 사람도 있지만, 나는 그렇게 안 봐. 그분은 아주 사회민주주의자야. 왜냐하면 그 양반이 신을 부정하지 않고 종교를 믿었어요. 그런데 공산주의라고 하는 것은 다르거든, 종교를 부정해. 여운형 선생이 마르크스가 쓴 '자본론'을 상해에서 번역했어. 그러니까 극좌는 아니더라도 '공산주의자'라는 말씀을 들을 수는 있어요. 그러나 공산주의라는 것은 유물론에 철저히 신을 부정하는 사람들입니다. 그런데 그 양반이 종교를 믿었어요.
>
> (김학묵 인터뷰 - 박준범 질문, 1991년 5월 27일)

여운형이 1921년에 '공산당 선언'을 번역했다는 기록은 있지만 자본론을 번역했다는 기록은 없다. 그가 공산당 선언을 자본론으로 잘못 말한 듯하다. 자본론을 공산당 선언으로 바꾸어도 같은 맥락에서 이해할 수 있다.

1918년에 공산혁명을 목표로 한 한인사회당과 자유공화국을 지향하

---

5 여운형에 대한 더 많은 정보는 https://100.daum.net/encyclopedia/view/205XX79100141

는 신한청년당이 조직될 때 여운형은 기독교인이고, 자유주의자이며, 사회주의에 우호적인 독립운동가였다.[6] 그는 22살 때 스스로 상투를 자르고 노비를 해방시켰으며, 1918년 8월 상해에서 신한청년당('신한청년단'이라고도 함)을 결성하고 대표 겸 총무가 되었다. 그해 12월 미국 윌슨 대통령 특사 크레인을 통해 '조선독립에 관한 진정서'를 전달하고, 1919년 12월 동경 제국호텔에서 내외 신문 기자와 일본 각계 명사 500명이 모인 자리에서 조선독립을 주장하였다. 1933년 조선중앙일보 사장이 되었고, 1936년 8월 '일장기 말소사건'으로 신문사 문을 닫았다. 1940년 2월 창씨개명을 거부하고 12월에 왜경에게 잡혀 2년 6개월 징역을 살았다. 1944년 8월 '건국동맹'을 얽고, 10월에는 고향 양평에서 '농민동맹'을 얽었다. 8·15를 맞아 '건국준비위원회'를 얽어 위원장이 되었다.

'여운형의 암살 사건을 다룬 경향신문' 기사에 따르면, 여운형은 1905년 을사늑약(조약)이 맺어지자 관공리 자리가 다짐된 졸업장을 포기하고, 고향 양평에서 국채보상운동인 '단연동맹(斷煙同盟)'을 얽어내고 광동학교를 세워 교장이 되었다. 스스로 상투를 자르고 노비를 해방시킨 것이 22살 때였는데, 그때 그는 이렇게 말하였다고 한다. "그대들을 다 해방시키겠다. 이제부터 저마다 제 마음대로 움직여라. 이제부터는 상전도 없고 종도 없다. 그러므로 서방님이니 아씨니 하는 말부터 입에 올리지 마라. 사람은 날 때부터 똑같다. 상전과 종으로 나누는 것은 어제

---

6 여운형은 평생 동안 기독교인으로 살았다. 신명호가 월간중앙 2022년 4월호에 기고한 '신명호의 상해임정 27년사(1)'에 따르면, '민족 자결주의' 물결 속에 1918년에 자유공화국·공산혁명을 내건 두 한인 단체인 신한청년당·한인사회당이 창당되었다는 것을 강조한다.
http://jmagazine.joins.com/monthly/view/335735

까지 풍습일 뿐이다. 오늘부터는 그런 낡은 껍데기를 벗어던지고 제 뜻대로 살아가라."

　1914년 남경 금릉대학 영어과에 들어갔고, 1918년 8월 상해에서 신한청년단을 결성하고 대표 겸 총무가 되었으며 12월 미국 윌슨 대통령에게 보내는 '조선독립에 관한 진정서'를 미 대통령 특사 크레인에게 전달하였다. 노령과 간도를 순회하며 그곳에 있는 이동휘(李東輝) 장군 등 민족운동 지도자들과 독립운동 방법을 협의하였고, 상해임시정부 외무부 위원과 상해한인거류민단 단장이 되었다. 1919년 12월 27일 동경 제국호텔에서 내외 신문 기자와 일본 각계 명사 500명이 모인 자리에서 조선독립을 주장하는 사자후를 토하였다. 조선독립이 왜 필요한가를 역설하는 몽양의 연설은 2시간 넘어 이어졌다.

　"주린 자는 먹을 것을 찾고 목마른 자는 마실 것을 찾는 것은 자기의 생존을 위하여 당연한 요구이다. 이것을 막을 자가 있겠는가? 일본인이 생존권이 있다면 우리 조선족만이 홀로 생존권이 없을 것인가? 과거의 약탈살육을 중지하고 세계를 개척하고 개조로 달려 나가 평화적 대지를 만드는 것이 우리의 사명이다. 우리들 조선(祖先)은 칼과 총으로 서로 죽였으나 이후로 우리는 서로 붙들고 돕지 아니하면 아니 된다. 신은 세계의 장벽을 허락하지 않는다. 우리는 꼭 전쟁을 하여야 평화를 얻을 수 있는가? 싸우지 아니하고는 인류가 누릴 자유와 평화를 못 얻을 것인가? 일본인들은 깊이 생각하라."

　1921년 '공산당 선언'을 번역하였고, 광동정부 손문 총통과 조선독립과 피압박 민족 해방 문제를 놓고 토론하였으며, 1922년 모스크바에서 열린 극동민족대회 의장단의 한 사람으로 레닌, 트로츠키와 회담하며 조선독립운동에 대한 원조를 요청하였다. 1929년 7월 왜경에 체포되어 1932년 7월까지 대전형무소에 갇혀 있었다. 우가키 총독의 협력 요청을 거절하였고, 1933년 '조선중앙일보' 사장이 되었다. 1936년 8월 '일장기 말소사건'으로 신문사가 문을 닫았다. 그때 사람들은 이렇게 말했다고 한다. "조선일보 광산왕은 자가용으로 납시고, 동아일보 송진우는 인력거로 꺼떡꺼떡, 조선중앙일보 여운형은 걸어서 뚜벅뚜벅."

1940년 2월 창씨개명을 거부하고 12월 시모노세키에서 왜경에게 잡혀 2년 6개월 징역을 살았다. 1944년 8월 '건국동맹'을 얽었고, 10월에는 고향 양평에서 '농민동맹'을 얽었다. 8·15를 맞아 '건국준비위원회'를 얽어 위원장이 되었으며 '조선인민공화국' 부주석이 되었다. 1946년 2월 '민주주의민족전선' 의장단이 되었고, 4월 평양으로 가서 김두봉, 김일성과 회담하였다. 5월 근로인민당을 창당하였고, 10월 김규식과 함께 '좌우합작위원회'를 발족시켰으며, 11월 사회노동당 임시위원장이 되었다. 1947년 7월 19일 서울 혜화동 로터리에서 피격당하여 심장이 고동을 멈추었다.

몽양 여운형

여운형이 해방 후 김규식과 좌우합작위원회를 발족시켰고, 이때 좌익 대표는 여운형이고 우익 대표는 김규식이기에 여운형을 '공산주의자'라고 보는 시각이 있다. 하지만, 김학묵은 여운형은 "국내적으로 공산주의를 한 남로당 박헌영과 달랐다."는 점을 강조했다. 공산주의는 민족을 부정하는데, 여운형은 "민족을 승인한 사람"이다. 여운형은 종교와 민족을 인정했다는 점에서 남로

당과 같은 공산주의와는 달랐다는 점을 강조한다.

> 해방 후에 좌우합작이라고 하는 것이 있었어. 그때 좌익으로 여운형 씨가 나오고 우익으로 김규식 박사하고 그 두 분이었어. 근데 그때 이제 국내적으로 공산주의를 한 여운형 씨와 남로당을 한 박헌영 씨는 달랐어요. 이 양반은 인민당이라는 말을 썼어요.
> 여운형 선생님은 공산주의를 하려면 좌익 근데 엄격한 의미의 공산주의는 민족이라는 건 있을 수 없다, 민족을 부인하는 겁니다. 이 양반은 민족이라고 또 승인한 사람이야. 공산주의는 민족이라고는 부르는 것은 뭐랄까 자본가가 어려운 사람을 민족이라는 이름하에 단결해 가지고 식민지에 나가서 전쟁을 한다 그런 얘기입니다. 그래서 민족이란 자본가 입장에서 얘기하는 거지. 프롤레타리아의 입장에서는 민족을 부정하는 거야.
>
> (김학묵 인터뷰 - 박준범 질문, 1991년 5월 27일)

김학묵과 여운형과의 관계는 필자와 4남 재연의 인터뷰에서도 확인되었다. "아버지는 평소에 '여운형 선생을 존경'한다고 말했고, 자주 '나는 소셜리스트(Socialist)'라고 말했다."는 것이다. 자신이 어릴 때, "아버지 서재에 사회주의 관련 책이 있었다. 사회주의와 공산주의는 같은 것이 아닌가 라고 생각했기에 다소 혼란스러웠다."고 했다. 재연은 "대학교에 다닐 때 사회주의와 공산주의는 다른 것이고, 후에 여운형 선생 전기를 읽으면서 오해를 많이 풀었다."고 말했다.

김학묵이 스스로 소셜리스트라고 말한 것은 법학을 전공하고도 평생 동안 사회사업 혹은 사회복지를 실천한 삶과 연결되어 있다. 그는 보성전문학교에서 장덕수 선생으로부터 사회정책을 배우면서 영국의 사회정책과 미국의 사회사업을 공부하여 한국에서 사회복지를 구현하고자 했던 꿈을 평생 동안 실천했다.

제 2 장

사회복지행정의 개척

1. 경기도 사회과 공무원

김학묵은 우리나라 사회복지행정을 개척한 인물이다. 그의 이력서에 따르면, 해방 직후인 1946년에 경기도 사회과장, 한국전쟁 휴전 직후인 1954년에 사회부 사회국장서리, 고등전형시험 합격(1954년), 1958년에 서울시 비서관, 4·19 직후인 1960년에 보건사회부 차관을 하였으니 "대한민국 사회복지행정의 개척자"라고 할 수 있다.

그의 이력은 일제 강점기까지 거슬러 올라간다. 나무위키는 김학묵은 "1938년 3월 보성전문학교 법과를 졸업했다. 이후 일제 강점기 경기도 사회과장으로 공직에 들어갔다."로 기록되어 있다.

하지만, 그는 1942년에 경기도 사회과에서 일했다는 신문기사로 보아 사회과 공무원이었고 해방 이후 사회과장으로 일하는 등 20년 이상 사회복지행정에서 중추적인 역할을 하였다. 그는 일제 강점기에 경성(서울)을 포함한 경기도의 사회과 공무원으로 사회행정을 실행하였고, 미군정기에는 사회과장, 대한민국 정부수립 이후에는 사회부 사회국장서리와 보건사회부 차관을 하면서 복지행정의 초석을 다졌다.

일제 강점기에 그가 경기도청 사회과에서 어떤 일을 했는지에 대해 알려진 것은 별로 없다. 조선인이고 입사 초기였기에 평직원으로 보건, 위생, 노무업무를 중심으로 사회업무를 수행하였을 것이다.

매일신보 1942년 7월 17일에 '경기유림대표 부여에 근로'라는 짧은 기사를 보면 그가 유림대표를 인솔하여 성지부여로 출발했다는 내용이 있다. 즉, 유림대표 42명을 선발해 "부여신궁 어조영공사의 성스런 봉사 작업에 땀을 흘려 내선일체의 강화와 국체본의의 투철을 기하기"

로 되어 "경기도 총력과의 다꾸(多久), 동사회과의 김학묵 양속의 인솔로 성지부여로 출발"했다는 기사다(경기유림대표 부여에 근로, 『매일신보』, 1942.7.17. 기사; 공임순, 263 재인용).

일제 강점기에 총독부와 시·도청은 조선을 식민지로 통치하는 중추 기관이었다. '일본제국령 조선총독부 조직 변천(1910년~1945년)'에 따르면, 총독부는 조선을 식민지로 지배하기 위해 1910년에 조직된 이후 크게 4차례 개편되었다. 시기별로 총독부에서 '사회과'의 전달체계와 핵심 업무는 조금씩 달라졌다.

1910년 10월 1일에 식민 지배를 시작할 때에 내무부 지방국이 '사회업무'를 담당하였고, 1919년에 내무국 제2과가 이어받았다가 1921년에 '사회과'란 명칭이 사용되었다. 1937년에 내무국 사회과는 1941년에 후생국의 설치로 이관되었다. 후생국은 보건과, 위생과, 사회과, 노무과 등 4과를 담당하다 1942년에 폐지되었다. 1942년에 사회과는 사정국에 속하다, 1943년에 사정국이 폐지되자 학무국으로 이관되었다.

사회업무는 내무부 혹은 내무국의 주요 업무였고, 사회과는 전국 13도 행정(식민지 지배)을 지도 감독하는 지방과와 함께 속한 적이 많았다. 말기에 사회과가 보건과, 위생과, 노무과와 함께 후생국에 속한 적이 있었고, 1943년에 학무국으로 이관되어 해방을 맞이하였다. 결국 사회과는 내무국 지방국과 밀접하게 관련되었고, 사회업무는 보건, 위생, 노무 업무와 연계되어 다루어졌다. 이러한 전통은 해방 이후에도 상당기간 지속되었다.

일본제국령 조선총독부 조직 변천(1910년~1945년)

제1기 조직(1910년 10월 1일~1919년 8월 19일)에는 부(部)를 최고 상위 기구로 하고, 그 아래에 국, 과를 두었다가 1915년에 국을 없애고 부와 과로 이원화했다. 총독관방, 총무부, 사법부, 내무부, 탁지부, 농상공부를 두고, 그밖에 독립관청으로 중추원(~1945), 전국 13도, 경무총감부(위생과-보건계 1917년/방역계 1910년), 재판소, 감옥, 철도국, 통신국, 전매국, 임시토지조사국 등을 두었다. 이 시기에 '사회과'는 없었고, 내무부의 지방국이 '사회업무'를 담당했다.

제2기 조직(1919년 8월 20일~1937년 7월경)은 기존 부-과 체계가 1관방 6국의 국(局)-과 체계로 변경되었다. 3·1 운동 이후 이른바 '문화정치'를 하기 위해 총독관방, 내무국, 재무국, 식산국, 농림국, 법무국, 학무국, 경무국 체계로 개편되었다. 식민지배를 위해 법무국과 경무국이란 "채찍"과 학무국과 내무국의 제2과(사회과)라는 "당근"을 함께 사용했다. 1919년에 내무국은 제1과, 제2과로 불렸고, 1921년에 제1과는 지방과로, 제2과가 '사회과'로 개칭되었고, 1924년에 관방 토목부의 업무를 이관 받아 토목과, 건축과가 신설되었다. 이후 내무국에 있던 사회과가 1932년에 학무국으로 옮겨갔다가 1936년에 다시 복귀하였다. 내무국의 핵심 업무는 시·도 관할인데, 빈민과 부랑인 등을 통제하기 위해 사회과를 둔 것이다.

제3기-1(1937년 8월경~1941년 11월초)은 총독관방, 기획부(1939), 외사부(1939), 내무국, 재무국, 농림국, 식산국, 법무국, 학무국, 경무국 등이었다. 내무국은 사회과, 지방과, 토목과, 노무과(1941)로 구분되었다.

제3기-2(1941년 11월경~1942년 10월 31일)은 총독관방, 기획부(1942년 11월에 폐지), 외사부(사정국 1941), 사정국(1941), 후생국(1941), 재무국, 농림국(1943년 12월에 폐지), 식산국(1943년 12월에 광공국으로 개칭), 법무국, 학무국, 경무국 등으로 개편되었다. 1941년에 내무국에서 취급하던 사회-노동사항과 경무국의 위생사항을 이관 받아서 후생국(1941)이 보건과, 위생과, 사회과, 노무과 4과로 구성되었다가 1942년에 폐지되었다.

제4기(1942년 11월 1일~1945년 9월 2일)는 총독관방, 사정국(1943년 폐지), 재무국, 농상국(1943), 광공국(1943), 법무국, 학무국, 경무국으로 구성되었다. 사회과는 사정국(지방과, 사회과, 토목과, 노무과, 외무과, 탁무과)에 있다가 국이 폐지되자, 학무국으로 이관되었다.

1940년대 초반에 김학묵은 경기도 사회과에서 사회업무를 담당하였다. 이 시기에 총독부와 13도 행정기구의 핵심 업무는 만주 사변, 중일 전쟁에 이어 태평양 전쟁에 조선인을 총동원하는 것이었다. 총독부는 침략주의를 '탈서구적 동양주의'로 조작하기 위해 '대동아공영론(大東亞共榮論)'을 주창하고, 내선일체를 위한 명분으로 조선인을 핍박하였다. 사회과의 주요 업무는 빈민과 부랑을 보호하고 통제하는 것이었고, 총독부와 행정기구는 전시체제에 조선인을 총동원하는 데 집중하였다.

또한, 조선총독부는 1944년 3월 1일에 피구호자가 "빈곤으로 인하여 생활이 불가능한 때"에는 구호하는 조선구호령을 제정하였다. 이 영에 의한 피구호자는 65세 이상의 노약자; 13세 이하의 유자; 임산부; 불구폐질, 질병, 상이 기타 정신 또는 신체장애로 인하여 노무를 하기에 장애가 있는 자이다. 그런데, "구호대상자의 부양의무자가 부양을 할 수 있는 때에는 구호하지 아니한다. 다만, 급박한 사정이 있는 때에는 그러하지 아니하다."고 하여 대상자의 선가정보호 후사회보호를 명문화하였다.

조선구호령은 제2차 세계대전 말기에 군사적 목적을 위하여 조선인에게 징병과 노무징용을 강요하면서 일본에서 1932년부터 실시해왔던 구호법을 조선에도 확대하고, 모자보호법(1937년)과 의료보호법(1941년)을 부분적으로 부가해서 종합화한 법이다. 따라서 조선구호령이 제정되기 전에도 총독부 사회과는 일본 구호법에서 다루는 사무를 중심으로 수행하였다. 당시 조선에서 사회업무의 수준은 '가난한 식민지주민'을 보호하는 것으로 일본인에 비교하여 열등처우였다.

조선구호령은 구호기관, 구호시설, 구호의 종류 및 방법 등을 명시하였다. 구호기관은 구호대상자의 거주지의 부윤 또는 읍면장이고, 그 거주지가 분명하지 아니한 때에는 그 현재지의 부윤 또는 읍면장이 이를 행한다. 부읍면에 구호사무를 위한 위원(명예직)을 둘 수 있다.

구호시설이라 함은 양로원, 보육원, 병원 기타 이 영에 의한 구호를 목적으로 하는 시설을 말한다. 부읍면이 구호시설을 설치하고자 하는 때에는 그 설비에 대하여 도지사의 인가를 받아야 하고, 사인이 구호시설을 설치하고자 하는 때에는 도지사의 인가를 받아야 한다.

구호의 종류는 생활부조, 의료, 조산, 생업부조이다. 구호의 범위·정도 및 방법은 조선총독이 이를 정한다. 구호는 구호를 받는 자의 거택에서 행한다. 부윤 또는 읍면장이 거택구호를 할 수 없거나 이를 부적당하다고 인정한 때에는 구호대상자를 구호시설에 수용하거나 수용을 위탁하거나 사인의 가정 또는 적당한 시설에 수용을 위탁할 수 있다. 부윤 또는 읍면장은 구호대상자의 친권자 또는 후견인이 적당히 그 권리를 행하지 아니하는 때에는 이의가 있다 하더라도 전조의 처분을 할 수 있다. 구호를 받는 자가 사망한 때에는 조선총독이 정하는 바에 의하여 매장을 하는 자에게 매장비를 지급할 수 있다.

　조선구호령은 구호에 필요한 비용을 구호대상자의 거주지 부읍면장이 책임을 지되, 국고는 제반 비용의 2분의 1 이내(특별한 경우에는 12분의 7)를 보조할 수 있다고 하여 지역 책임을 강조한다. 또한, "구호를 받는 자가 자력이 있음에도 불구하고 구호를 한 때에는 구호에 필요한 비용을 부담한 부읍면 또는 도는 그 자로부터 그 비용의 전부 또는 일부를 징수할 수 있다. 구호를 받는 자에 대하여 부양의 의무를 이행하여야 하는 자가 있는 때에는 그 의무의 범위 내에서 구호에 필요한 비용을 부담한 부읍면 또는 도는 비용의 전부 또는 일부를 그 자로부터 징수할 수 있다."고 규정하였다. 노동력이 상실되어 "빈곤으로 인하여 생활이 불가능한 때"에도 일차적인 책임은 '부양의무자'에게 있고, 부득이 구호를 해야 한다면 부읍면장이 책임을 지고, 총독부는 일부 지원할 수 있다는 방식이다. 심지어 조선구호령은 "성행이 현저하게 불량하거나 몹시 게으른 때" 등에는 부윤 또는 읍면장은 구호를 아니 할 수 있고, "구호시설이 이 영 또는 이 영에 의한 명령 또는 처분에 위반한 때에는 도지사는 동항의 인가를 취소할 수 있다."고 규정하였다.

　일제 강점기에 경기도는 한성(서울), 인천을 포함하였기에 현재보다 훨씬 중요한 행정기관이었다. 경기도 사회과는 총독부 사회과가 결정한 사항을 시행할 뿐만 아니라, 다른 12개 도의 본보기가 되었다.

　'사회행정'이 체계화된 것은 1919년 8월 20일에 총독부 내무국에 제1과, 제2과가 생기고, 1921년에 제1과는 지방과로 제2과는 '사회과'로 불린 것과 밀접한 관계가 있었다. 1919년 3월에 전국에서 만세 운동이 일어나면서 식민당국은 조선 지역을 보다 치밀하게 통치하기 위해 내무국을 두고, 그 안에 지방과와 사회과를 두었다. 3·1 운동 이후 이른바 '문화정치'를 표방하면서 사회과가 신설되었다는 점에 주목할 필요가 있다.

당시 사회과는 식민지 통치 전략의 하나로 사회복지시설을 직접 운영하기도 하고, 민간이 사회복지시설을 운영할 때 지원하기도 했다. 당시에는 사회복지시설보다 보육원(고아원), 양로원 등으로 불렸지만, 오늘날 아동양육시설과 양로원은 조선시대에도 있었기에 일제 강점기에 총독부와 13도는 직접 혹은 간접적으로 사회복지(당시에는 '사회사업'이라고 했다)를 수행하였다.

조선총독부는 식민지 통치 전략의 일환으로 다수의 보육원(고아원), 인보관, 사회관 등 공공 사회복지시설을 설립하고, 독지가나 종교적 배경을 가진 단체가 설립한 민간 사회복지시설을 지원하였다. 민간의 사회복지시설을 지원하고 통제하기 위해 1921년에 조선사회사업연구회를 조직하고, 이를 1929년에 재단법인 조선사회사업협회로 확대 개편하였다. 조선총독부는 1927년 이후 자선조직협회가 지역 내 빈민들에게 개별사회사업을 제공하도록 하는 반(半)민간·반공공에 의한 구빈제도를 시행하였다. 이는 일본의 제도를 조선에도 적극 적용하고자 한 것이다.

1944년에 조선구호령을 제정하고 "빈곤으로 인하여 생활이 불가능한" 피구호자(구호대상자)를 구호하고자 하였다. 이는 조선총독부가 당시 식민지민을 회유하고 종속시키기 위한 정치적 맥락에서 시행하였는데, 태평양전쟁(제2차 세계대전)에서 일본이 패망하는 시기라 제대로 시행되기는 어려웠다.

한편, 일제와 국가에 의해 선감학원에 끌려온 아동이 40년 동안 '보호'라는 명목으로 '통제받고 인권침해'를 받았는데, 설립 초기에 경기도 사회과 공무원인 김학묵에게 일정한 책임이 있다는 주장이 제기되기도 했다. 선감학원은 1941년 10월 조선총독부 지시에 의해 당시 경기도 부천군 대부면의 선감도에 세워져 1942년 4월에 처음으로 200명의 소년이 수용되었고, 1982년까지 40년 동안 운영되었다. 원아대장에 따르면 인원이 4,691명에 달하였다.

선감학원은 2000년에 문화방송 드라마인 선감도로 널리 알려졌고, 이후 2017년에 SBS 시사보도 프로그램 뉴스토리 154회 '선감학원 그곳은 지옥이었다', 2020년 8월 15일에 '그것이 알고 싶다-광복절특집 사라진 아이들과 비밀의 섬 선감학원의 진실'이 사건에 관해 재구성한 탐사보도 프로그램으로 널리 알려졌다.

선감학원은 1923년 9월 3일에 제정되고 그해 10월 1일에 시행된 조선총독부제령으로 제정된 '조선감화령'에 의해 세워졌다. 이 영은 조선구호령(1944년)보다 빨리 제정되었고, 이에 의해 설치된 감화원은 총독부의 직할기관이었다.

조선감화령의 주요 내용을 정리하면, 조선총독은 8세 이상 18세 미만의 자로 불량행위를 하거나 불량행동을 할 우려가 있고 적당한 친권을 행사하는 자가 없는 자, 18세 미만의 자로 친권자 또는 후견인이 입원을 출원한 자, 재판소의 허가를 거쳐 징계장에 들어 갈 자 중 어느 하나에 해당하는 자를 감화원에 입원하게 할 수 있다.

감화원장은 조선총독의 인가를 받아 재원자에 대하여 조건을 지정하여 가퇴원을 허가할 수 있고, 가퇴원자가 지정 조건에 위배된 때에는 감화원장은 조선총독의 인가를 받아 가퇴원을 취소할 수 있다. 감화원장은 재원자 및 가퇴원자에 대하여 친권을 행사한다. 감화원장은 조선총독이 정하는 바에 의하여 재원자에게 필요한 검속(檢束)을 추가할 수 있다.

행정청은 "8세 이상 18세 미만의 자로 불량행위를 하거나 불량행동을 할 우려가 있고 적당한 친권을 행사하는 자가 없는 자"에 해당하는 자가 있다고 인정하는 경우에는 이를 조선총독에게 구신하여야 한다. 이 경우에는 임시(10일 이내)로 이를 유치할 수 있다. 재원자의 친족 또는 후견인은 재원자의 퇴원을 조선총독에게 출원할 수 있다. 위의 출원에 대한 허가를 받지 아니한 재원자는 6월을 경과하지 아니하면 퇴원을 출원할 수 없다.

일제 강점기의 감화원은 조선총독의 직접적인 영향을 받은 오늘날 '소년원'에 가까운 기능을 하였다. 오늘날 아동복지시설은 아동복지법 제50조에 따라, "① 국가 또는 지방자치단체는 아동복지시설을 설치할 수 있다. ② 국가 또는 지방자치단체 외의 자는 관할 시장·군수·구청장에게 신고하고 아동복지시설을 설치할 수 있다." 그런데, 일제 강점기에 감화원은 조선총독이 설치할 수 있고, 조선총독이 "8세 이상 18세 미만의 자로 불량행위를 하거나 불량행동을 할 우려가 있고 적당한 친권을 행사하는 자가 없는 자" 등을 감화원에 입원하게 할 수 있다. 일제 강점기에 조선의 통치자는 조선총독이기에 국가가 직할기관으로 감화원을 두고, 감화원장이 재원자와 가퇴원자의 친권을 행사하고, 동시에 "재원자에게 필요한 검속(檢束)을" 할 수 있었다.

필자가 연구한 "소년법과 조선소년령의 역사"(한국사회복지사협회, Social Worker 2017년 10월호)에 따르면, 우리나라 소년법은 일제하 조선소년령을 이어받고, 조선소년령은 1923년에 제정된 일본 감화령(感化令)을 이어받았다. 일제는 감화령을 발표하고 1924년 10월 1일에 함경남도 문천군 명효면에 조선총독부 직속의 감화원으로 영흥학교(永興學校)를 설치했다. 설립 목적은 8세에서 18세의 소년으로 불량행위를 하거나 불량행위를 할 우려가 있는 자를 감화시킨다는 명목이었다. '학교'라는 명칭을 사용하였지만 '감화원'이었고 '소년원'과 유사하게 운영되었다.

당시 불량행위에는 가벼운 절도뿐만 아니라 항일 독립운동도 포함되었다. 일제의 수탈로 몰락한 농민이 점차 늘어나고 이들이 도시 빈민으로 전락하여 유랑 걸식하는 아이들이 적지 않았다. 영흥학교는 소년들에게 일반 학교처럼 교과 수업을 하면서 식민지 지배전략에 순응하도록 교화시키고자 하였다.

1924년은 관동 대지진으로 수감된 조선인 이재민 4,100여 명이 귀국하거나 원주소로 돌아갔던 시기였다. 조선총독부는 대지진으로 부모를 잃은 아동을 보호할 뿐만 아니라 독립운동을 한 조선인 자녀를 감화하기 위해 이 시설을 만든 것이다.

관동 대지진은 1923년 9월 1일에 일본 관동지방에서 일어난 대지진을 말한다. 이를 계기로 커다란 인명과 재산 피해가 생겨나고 민심이 흉흉했다. 일본은 노동자계급의 성장에 따른 계급투쟁의 격화와 조선·중국의 민족 해방 운동에 직면하여 관동 대지진을 사회주의자와 조선인을 탄압할 기회로 활용했다. 일제는 도쿄·가나가와현의 각 경찰서와 경비대로 하여금 조선인이 폭동을 일으켰다고 유언비어를 퍼뜨리도록 하고 계엄령을 선포하여 군대·경찰과 자경단은 사회주의자와 6,000여 명의 조선인을 학살하였다. 일제는 군대·관헌의 학살을 숨기고 자경단에게 그 책임을 전가시켜 재판에 회부했지만, 자경단원은 증거 불충분으로 석방되었다.

일제가 만든 '영흥방비대 관계서류'에 따르면 영흥학교는 일본 해군이 지배하는 영흥만 일대 송전반도(松田半島)에 설치된 총독부 직속 기관이었다. 이 지역은 원산 해군요새사령부(海軍要塞司令部) 군용지였다. 해군 부대 안에 만든 '조선총독부 감화원(朝鮮總督府 感化院)'은 1924년 10월 1일에 '조선총독부 영흥학교'로 개교하였다.

영흥학교의 운영에 필요한 토지·건물과 기타시설 사용은 일본 해군과의 협의와 승인을 통해 가능하였다. 영향력이 큰 일본 해군은 1920년대 조선에 부산 아미산(釜山峨嵋山)·부산절영도(釜山絶影島)·진해(鎭海)·거제도(巨濟島)·가덕도(加德島)·팔구포(八口浦)·고포(菰浦)·영흥(永興)·원산(元山)·인천월미도(仁川月尾島) 등을 점유하였다. 영흥지역의 해군용지 중 일반경작지·주택용지로 대부한 토지가 총 948,736평에 대부료(貸付料)는 3,269,034원이었다. 일본 해군은 조선땅을 침탈하고 그 땅을 민간인에게 대부하여 돈벌이를 하였다.

한편, 일제는 1938년 10월에 전라남도 목포의 고하도(古下島)에 목포학원(木浦學園)을 설치하였고, 1942년에 기존보다 강화시킨 조선감화령을 발표하면서 경기도 부천군 대부면(오늘날 안산시)의 선감도에 선감학원(仙甘學園)을 설치했다. 일반인이 접근하기 어려운 섬에 소년들을 유치시켰고 감화를 빙자하여 인권을 침해했다.

1942년 3월 23일에 일부 개정되고, 그해 3월 25일에 시행된 조선감화령(같은 날에 조선소년령도 제정되었다)은 감화원의 입원 대상을 "8세 이상 20세 미만의 자로 불량행위를 하거나 불량 행동을 할 우려가 있고 적당한 친권을 행사하는 자가 없는 자, 14세 미만의 자로 친권자 또는 후견인이 입원을 출원한 자, 조선총독부 소년심판소에서 송치된 자, 재판소의 허가를 거쳐 징계장에 들어 갈 자"로 개정하였다. 기존 영에 비교하여 감화대상이 "18세 미만"에서 "20세 미만"으로 확대되었고, "18세 미만의 자로 친권자 또는 후견인이 입원을 출원한 자"에서 "14세 미만"으로 축소되었다.

입소 대상을 불량행위 소년은 20세 미만으로 확대하고, 친권자 또는 후견인이 입원을 요청하는 대상도 14세 미만으로 한 것은 입원한 소년을 감화보다는 전쟁의 도구로 활용하고자 하는 의도에서 비롯된 것으로 보인다.

특히 선감학원은 해방 이후에도 오랫동안 인권침해의 현장이었다. 조선총독부는 선감학원 운영에 필요한 보조 인원 15가구 70여 명만을 남겨 놓고 원주민 400여 명을 강제 이주시킨 후 1942년 4월에 200여 명의 소년을 처음 수용하였다. 태평양전쟁으로 전투인력이 더 필요한 일제는 감화원을 소년병 양성기관으로 활용하였다. 1942년 7월에 '조선총독부 소년계 판검사회의 서류철'에 의하면 선감학원 등 감화원의 목적은 "사회 반역아 등을 보호·육성하여 대동아 전쟁의 전사로 일사순국(一死殉國)할 인적 자원을 늘리자"로 바뀌었다.

소년들은 황국신민화 교육은 물론 군사 교련까지 받으며 소년병으로 전쟁터의 총알받이로 내보낼 계획이었다. 선감학원의 시설은 열악했고 외부와의 접촉이 불가능한 섬으로 강제노역·폭행·학대·고문 등 인권유린이 일상적으로 일어났다. 자급자족이라는 미명하에 어린 소년들에게 무제한적인 노동을 강요하였다.

선감학원은 조선사회사업협회 경기도지부와 직접 관련되어 있다. 조선사회사업협회는 민간단체가 아니라 민간위원도 참여하는 관기구였다. 조선사회사업협회는 조선총독부에 본부를 두고 전국 도에 지부를 두었다. 협회 회장은 총독부 정무총감이고, 부회장은 내무부장, 간사는 사회과장이었다. 도지부의 지부장은 도지사이고, 부지부장은 내무부장, 지부간사는 지방과장이 맡았다.

일제 강점기에 선감학원의 부원장의 자녀였던 이하라 씨가 3년간 선감도에서 살았던 경험을 1980년대에 '아! 선감도'라는 책을 쓰면서 선감학원의 비밀이 널리 알려졌다.

선감학원은 1946년 2월에 경기도로 이관된 후 1954년 새 건물을 지어 1982년까지 40여 년간 7천여 명을 수용하였다. 현재 경기도 안산시 단원구 선감동에 있는 '경기창작센터'가 그 터에 설립되었다.

1942년에 경기도 사회과에 근무한 김학묵은 조선총독부의 지시에 따라 선감학원의 설치와 운영을 지원했을 것이다. 1947년에 경기도 사회과장[7]으로 선감학원의 재건 계획에 행정실무자로 참여하고 도지사와 함께 선감도를 시찰한 것으로 보인다.

그런데, 사회과 한 공무원에게 선감도 관련 책임을 어느 정도 물을 수 있는지는 사실에 기반을 둔 논의기 필요히디. 당시 감회원은 조선총독이 설치할 수 있고, 감화원장이 재원자와 가퇴원자의 친권을 행사하며, "재원자에게 필요한 검속(檢束)을" 할 수 있었다. 따라서 감화원에서 인권침해가 일어났다면, 일차적으로 감화원장과 그 직원에게 물어야 맞

---

7 신문 기사에는 후생과장으로도 나오는데, 당시 부서 이름이 자주 바뀐 것으로 보임.

다. 당시 선감학원은 부천군 대부면의 선감도에 있었기에 경성(서울 광화문)에 있는 경기도청과는 70킬로미터 이상 떨어져 있었다. 경기도는 선감학원을 운영할 직원을 파견하거나 조선사회사업협회 경기도지부를 통해 운영하도록 지원하였으므로 지도감독권의 범위에서 논의해야 할 것이다. 대동아전쟁이 한창이던 시기에 사회과는 조선인을 전시에 총동원하는 데 집중했을 것이다. 선감학원의 설치에 관한 일차적 책임은 조선총독부와 경기도에게 있고, 선감학원 운영의 책임은 시설장과 담당 직원에게 물어야 할 것이다. 조선총독부는 직할 기관으로 선감학원을 경기도의 한 섬에 설치하였기에 사회과 공무원인 김학묵은 행정적 지원을 하였을 것이다.

한편, 1945년 8월 15일, 일제의 압박 속에서 해방이 되자, 우익과 좌익이 생겨, 나라가 혼란스러워지자 정부는 아동복지시설을 직접 운영하기보다는 민간 위탁을 장려했다. 그 한 사례로 충청남도 도지사는 도청 사회과에서 직영하는 고아원 아이들이 좌익에 물들지 않도록 잘 키우려면 아이들을 천주교회에 맡기는 것이 가장 안전하리라는 결론을 내리고, 아이들을 천주교회(1947.10.20.)에 맡겼으며, 오기선 요셉 신부는 이때부터 고아원을 맡아, 고아들의 대부 노릇을 하게 되었다. 요셉 신부는 18년 동안 3,000여 명의 고아들을 문제아 한 명 없이 길러내어 떳떳한 사회인으로 진출시켜 놓은 훌륭한 대부였다.

해방 직후 경기도청 사회과는 해외에서 귀환하는 동포를 지원하는 일과 남북대치 상황에서 북한에서 남한으로 피난하는 주민을 지원하는 일이 시급했다. 이 시기에 사회복지는 응급구호 차원에서 이루어졌고, 미군정기에 군정청 보건후생부를 통해 체계를 잡았다고 김학묵은 회고했다. 즉, 일제 강점기에 일본은 대동아 전쟁 즉 2차 세계대전에 조선인을 활용하기 위해 이른바 후생사업이나 후생정책을 하였지만, 해방 직후 조선총독부가 사라진 상황에서 후생사업을 체계적으로 수행할 인력도 재원도 크게 부족했기 때문이다.

일제 강점기 말기와 해방 직후, 미군정기, 정부수립 이후 복지행정은 김학묵이 1985년에 아산사회복지재단이 발간한 '계간 아산 여름호'에 투고한 '귀환동포와 월남 피난민의 구호사업'이란 글에 잘 기록되어 있다. 일본인은 오늘날 사회복지 혹은 복지행정을 후생사업 또는 후생행정이라고 했고, 해방 후에도 상당기간 이렇게 쓰였다.

그런데, 해방 직후에는 조선구호령이 있었지만, 인력과 예산이 충분하지 못해 정부는 해외에서 귀환하는 동포를 원호하는 일에 집중하고, 점차 북한에서 남한으로 피난하는 주민을 구호하는 일에 역점을 둘 수밖에 없었다는 점을 강조했다. 그중 일부만 발췌하면 다음과 같다(김학묵, 아산 1985년 여름호).

> 일(본)인들이 말하는 소위 대동아전쟁 즉 제2차 세계대전 발발 전후에 걸쳐 자선사업, 사회사업, 사회복리사업(그 당시는 복지라는 말이 통용되지 아니하였다.), 사회봉사 또는 사회행정이라는 말들은 후생사업 또는 후생행정이란 말로 점차 대체되어졌다. 해방 후에 우리나라에서는 얼마동안 후생사업이라고 하는 말을 써왔으나 근자에는 이 말을 거의 쓰지 않게 되었다.
>
> (김학묵, 아산 1985년 여름호, 19-20쪽)

해방 당시 소위 후생행정의 프로그램은 군사원호, 노무원호, 전재보호,

생활구호 등이 그 주된 것이었다. 해방이 되자 소위 후생행정은 거의 공백
정지상태였으니, 조선총독부가 없어진 까닭이다. 미군정은 8·15 당시 시행되
는 법령이 군정법령으로 폐지되지 않으면 그 효력이 상존한다고 말하였으나
이는 주로 치안, 민사, 상사관계 등의 법령들이었고 원호관계 등 이른바 사
회입법은 시행되지 못하였다. 특히 전시 대세상 뒷전에 밀렸던 조선구호령은
급격한 사태의 변천으로 더군다나 시행될 수 없었다. 그것은 예산과 재정의
문제일 뿐 아니라 행정의 주체와 객체의 관계였다.

(김학묵, 아산 1985년 여름호, 20쪽)

(해방 후) 귀환동포를 원호하자는 단체들이 자연발생적으로 여기저기에
서 나타났다. 이 단체들은 종교인들에 의한 것이 많았고, 좌우익정당들
도 관심의 표현은 있었으나 크게 손을 뻗치지 못하였다. 그러나 강렬한 정
치적 분위기에 휩싸였고 피폐한 경제적 사정으로 인하여 원호금품은 제대
로 모이지 아니하였다. 이 단체들의 수는 급속히 결성된 정치적 단체들의 수
보다는 월등히 적었으나 십여 단체나 되었다. 그중 고 유억겸 선생이 주도
하신 귀환동포원호회 단체가 두드러진 것이었다. 관청에 잔류하였던 사회
봉사관계 한인 직원들도 그런대로 참여를 하였던 것이다. 비록 이 단체들
의 활동이 눈부시지는 못하였지만 이런 단체들이 봉사한 것은 평가할 만하
다. 그리고 이들 단체들의 주 활동은 미군정 실시 전의 과도기적인 것이었다.

(김학묵, 아산 1985년 여름호, 22쪽)

귀환동포의 원호사업이 어쨌든 웬만큼 실시하게 된 것은 미군정 실시 후의
일이다. 그 여러 가지 일 중에서도 중국, 일본 기타 등지에서 귀환하는 동포

등을 위하여 미군정 당국의 보건후생부가 중심이 되어 일을 했으니 이용설 박사가 보건후생부장이었다.

 여러 가지 일 중에도 특히 천진까지 배를 수차 보내서 중국 각지로부터 귀환하는 동포들(그중에는 광복군 일부도 포함)의 귀환에 편의를 제공하였으며 미군들의 구호물자로 그들의 의식문제를 해결하고 잡음이 많았던 적산가옥의 일부도 이들의 주거문제 해결에 약간이나마 이바지하였던 것이다.

(김학묵, 아산 1985년 여름호, 22-23쪽)

 김학묵은 경기도 사회과장으로 귀환동포의 원호사업과 북한에서 남한으로 피난 온 월남동포를 위한 구호활동을 최일선에서 일하였다. 경기도 사회과장이 남한 전체 복지행정에 깊이 관여하게 된 것은 경기도의 관할구역, 지정학적 위치, 긴급구호의 성격, 활용 가능한 자원 등에서 비롯되었다.

 첫째, 당시 경기도의 관할구역은 서울을 포함하였기에 사실상 남한을 대표하는 행정기관이었다. 일제하에 서울은 경기도 경성부였고, 1945년 광복과 함께 경성부는 서울시로 개칭되었을 뿐 경기도 소속이었다. 1946년 9월 28일에 경기도에서 분리하여 서울특별자유시(Seoul Independent City)로 승격되었지만, 해방 직후 귀환동포의 원호활동을 지원하는 것은 경기도의 핵심업무였다. 당시 경기도청은 중앙청(구 총독부) 바로 앞에 있는 건물(후에 치안본부 자리)이었고 보건후생국은 현 미국대사관 근처에 있는 일제 강점기 '경찰참고관'이었다. 김학묵은 "이 건물이 해방 후 후생행정의 중심센터 노릇"을 했다고 회고했다.

광화문 네거리 황토마루에 있는 기념 비각에서 중앙청을 향해 가면 현재 미국대사관이 있다. 그 근처에 경찰참고관[8]이라고 하는 건물이 일제 말기에 세워졌다. 해방이 되자 각도에 보건후생국이 생겨서 그 건물을 경기도 보건후생국이 사용하게 되었다. 그때는 서울시가 경기도 관할구역으로 되어 있어서 그 건물이 해방 후 후생행정의 중심센터 노릇을 하다시피 하였다.

그 경찰참고관에는 일경들이 노획하였거나 입수한 국내·국외의 한인들의 독립운동자료들이 진열되어 있었다. 상해 임시정부에서 발행한 국채, 무장투쟁에 사용한 무기, 격문, 사진 등 그야말로 한민족 해방사의 귀중한 물건들이었다. 해방 전에 이런 물건들을 경찰참고관에 진열하여 일경들의 자칭 공훈을 과시하였었다. 그런데 그 귀중한 자료들이 해방 후 어느 날 풍비박산 되어 어디로 갔는지 알 수가 없게 되었다. 천안에 독립기념관을 건립하는 이즈음 이 일이 더욱 유감스럽게 여겨진다.

(김학묵, 아산 1985년 여름호, 24쪽)

둘째, 해방과 동시에 한반도는 38선을 기준으로 남한과 북한으로 나뉘었는데, 38선은 경기도와 강원도를 분단시켰다. 북한에서 남한으로 '월남'하는 주민은 대부분 경기도 북쪽에서 남쪽으로 이주하는 것이었다. 1950년 전쟁 전에 월남은 대부분 경기도에서 이루어졌기에 이들을 지원하는 것은 경기도의 역할이었다. 미군정은 귀환동포와 월남동포를 위해 38선 이남 요소요소에 구호소를 설치하고 소관 도청에 보건관과

---

8   일제 강점기 경찰참고관은 치안본부 뒤에 미국대사관에서 한국일보사로 가는 골목길 주변에 있었다. 필자의 기억으로 그 건물은 1970년대까지 보건사회부가 해외여행자의 검역 여부를 여권에 확인해주는 사무실로 바뀐 듯하다.

후생관으로 각각 미군정 장교를 배치하고 미군정 한인 직원들의 조력으로 그들의 방역, 급식, 구호, 목적지 수송편의 등을 제공하였다. 이들 구호소 중 큰 것이 주문진, 춘천, 동두천, 의정부, 개성, 청단, 인천의 구호소들이었으며 그 위치상 경기도 후생과의 활동이 클 수밖에 없었다(김학묵, 아산 1985년 여름호, 23쪽).

셋째, 귀환동포와 월남동포를 돕는 활동은 긴급성이 요구되는 일이었기에 현장에서 바로 처리해야 할 경우가 많았다. 서울과 인천을 포함한 경기도는 여의도 공항, 인천항 등을 통해 들어온 귀환동포, 38선을 넘어온 월남동포를 긴급하게 구호해야 했다. 전쟁과 이로 인한 인구 이동은 전염병을 동반하기 쉬운데 생명을 살리기 위해 즉시 조치하지 않을 수 없었다.

넷째, 당시 정부가 사용할 수 있는 자원은 대부분 미군청이 주는 물자였는데, 경기도는 인천항을 끼고 있었기에 물자를 쉽게 조달받을 수 있었다. 김학묵은 "구호에 필요한 일체 물자는 미군이 가져온 것으로서 군용 잉여물자, 유엔피난민 구호기구(UNRRA)의 물자였으니 이는 종전대책의 하나였다. 물론 귀환동포의 대부분은 당국의 구호를 받지 아니할 수 없었으나, 월남 피난민은 반드시 그렇지는 않았음을 말해두는 바이다."라고 회고하였다(김학묵, 아산 1985년 여름호, 23쪽).

미군정청 보건후생부의 구성과 역할, 담당인력에 대한 정보는 다음을 참고하기 바란다.

보건후생부에는 미군장교 여러 명이 배치되었다. 구호사업은 Snow 씨가, 아동·노인 등의 시설사업은 Scherbacher 씨가 담당하였으니 두 분 모두 사회사업을 전공한 민간 군속이었다. 이들이 우리나라 사회사업에 끼친 영향은 크다.

이때의 피난민 구호사업은 그 성질상 긴급구호이며 다중구호이므로 이른바 케이스워어크나 그룹워어크를 적용할 수 없었으나 이 두 분들이 사회사업의 일반적 접근(generic approach)을 잊지 아니하였던 것이다. 예컨대 구호소 안에서도 아동에 대한 놀이나 수용자들의 자치조직, 자발적인 위생봉사 등 자조의 격려 등이 현저하였던 것이다.

당시 미군정청은 일본을 점령한 맥아더 사령부의 지휘 하에 있었다. 맥아더 사령부에 근무하던 사회사업전문가 마카슨 씨가 일본에 있어서의 현대 사회사업내지 사회복지제도에 관한 선구적 도입에 이바지하였다고 한다. 맥아더 사령부는 일본정부에 대하여 사회사업내지 사회복지제도에 대한 권고를 행하였으나, 한국에 있어서는 전기 두 전문가가 구호작업에만 급급하고 마카슨 씨가 일본에서 취한 행동과 같은 행동을 하지 않은 것은 아직 우리 정부가 수립되지 아니하였을 뿐만 아니라 미군정청의 정책이 확고하지 아니하였음에 연유되었음을 이해할 필요가 있겠다. 마카슨 씨는 동경에서 근무하던 동안 서울을 방문한 적이 있거니와 우리 정부수립 후에 맥아더 사령부의 일을 내놓고 UNICEF 책임자로 한국에 와서 활동하는 중 저간의 사정을 서로 이야기한 기억이 새롭다.

요즈음은 DDT를 사용하지 않지만 해방 후 미군이 상륙되자 DDT와 다이아진과 페니실린을 선약(仙藥)시하였으니, 이는 방역과 치료의 공헌이 찬연하였던 까닭이다. 그러나 중국에서 번졌던 홍역으로 인하여 귀환동포 중의 유아들이 선상에서 상당한 수가 생명을 잃은 것은 지금 생각해도 가슴이 아플 뿐이다. 날이 갈수록 38선이 굳어지고 북한의 내부에 정치판도가 급격히 변화하여 자유 애호 동포들이 이남으로 연속 피난하였으니, 이들을 우리는 월남피난민 혹은 월남동포로 불렀다.

  이들의 긴급한 욕구와 귀환동포들의 욕구 양자가 동일시되었으며 미군정 책임 하에 이들을 구하였으니 이는 인도상으로나 사회불안을 파악하자는 취지로서 전회에 언급한 후생국보가 이것을 잘 말해주고 있다.

(김학묵, 아산 1985년 여름호, 23쪽)

  미군정청 보건후생부에서 후생시설국장으로 일한 오재경의 역할이 컸다. 그는 만주가 중공군의 휘하에 떨어지자 1948년 정부 수립 직전인 6,7월 두 달 동안 미군 전투함인 LST를 빌어 8차례에 걸쳐 동포 12,000명을 천진에서 인천으로 실어 날랐다. 이북도민작가인 이동현이 쓴 '언론인 오재경(1919~2012)'에 따르면, 오재경은 LST에서 미군에게 통역하면서 승객들을 보호하고, 인천에서 그들을 고향으로 보내는 일까지 도맡았다.

  (오재경은) 해방 후 미 군정청 보건후생부 후생시설국장이 됐다. 군정청에 와 있던 슈바카(Scherbacher)라는 미국 해군 대위가 일할 사람을 찾던 중에 부녀국장 고황경 씨가 그를 천거한 것이다. 그가 맡은 일은 외국에서 보내온 원조물품을 필요한 곳에 적절하게 분배하고 관리하는 일이었다.
  혼란 속에서 그의 도움이 필요한 곳이 있으면 어디든 달려갔다. 시설국장으로 있을 때다. 인간 이하의 대우를 받던 지적장애아들을 차마 눈뜨고 볼 수 없었다. 그들도 인간답게 살게 하자고 그가 우겼다. 가정에서조차 돌보지 않던 지적장애아를 위한 각심학원[9]을 세웠다. 그가 이들의 인권을 지키려고

---

[9] 중앙각심학원은 이후 국립재활원으로 바뀌었다. https://100.daum.net/encyclopedia/view/14XXE0006239

나섰다. 측은지심에서 비롯된 사랑이었다.

그 무렵 백범 김구 선생을 집으로 모셨다. 백범이 그때 오재경에게 인간이 살아갈 도리를 말했다. 그 말씀 가운데 "인간과 동물이 다른 점은 해야 할 일과 해서는 안 될 일을 분간하는 데 있다."고 하신 것을 잊을 수 없었다.

"해야 할 일이 있다면 목숨을 걸어서라도 해내야 하는 것이고 해서는 안 될 일이 있을 때도 역시 목숨을 걸어서라도 해서는 안 된다. 그래야 참다운 인간"이라고 말씀하셨다. 그런데 "그러한 일을 분간하지 못하는 사람들이 너무도 많은 세상"이라고 한탄하던 그분의 말씀을 가슴에 새기고 살았다.

오재경이 만주에 흩어져 있던 동포들 귀국 사업에 자진하여 나섰다. 그는 만주가 중공군 휘하로 떨어지자 기다릴 여유가 없다고 판단, 그들을 사지에서 구출해 내는 데 앞장섰다. 대한민국 정부 수립 직전인 1948년 6,7월 두 달 동안 그가 일하던 보건후생부는 미군 LST를 빌어 8차례에 걸쳐 동포 12,000명을 천진에서 인천으로 실어 날랐다. 인천에서 출항하여 이틀에 걸쳐 황해 바다를 건너 천진에 기항, 하루 만에 동포를 싣고는 이틀 걸려 돌아오는 험한 일정이었다.

이들은 일제 학정을 피해 식솔을 거느리고 만주 지역으로 건너갔던 우리 동포였다. 전쟁이 끝나서 한숨 돌리려는데 중공군이 만주를 점령했다. 그들은 '여우를 피하니 호랑이를 만난 격'이 되어 조국으로 돌아오기를 희망했다. 가장 더운 시기에 훈련이 전혀 안 된 민간인을 상륙함에 빈틈없이 실어 나르는 일은 전투 못지않은 위험한 일이었다. LST가 전투함이었으니 민간인을 위한 시설과 공간이 전혀 없었다. 한 항차 당 1,500명씩을 먹고 재우고 쉬게 하려니 여간 어려운 일이 아니었다. 식사는 말할 것도 없고 급수 위생시설이 가장 곤란했다. 전염병이나 열사병 일사병 등이 걱정이었다. LST가 바다로 나오자 하늘을 가릴 것이 없는 갑판은 40도에 육박했다. 그는 아이와 부녀자들을 함교의 그늘이 진 곳에 모았다. 그리고 하루 한 번씩 물을 딱 한 모금씩만 공급했다. 그는 두 손 모아 기도하는 심정으로 죽지만 말아달라고 당부했다.

오재경은 이 일을 즐겁게 해냈다. LST에서는 미군들에게는 통역이었고, 우리 동포에게는 고마운 봉사자였다. 인천에 도착해서는 그들을 고향으로 보내는 일까지 맡아 했다.

오재경 국장은 1950년 4월에 유엔 장학생으로 미국 연수를 시작했고, 같은 시기에 김학묵은 영국 연수를 했다.

2. 사회부 사회국 국장서리

김학묵은 일제 강점기에 경기도 사회과에서 근무하였고, 미군정기인 1946년에 사회과장으로 승진하였다. 1950년에는 영국으로 유학을 다녀왔고 "1954년에 보건사회부 사회국 국장서리로 일하고, 그해 7월에 고등전형시험에 합격하였다."고 한다.

그런데 정부기록에 따르면, '고등전형시험'은 없고 고등고시 행정과(1950년~1962년)가 있었고, 이후 행정고등고시(1963년~2010년), 5급(행정직)(2011년~)으로 이어졌다. 그는 공무원 재직 중 1954년 7월에 '고등고시 행정과'에 합격한 것으로 보인다. 그가 1954년에 사회부 사회국장 서리로 어떤 일을 했는지를 살펴보자.

당시 중앙정부 복지행정 조직을 보면, 미군정은 1945년 보건후생국을 설립하였고, 1946년 3월 2일 보건후생부로 승격시켰다. 1946년 조선구호령과 함께 시행하였지만 구호행정은 근대적 사회복지행정과는 거리가 있었다. 미군정의 구호정책은 요구호자에 대한 구호 필요성에 대응한 것이 아니라 정치적 불안에 대응하는 수준이었다. 구호의 범위와 수준이 열악하여 기아의 방지, 최저생계 유지 및 의료보호 등에 중점을 둔 응급적인 임시방편이었다.

제1, 2공화국 시기의 복지행정은 1948년 8월 15일에 대한민국 정부가 수립되었지만, 정치, 경제, 사회는 매우 불안정하고, 1950년 한국 전쟁과 휴전 이후는 미국 등 외국의 원조를 받아 심각한 식량난을 극복하려는 수준이었다. 1946년에 보건부와 사회부는 보건사회부로 통합되었다. 1948년에 보건후생부와 노동부는 통합되어 사회부가 되고, 보건위생, 노동, 여성 등에 관한 행정업무를 관장하였다. 1949년에 보건부가 독립하였다가 1955년에 보건사회부로 통합되어 사회복지에 관한 전반적인 업무를 관장하였다.

보건복지부 홈페이지에서 역대 장관 소개를 보면, 1954년에 김학묵이 사회국 국장서리를 한 것은 '보건사회부'가 아닌 '사회부'였다. 1954년에는 사회부와 보건부로 분리되었고, 1955년 2월에 보건사회부로 통합되었다. 이력서를 쓸 때 이해하기 쉽게 '보건사회부 사회국 국장서리'라고 표기했지만, '사회부 사회국 국장서리'가 정확한 표현이다.

미군정기에 경기도 사회과장이었던 김학묵은 1950년 4월부터 7개월간 영국 연수를 마치고 11월 1일에 귀국하였다. 귀국 직후 사회부 허정 장관에 의해 촉탁으로 발탁되었다. 그는 중공의 개입으로 평양이 함락되고 흥남철수 이후 급격히 늘어난 피난민을 지원하였고, 1954년에 사회부 사회국 국장서리로 승진하였다. 김학묵이 계간 아산에 쓴 '귀환동포와 월남 피난민의 구호사업'을 보면, 영국에서 한국전쟁의 소식을 접하여 긴급구호사업 등을 배웠고 이를 피난민 구호에 적용하였다는 것을 알 수 있다.

6·25 발발 시에 영국에서 포성은 듣지 못했다 해도 가족과 동포들이 겪는 그 고생과 민족국가의 앞일을 생각할 나의 죄책감은 그지없었다. 지금 생각해도 미안할 뿐이다. 다행히 British Council은 UN과 협의한 후 제2차 세계대전 중 영국의 민방위, 소개(疏開), 구호 그리고 전후의 복구사업 등도 특별히 섭렵하도록 배려를 해주었다. 나는 소정의 공부를 하고 1·4 후퇴 약 한 달 전에 귀국하여 전시 조국의 품에 안겼다.

(김학묵, 아산 1985년 여름호, 26쪽)

일본인 작가 아도(兒島)가 쓴 문예춘추사의 '조선전쟁'(320쪽, 322~323쪽)에 따르면, 1949년 12월 24일 흥남 철수 이후 피난민에 대한 대책은 사회부가 중심이 되어 내무부, 교통부와 협의하여 이루어졌다. 때마침 영국에 유학하여 구호활동을 연구해온 경기도청 사회과장 김학묵을 사회부 촉탁으로 기용하여 사회부의 구호대책본부를 운용하였다.

1950년 12월 24일 맥아더 사령부는 조선반도 동북안의 흥남으로부터 미 10군단의 철수가 완료되었다는 보고를 받았다. (중략)
"서울에서도 흥남 철수를 하던 이날은 시민의 피난의 움직임이 심하였다. 서울의 피난에 대해서는 이미 설명한 바 있거니와 개전시의 혼란과 비극을 피하기 위하여 12월 5일에 평양이 중공군에게 빼앗긴 이래 한국정부는 피난계획을 준비하고 있었다. 특히 사회부장관 허정은 내무부장관 조병옥, 교통부 장관 김석관과 협의하여 피난시민의 구호대책을 준비하였다. 예컨대 각지로부터 서울로 난민이 유입하여 도리어 혼란하므로 마석(磨石)에 수용소를 만들어서 광주 경유로 남하하는 정책을 취하였으며 또 광주와 수원 간에도 수용소를 만들어 급식과 숙박의 편의를 제공하도록 했다.

한편, 영국에 유학하여 구호활동을 연구해온 경기도청 사회과장 김학묵을 사회부 촉탁으로 기용하여 겨울 피난에 따르는 시민의 희생 방지 조치를 검토시켰다. 김학묵은 피난민의 행진 루트를 군용도로 밖으로 설치할 것과 구호업무를 일원화 할 것과 구호소를 될 수 있는 대로 많이 설치할 것 등을 제언하여 장관 허정은 그 건의를 모두 승인하였다. 사회부의 구호대책본부가 설치되어 각 부국을 통합해서 구호반, 물자반, 후생반, 수송반, 섭외반, 총무반, 기획반을 편성하였다. 이러한 준비와 각지의 수용소, 구호소 설치는 착착 진행되어 12월 24일에는 그 대부분이 성취되었다."

(김학묵, 아산 1985년 여름호, 26-27쪽 재인용)

6·25 사변이 일어나 우리 정부의 소수 인원만 황급히 남하하였다가 다행히 9·28 서울 수복을 하였으나 서울시민을 버리고 갔다는 원성은 대단하였다. 더군다나, 중공의 참전으로 아군은 후퇴를 거듭하였으며, 북한 여러 군데에서 많은 사람들이 특히 흥남에서는 10만이나 일시에 아군을 따라 남하하였다. 서울시민도 자발적으로 앞을 다투어 남쪽으로 피난길을 떠나게 되었다. 이런 정세 하에서 피난민 구호사업은 인도상으로나, 정치상으로나 그 중요성이 막중하였다. 이 중책을 진 이가 바로 사회부 장관이었다. 나는 허정 장관과 일면식도 없었을 뿐 아니라 사회

부 출사(出仕)를 원하지도 아니하였다. 그러나 허 장관의 엄한 부름으로 지극히 어려운 전재구호사업을 맡게 되었다. 앞에서 인용한 바와 같이 채택된 기본 방침의 건의는 영국서 공부한 것과 유엔민사처(UNCAC) 관계관들의 협의에 바탕을 둔 것이었다(김학묵, 아산 1985년 여름호, 27쪽-28쪽).

김학묵이 사회부에 근무한 기간과 전후 역대 사회부 장관의 이름을 보면, 1대 전진한(재임기간, 1948.8.3.-1948.12.23.), 이윤영(1948.12.24.-1950.11.22.), 3대 허정(1950.11.23.-1952.1.1.), 4대 최창순(1952.1.12.-1952.10.8.), 5대 박술음(1952.10.9.-1955.2.16.)이었다.

김학묵은 1954년에 사회부 사회국 국장서리를 하였지만, 1950년 11월 23일에 사회부 장관이 된 허정에 의해 사회부로 발탁되었다. 김학묵은 당시 "허정 장관과 일면식도 없었을 뿐 아니라 사회부 출사(出仕)를 원하지도 아니하였다. 그러나 허 장관의 엄한 부름으로 지극히 어려운 전재구호사업을 맡게 되었다."고 회고하였지만, 허정 장관은 김학묵을 사전에 파악하였을 것이다. 김학묵의 스승인 장덕수는 유학시절 허정과 유대관계가 깊었고, 이승만을 지지하면서 정치 세력을 키웠다. 이후 김학묵은 허정 서울특별시장의 비서관으로 일했고, 4·19 직후 허정이 과도내각의 수반일 때 보건사회부 차관으로 발탁된 것으로 보아 시간이 갈수록 신뢰관계가 튼튼해졌다고 볼 수 있다.

또한, 그가 사회부 사회국장 서리를 할 때 휘문고보 영어교사 출신인 박술음(朴術音) 장관과는 사제지간이었다. 박술음은 1919년 송도고등보통학교 재학 때 3·1 운동에 참가하였다는 이유로 퇴학당했는데, 외국 선교사들과 접촉이 잦았던 할아버지의 영향으로 연희전문학교 영문과에 다녔고 1924년 휘문고등보통학교 영어교사로 부임하였다. 이 학교 재직 중 1937년 일본문부성 영어과 교원검정고시에 합격하였고, 같은 학교 교장직을 퇴임한 뒤 1947년 연희대학 영문과 교수로 부임하였다.

그는 6·25 전쟁 중인 1952년에 휘문고등보통학교 제자였던 당시 재무부 장관 백두진(白斗鎭)의 천거로 사회부 장관으로 발탁되어 능숙한 영어실력을 토대로 유엔민사처(UNCAC)를 비롯한 해외원조기관 등에 우리나라의 참상을 호소, 많은 원조를 끌어들이기도 하였다.

박술음은 1924년부터 휘문고보에서 영어교사를 하였기에 김학묵은 그로부터 영어를 배웠을 것이다. 휘문고보 동문인 백두진 국무총리의 영향력도 컸을 것이다. 이승만 정부에서 백두진을 비롯한 휘문고 인맥은 강력했기에 승진뿐만 아니라 미국 유학과 같이 정부 추천을 받을 때에도 영향력을 미쳤을 것이다.

백두진은 1908년생으로 대한민국 역사상 최연소(45세) 국무총리이며, 5선 의원에 두 번의 국회의장과 두 번의 국무총리를 역임한 화려한 정치 경력의 소유자다. 그는 이승만 정권 때인 1951년 최연소로 재무부 장관으로 불도저식 정책 집행과 실행력으로 이승만의 큰 신임을 얻었다. 조세범처벌법, 임시토지소득세법, 귀속재산처리법 등을 일사천리로 밀어붙여 전쟁 중이었던 대한민국 정부의 세수확보에 앞장섰고, 1952년 미국 대통령 해리 트루먼의 특사 클라렌스 마이어와 협상해, 1950년 7월 전임 최순주 장관이 맺었던 〈UN군 경비지출에 관한 협정〉에 따라 미국이 한국에 지불해야 할 UN군 경비 집행 미지급금 1억 달러를 즉각 받아내는 한미경제조정협정(일명

> 마이어 협정)을 이끌어낸다. 1952년 국무총리로 등용되어 1954년까지 재직하였다. 국무총리로서 1953년 100원을 1환으로 교환하는 화폐개혁을 단행하고, 당시 500환(구 5만 원) 이상의 자금은 강제로 은행예금으로 동결하는 등 초강력한 인플레이션 억제책을 실행하였고, 그 덕에 한미경제조정협정을 이끌고도 지지부진하던 미지급금 1억 달러의 상환을 이끌어냈다.

김학묵이 1954년에 사회부 사회국장 서리로 재임 기간이 짧았고, 1955년에 미국 미네소타대학교 대학원으로 유학 갔기에 전후 복구사업과 외국 원조 유치에 집중했을 것이다. 이 시기의 복지행정은 전후 복구에 역점을 둔 시기이었고, 김학묵은 영어에 능통하여 외국 원조기관과 네트워크가 좋았기에 원조를 받아 피난민을 위한 응급구호 등에 역점을 두었을 것이다.

이 시기 복지행정은 1945년 광복 이후 6·25 전쟁을 거치면서 전쟁고아, 월남피난민, 부랑인 등을 위한 긴급구호와 수용시설에 의한 보호사업이 활발히 전개되었다. 외국 원조기관들이 시설보호를 주된 내용으로 사회복지사업을 전개하였고, 이들 기관과의 관계가 중요시되어 사회복지행정의 중요성은 별로 인식되지 못했다. 민간 사회복지기관들은 외국 원조기관의 지원을 받아 긴급구호와 수용시설에 의한 보호사업을 활발히 전개했다.

3. 서울특별시장 비서관

김학묵은 이력서에 1958년 1월에 서울특별시장 비서관으로 일하고, 1959년 6월에 지역사회개발중앙위원회 간사장을 했다고 밝혔다. 그는 1955년에 미국 미네소타대학교 대학원에 진학하여 1957년 5월에 사회사업 석사학위를 취득하였기에 귀국 후 서울특별시장 비서관으로 취업한 셈이다.

당시 서울특별시장은 제8대 허정(재임기간 1957.12.14.~1959.6.11.)이었다. 이승만 정부에서 임명된 허정 시장의 비서관으로 일했다는 것은 김학묵이 허정과 긴밀한 관계를 맺었다는 것을 다시 한 번 더 확인할 수 있다. 앞서 살펴본 바와 같이 허정은 김학묵의 보성전문학교 스승인 장덕수와 미국에서 이승만 지지활동을 하였기에 김학묵은 장덕수-허정-이승만으로 연결되는 인맥에서 활동했다. 김학묵은 허정이 사회부 장관일 때인 1950년 12월에 사회부 공무원으로 발탁되었고, 1954년에 사회부 사회국 국장서리를 하였기에 직무 연관성도 높았다.

> 허정은 1896년 4월 8일에 동래부 초량에서 태어나 초량사립보통학교를 졸업하고(1910년), 서울에 있는 보성중학교(1912년), 중앙기독교청년회 학당 영어과 졸업 후 보성법률상업학교 법률과에 입학(1917년)하였다. 허정은 보성법률상업학교를 졸업하지 않고[10], 1919년 3·1 운동에 참여한 후 중국

---

10 1905년에 개교한 보성전문학교는 1915년에 사립 보성법률상업학교로 명칭이 바뀌었고, 당시 법률과, 상업과는 3년 3학기제로 운영되었다. 따라서 허정이 1917년에 입학하고 1919년에 3·1 운동에 참여했다면 2학년을 수학하고 중국으로 피신한 것으로 보인다. https://lawschool.korea.ac.kr/law/history.do?mode=view&articleNo=129046&article.offset=0&articleLimit=10

상하이 우쑹 상선학교, 난징 항해대학, 영국 런던 항해대학교(1918년)에서 공부하였다. 보성법률상업학교는 이후 보성전문학교로 바뀌었기에 허정은 김학묵의 보성전문 선배였다.

허정은 김형민, 윤보선, 이기붕, 김태선, 고재봉, 허정으로 이어지는 제8대 서울특별시장이었다. 당시에는 정치와 거리가 멀었던 서울특별시장직[11]이었기에 제헌 의원과 이승만 정부에서 장관 3번, 국무총리 서리 등 고위직을 지냈던 허정이 임명되자 "거물시장"이라는 별명이 붙기도 하였다. 그는 서울특별시장이 되기 전에 이미 이승만의 신임을 받아 초대 총무처장, 교통부 장관, 사회부 장관, 6·25 전시 국무총리 서리, 무임소 장관 등 요직을 두루 역임했다. 1952년까지 국무총리 서리를 지낸 이후 재입각하지 않고 1954년 5월에 실시된 제3대 민의원 선거에서 부산시을 선거구에 무소속으로 출마하여 낙선한 후 정계에서 물러나 있다가 긴 휴식기 끝에 1957년 12월 14일 서울특별시장으로 임명되었다.

허정이 서울특별시장 재임 중에 어떤 업적을 남겼는지에 대한 기록을 찾기는 어렵다. 하지만, 시장 재임 중 야당 의원이 시장실 문을 발로 차고 들어오자 "깡패 같은 놈!"이라고 불같이 호통을 치면서 수위들을 불

---

11 허정 이전의 서울시장 5명은 모두(서울특별시장 취임 당시 기준이다.) 국회의원을 한 번도 해본 적이 없을 정도로 경력이 미약했다. 초대 김형민 시장은 미국 유학을 다녀와 평범한 영어교사로 근무하다가 존 리드 하지와의 인연으로 갑작스럽게 잠시 서울시장을 맡게 되었고 윤보선, 이기붕은 서울시장이 정치 데뷔 무대였다. 그나마 김태선 시장은 내무부 치안국장을 지낸 경찰공무원이었고 치안국장 외에는 서울특별시장 1, 2차 임기 중간에 고작 한 달이지만 내무부장관을 맡았기에 그래도 정치 경력이 있다고 할 수 있다. 고재봉 시장은 경무대 비서실장과 서울특별시 부시장 외에는 특별한 경력이 없었다. https://namu.wiki/w/%ED%97%88%EC%A0%95

러 시청 밖으로 패대기쳐 쫓아낸 일이 있었다는 에피소드로 볼 때, "거물시장"으로 권력을 행사했을 것이다. 김학묵은 허정 시장의 재임기에 비서관으로 일하다 지역사회개발중앙위원회 간사장으로 '영전'하였다.

4. 지역사회개발중앙위원회 간사장

지역사회개발중앙위원회는 현재 사라진 조직이기에 제대로 평가받지 못한 측면이 있다. 국사편찬위원회가 2007년 수집한 구술자료[12]에 따르면, 당시 지역사회개발중앙위원회는 미국의 원조 방향을 바꾼 지역사회개발사업을 추진한 중앙 기구였다.

2차 세계대전 후 미국은 전후 복구사업이 어느 정도 되자 1955년에 원조의 방향을 '지역사회개발사업'(Community Development Program)'으로 정했다. 이 사업은 '공동체 내외의 자원으로 국가발전 방향과 일치하는 방향으로 지역공동체를 발전시키는 것'이었다.

> 지역사회개발의 사전적 의미는 "일정한 지역사회 주민의 생활수준을 향상시키기 위하여 그 지역사회의 문제를 스스로 발견하고 이를 개선할 능력개발에 역점을 둔 정책"이다. 이 낱말이 광범위하게 통용되기 시작한 것은

---

[12] 출처: 풀뿌리 민주주의의 기원(2) 지방정치와 지방행정의 경험-1950년대 말 지역사회개발사업 지도원을 중심으로
http://archive.history.go.kr/catalog/view.do?arrangement_cd=ARRANGEMENT-0-C&arrangement_subcode=ARRANGEMENT_CONTENTS-0-OH&provenanace_ids=&displaySort=&displaySize=50&currentNumber=1&system_id=000001001924&catalog_level=&catalog_position=-1&search_position=2&lowYn=

제2차 세계대전 이후이다. 과거에도 사용되었지만, 제2차 세계대전이 끝나면서 선진국에 의한 후진국 개발 원조계획의 일환으로 지역사회개발이 많은 후진국에 하나의 공식사업으로 도입되면서 학술용어로 뿐만 아니라 하나의 행정용어로 널리 보급되었다.

지역사회개발사업은 영국이 주축인 아프리카 영연방 신생국가와 미국이 주축인 남미와 아시아의 신생국에 대한 개발 원조계획이 확장·보급되면서 정부 차원의 지방 개발계획 내지 국가건설사업의 일부로 많은 국가에서 받아들였다. 지역사회개발은 지역사회의 경제적·문화적·사회적·정치적 수준을 향상시키는 것 그 자체에 목적이 있다기보다는 이를 통하여 지역사회 내부와 외부에서 끊임없이 닥치는 도전을 극복하고 지역사회를 유지·발전시킬 수 있는 자체 능력을 소유하게 만드는 것을 의미한다.

이러한 능력개발은 샌더스(Sanders, I.T.)가 지적한 것 같이 하나의 과정·방법·사업, 혹은 사회운동으로 파악할 수 있다. 물론 지역사회 개발은 네 가지 측면을 복합적으로 가지고 있지만, 논자에 따라서는 이 가운데에서 어떤 특정 성격을 강조함에 따라 그 정의와 성격을 달리한다고 말할 수 있다.

지역사회개발의 성격은 어느 측면을 강조하든 일반적으로 강조되고 있는 것을 소개하면, 첫째, '지역사회를 하나의 단위'로 한 개발이라는 점이다. 이것은 지역사회가 주거지와 생활을 공동으로 한 생활공동체이기 때문에 강력한 공속관념(共屬觀念)을 가지고 상호협력이 쉽다는 것이 전제가 되어 있고, 이로 인하여 자기운명을 스스로 개척하여야 한다는 자조정신의 최대 활용 또한 그 전제로 되어 있다는 것이다.

둘째, 다목적 '종합적 개발'의 성격을 띤다는 것이다. 후진국에서는 빈곤퇴치, 선진국에서는 지역사회 감정의 유발 등이 강조되기는 하나, 이것은 우선순위에 따른 차이일 뿐 지역사회개발의 기본적 성격은 어디까지나 경제적·사회적·문화적인 수준의 종합적이며 균형 있는 발전을 기하는 데 있다. 나라에 따라 지역사회 각 분야의 발전단계에는 차이가 있기 때문에 그 역점은 다를 수 있다는 것이다.

셋째, 특정 이념(정치와 종교)으로부터의 '중립성'이다. 국가와 정권에 따라서는 특정 이념에 의한 지역사회개발이 이루어지고 있기도 하지만, 일반적으로 보면 정치 이념이나 종교 이념과는 관계없이 오직 모든 주민의 복지라는 궁극적 목적을 위해서 추진되어야 한다는 것을 강조한다.

넷째, '평등주의'라 할 수 있는 것으로, 신분계층이나 지위와 권력에 관계없이 모든 주민을 평등하게 참여시키고 그 혜택이 모든 주민에게 평등하게 분배되어야 한다는 것이 강조된다.

다섯째, '자발성'이다. 외부의 강제에 의하여 진행되는 것이 아니라 지역사회주민의 자발적인 호응과 참여를 기반으로 한다는 것이다. 외부의 전문적인 지도·교육·지원, 그리고 자극이 반드시 필요하나 이것은 자발성을 존중하는 범위 안에서 이루어져야 한다.

이상과 같은 일반적인 성격을 감안한다면, 지역사회개발사업이 비단 정부사업으로 비교적 체계적으로, 또 대규모로 실시된 1950년대뿐 아니라 그 이전에도 민간차원이나 정부차원에서 산발적으로 또 소규모로 실시될 수 있었고, 또 실시하여 왔던 것을 짐작하게 한다. 그리고 일정한 지역사회주민이 그들이 당면한 공통문제를 그들 스스로의 협동과 참여로 해결함으로써 경제적·사회적·문화적 수준의 향상을 기하고자 하였던 기록은 각 민족과 국가에서 다 같이 볼 수 있다.

한국에서 지역사회개발사업은 미국의 영향력이 컸던 종래의 농촌지도의 흐름에 1957년 이후 미국의 대한 원조의 방향이 '구호에서 부흥'으로 전환된 후 결정된 '안정화' 정책이 결합하면서 도입되었다. 당시 정부는 주민들에게 쉽게 이해시키기 위해 전통사회에 존재해왔던 계, 향약,

두레와 같은 주민의 자조활동을 현대적으로 계승하는 것으로 설명했다. 하지만, 전통사회에서 주민이 상호부조로 해왔던 계, 향약과 미국의 대한 원조 정책에 따라 1957년에 도입된 지역사회개발사업은 차원이 다른 사업이었다.

한국에서 1957년부터 계획된 이 사업은 미 원조기구가 지원 방향을 전환하기 위해 경기도 광주군에 대한 조사를 통해 사업을 타진한 후 이듬해 말부터 '시범마을' 사업을 실시하면서 정식으로 시작되었다. 사업의 진행은 형식상 원조당국과 한국정부의 협의체였던 독자적 위원회를 중심으로 이를 상호간의 부처들이 협조하는 방식으로 이루어졌다. 1957년 11월 합동경제위원회(Combined Economic Board: CEB) 산하 지역사회개발위원회(Community Development Committee: CEBCOM)가 발족되었다(이하 각 위원회의 이름은 영문명으로 표기). 이 위원회의 사업타진과 사전조사를 통해 조직 및 예산, 사업의 방향 등이 수립된 이후 1958년 9월 2일에 제정되고 당일 시행된 '지역사회개발위원회 규정'(대통령령 제1384호)에 의거 지역사회개발중앙위원회(National Council for Community Development: NACOM)가 정식으로 수립되었다.

지역사회개발위원회 규정은 "지역사회개발사업의 지원(支援), 추진에 관한 사항을 조사연구 심의하기 위하여 부흥부에 지역사회개발중앙위원회를 두며, 필요에 따라 특별시, 도 또는 군에 지역사회개발 특별시, 도 또는 군위원회를 둔다."는 목적을 담고 있다. 지역사회개발사업이라 함은 일정한 지역 내의 주민이 생활의 개선과 향상을 위하여 집단적 또는 개별적 계획을 수립하고 실천 수행하는 사회개선사업을 말한다.

지역사회개발위원회는 중앙위원회와 특별시, 도 또는 군위원회가 있다. 지역사회개발중앙위원회는 지역사회개발에 관한 제반 정책의 지침과 방향에 관한 사항, 전반적 사업계획과 그 조성, 기타 본 사업의 목적달성에 필요한 사항을 관장한다. 지역사회개발 특별시, 도 또는 군위원회는 관내 지역사회개발에 관한 지원계획의 수립, 조성과 알선에 관한 사항; 지역사회개발에 관한 조사연구와 계몽훈련의 실시에 관한 사항; 기타 본 사업의 목적달성에 필요한 사항을 관장한다.

지역사회개발중앙위원회(이하 '중앙위원회'라 한다)는 부흥부 장관을 위원장으로 하고 내무부 차관, 문교부 차관, 부흥부 차관, 농림부 차관과 보건사회부 차관을 위원으로 한다. 중앙위원회에 고문 약간인을 둘 수 있고, 고문은 지역사회개발에 관한 학식 또는 경험이 풍부한 자 중에서 위원장이 위원회의 의결을 거쳐 위촉한다. 고문은 위원장의 자문에 응한다.

중앙위원회의 위원장은 회무를 통리한다. 위원장이 사고가 있을 때에는 위원장이 지정한 위원이 그 직무를 대리한다. 중앙위원회는 위원장이 이를 소집하고 그 의장이 된다. 중앙위원회는 위원(위원장을 포함한다) 과반수의 출석으로 개의하고 출석위원 과반수의 찬성으로써 의결한다. 의장은 표결권을 가지며 가부동수인 경우에는 결정권을 가진다.

중앙위원회에 간사장 1인, 간사와 지도원 약간인을 직원으로 둔다. 간사장, 간사와 지도원은 위원장이 임명한다. 간사장은 중앙위원회의 서무를 처리하며, 간사는 간사장의 직무를 보좌한다. 간사장은 중앙위원회에 출석하여 발언할 수 있다. 지도원은 위원장의 명을 받아 지역사회개발의 지도에 종사한다. 중앙위원회를 개최하였을 때에는 의사록을 작성하여야 한다. 간사장, 간사, 지도원에 대하여는 월 만5천환을 최고 기준으로 하여 위원장이 월수당을 결정 지급한다. 공무원이 간사장, 간사를 겸하였을 때에는 전항의 규정에 의하여 결정되는 월수당의 각2분의 1까지에 해당하는 금액을 월수당으로 지급할 수 있다. 간사장, 간사와 지도원은 타 직무를 겸하지 못한다. 단, 위원장의 승인을 얻은 경우에는 그러하지 아니하다. 중앙위원회의 사무에 관하여 필요한 규정은 위원장이 정한다. 지역사회개발 특별시, 도 또는 군위원회의 조직과 운영에 관하여 필요한 규정은 특별시, 도 규칙으로 정한다.

지역사회개발위원회 규정은 지역사회개발중앙위원회와 지역사회개발 특별시, 도 또는 군위원회의 기능을 명시하였지만, 중앙위원회의 구성과 위원장의 직무, 직원과 수당을 제도화하는 데 강조점을 두었다. 특히 중앙위원회에 위원장인 부흥부 장관이 임명하는 간사장 1인, 간사와 지도원 약간인을 두는데, 김학묵은 1959년 6월에 간사장으로 임명된 것이다. 간사장은 중앙위원회의 서무를 처리하며, 중앙위원회에 출석하여 발언할 수 있다. 중앙위원회의 위원장은 부흥부 장관이고, 위원은 내무부 차관, 문교부 차관, 부흥부 차관, 농림부 차관과 보건사회부 차관이라는 점에서 볼 때, 지역사회개발중앙위원회 간사장은 "차관급"으로 활동한 것으로 보인다.

그런데, 형식상 NACOM이 사업의 중앙위원회였지만 실제 사업은 CEBCOM가 주도하였다. 즉 CEBCOM은 경제조정관실(Office of the Economic Coordinator: OEC) 산하의 지역사회개발국(Community Development Division: CDD)과 NACOM을 이용해 사업을 추진했다. 전자가 기존의 구호원조를 갈무리하는 한편 NACOM의 사업을 보조하였다면, 후자는 외형상 행정외의 기구로서 편재되면서 독자적인 시범마을 사업을 전개했다. 오늘날 우리가 흔히 지역사회개발사업이라고 이야기하는 것은 이 후자인 NACOM의 사업을 이야기하는 것이다.

사업을 진행함에 있어 미 원조기구는 어디까지나 경제적·사회적 안정화를 추구했고, 한국의 식자층들 역시 대체로 이에 동의했다. 허은은 일찍이 미 원조기구가 지역사회개발사업을 민주주의의 토대 마련을 위한 주요한 수단으로 보았다고 지적한 바 있다. 그런데, '미국식 민주주의' 전파와 근대화 시도는 1950년대 미국의 일관된 제3세계 정책의 하나였으며 공사 간을 가리지 않고 다양한 방식을 통해 시도되었다는 점을 간과해선 안 된다. 이는 한국에 있어서도 마찬가지였다. 농사원으로 귀결된 미국의 일련의 농촌지도기관 수립 시도는 이를 반영한 것이었다. 1947년 경기도에서 시범적으로 실시되었다가 한국전쟁 이후 전국적으로 전파되기 시작한 4H-Club 활동 역시 그런 범주의 운동의 하나였다.

지역사회개발사업이 종래와 다른 점은 바로 (농촌)경제의 '안정화'를 포함하고 있었다는 점이다. 미 원조기관은 주민의 민주주의적인 참여를 높게 평가했지만 어디까지나 사업의 목적은 '자조를 통한 다소간의 소득개선'을 통해 농촌을 안정화시키고 동시에 이 사업의 성과를 통해 향후 원조의 방향을 점검하는 데 있었다. 물론 당시 미국의 대한 원조는 MSA법(Mutual Security Act, 상호안전보장법)에 의한 방위지원의 범주에 속하고 있었기 때문에 대대적인 지원은 물론 불가능했다. 본 사업의 재원 역시 대충자금 가운데에서도 기술지원에 할당된 영역에 한정되어 있었고 따라서 그 예산 규모 역시 미미하기 그지없었다. 따라서 사업은 어디까지나 '자조'를 보다 중심으로 실행할 것이 강조되었다. 사업이 진행됨에 따라 민주주의적 제 절차와 이념의 확산을 통한 방식이 장기적인 농촌생활개선과 국가발전에 도움이 될 현실적인 방안이라고 생각한 것은 사실이다. 그러나 동시에 한국 측 인사들의 경우 이러한 점에도 물론 동의했지만 토지개혁 이후 소농화 되어 생산력이 약화된 농촌에 대한 구조적인 고민이 있었다.

이러한 경향성은 아래로 내려오면 더욱 강해졌다. 특히 마을의 현지 지도를 맡고 있던 지도원들의 경우가 더욱 그러했다. 이들은 본 사업을 진행하면서 당대 농촌의 문제점으로 그 규모의 영세성, 식량자급 부족, 농촌과잉인구, 기술부족, 자본축적이 불가능한 것 등을 끊임없이 지적했다. 따라서 이들 지도원들은 사업 추진 시 토지개혁 이후 방치된 소농에 대한 대책과 소득개선을 고려했고 이의 해결방안으로서 생산물 증가와 농가소득 증대사업을 추진했다. 따라서 이들은 사업주체와 식자층이 의도를 넘어선 과도한 외원을 동원한 소득증대 사업을 추진하기도 하였다.

한편, 이승만 대통령 시절 부흥부 장관, 재무부 장관을 역임한 송인상 씨의 회고록 '부흥과 성장'에서 언급된 지역사회개발계획은 1950년대 초 인도 파키스탄 등지의 촌락자조운동에서 시작된 운동이다. 정부의 물질적인 원조, 예컨대 시멘트 철강 목재 등의 구입자금을 보조금으로 지급하고 농촌의 풍부한 노동력을 활용하여 낙후된 농촌을 부흥시키자는 운동이다. 자조운동은 '내 마을은 내 손으로'라는 캐치프레이즈를 내걸고 다리나 농로, 공회당 등을 마을 사람들의 자발적인 참여로 건설하는 것이다. 원래 미국의 대외 원조정책에서 가장 중요한 것은 원조 수혜국의 참여의식이다. 스스로가 잘 살아보겠다는 강인한 정신을 갖고, 스스로 가지고 있는 자원을 적극적으로 원조계획에 보태어주기를 요구하고 있었다. 1958년[13] 김학묵이 간사장이 되어 상록수가 되려는 젊은 남녀 대학 졸업생 70명 정도를 채용하여 전국 각지에 파견한 것이 핵심 사업의 하나였다고 회고했다.

> 김학묵 박사(후에 대한적십자사 사무총장)를 간사장으로 하여 지역사회개발위원회가 발족되었다. 이 운동을 우리말로 어떻게 표현하느냐 하는 문제를 두고 많은 이야기들이 오갔으나 누구의 아이디어에 의해 '지역사회개발'로 결정되었는데, 지금 생각해 보아도 매우 적절한 표현이라고 생각된다.
> 우선 이 운동에 참가할 젊은 남녀대학 졸업생 - 즉 새로운 상록수가 되려는 학생들을 70명 정도를 채용하여 전국 각지에 파견했다. 당시 국회의원 중에는 자기 선거구를 그 시범지역으로 해 달라는 요청이 많아 한때 지역선정에 곤란을 겪기도 했지만, 결국 각 도 2개 군씩을 시범지역으로 선정, 균형을 맞추기로 했다.
> 당시 상록수로서 충남 연기군에 간 어떤 여자대학 졸업생은 마을 어린이들에게 노래를 가르쳐 줌으로써 메마른 농촌에 새로운 정서와 훈풍을 불어넣으면서 중앙에서 보내준 지원을 불씨로 삼아 공회당(새마을회관)을 신축하는 개가를 올렸다. 또한 경북 영일군에서는 선착장을 성공적으로 건립하기도 했다. 정부에서는 수십 포대의 시멘트와 뱃줄을 묶을 쇠고랑을 구입할 수 있는 돈을 지원해 주었을 뿐, 나머지는 모두 마을 사람들의 자조 노력에 의한 것이었다.

---

13 지역사회개발중앙위원회가 조직된 것은 1958년이고, 김학묵이 간사장이 된 것은 1959년 6월이었다. 다만, 과거를 회상하는 사람은 같은 시점으로 인식할 수도 있을 것이다(이용교 주).

요약하면, 지역사회개발사업은 1950년대 말 향후 원조의 방향전환을 고려하던 중에 실행되었다. 이 사업은 한국사회의 사회적·경제적 안정을 목적으로 한 농촌개발사업이었고, 원조의 방향전환에 앞서 그 가능성을 알아보고자 한 것이었다. 그 실행은 어디까지나 마을의 자조를 통해 이루어져야만 했다.

5. 보건사회부 차관

김학묵은 1960년 허정 과도내각에서 보건사회부 차관으로 복지행정을 총괄하였다. 이 시기는 4·19 혁명으로 이승만이 하야하자 외무부 장관으로서 헌정사 최초로 대통령 권한대행을 맡게 된 허정 '과도내각'이었다. 허정은 3·1 운동과 대한민국 임시정부에 참여한 독립운동가였다. 그는 4·19 혁명 직후 3차 개헌을 통해 헌법 부칙에 따라 수석국무위원 자격으로 최초 의원내각제 하 행정수반 국무총리가 되었다. 제4대 대선과 제5대 총선으로 윤보선 대통령과 장면 총리가 정식 취임할 때까지 대통령 권한대행 국무총리 겸 외무부 장관으로서 과도내각을 이끌며 혼란 수습에 주력하였다.

허정은 4·19 혁명으로 이승만 정부의 국무위원들이 사태의 책임을 지고 모두 사표를 제출하자 이 대통령으로부터 국무위원직을 부탁받았다. 처음에는 거절했으나 4월 25일 내무부 장관에 이호, 법무부 장관에 권승렬과 함께 외무부 장관으로 임명되었다. 4월 26일 이승만은 국민이 원한다면 대통령직을 사임하겠다는 성명을 발표하고 27일 사임서를 국회에 전달했다.

허정은 대통령 권한 대행으로 4월 29일 6명의 장관을 새로 임명하여 내각 공백을 일부 메웠고 5월 3일 과도내각 5대 시정방침을 발표했는데 "혁명적 정치 개혁을 비혁명적 방법으로 단행한다."고 했다. 이 시정방침에서 반공주의의 재천명, 강압과 폭력으로 제정된 법률의 철폐, 우방국과의 우호 강화 등 혼란 수습을 위한 여러 방침들을 발표했다. 허정 내각은 부정 선거사범 처벌에 소극적이었다는 평가를 받았지만 빠르게 혼란을 수습하여 불과 3개월 만에 헌법 개정과 정권을 이양하였다.

1960년 4월 28일에서 1961년 5월 18일까지 보건사회부 장관은 4명이었다. 김성진(1960.4.28.~8.19.), 신현돈(8.23.~9.11.), 나용균(9.12.~1961.1.29.), 김판술 장관(1.30.~5.18.) 등 평균 재임기간이 3개월이었으므로 김학묵 차관은 세계 여러 나라에서 구호물자를 조달해 배분하는 중책을 맡았다.

허정 과도내각은 4·19 혁명을 수습하는 시기이었고, 일 년 후 1961년 5·16 군사쿠데타에 의해 해산되었기에 김학묵 보건사회부 차관이 가시적인 실적을 내기는 어려웠을 것이다. 당시 복지행정은 후생행정이라는 낱말로 불렸기에 전후 구호사업, 고아원과 양로원 등을 중심으로 한 시설보호를 지원하는 일에 역점을 두면서 이후 경제개발과 함께 사회개발을 강조하는 시대를 열어갈 수 있도록 발판을 마련했다.

한국 사회보장의 역사에서 1963년에 설치되어 1996년까지 존속한 '사회보장심의위원회'는 경제개발을 넘어 사회개발을 강조한 싱크탱크 역할을 하였다. 이는 1962년에 설립된 '사회보장제도심의위원회'에서 비롯되었는데, 그동안 1961년에 5·16 쿠데타로 집권한 박정희 정부가 일본의 사례를 모방하여 사회보장의 체계를 구축하고 싶어 '사회보장(제도)

심의위원회'의 설치했고, 최천송 위원의 역할이 매우 컸다는 주장이 지배적이었다. 최천송 위원이 정부 요로에 사회보장(제도)심의위원회의 설치를 주장하였고, 사회보장(제도)심의위원회를 발전시키는 데 헌신적으로 노력했기 때문이다. 사회보장심의위원회(사보심)에서 핵심적인 역할을 한 최천송에 따르면, 1960년 12월 제2공화국 정부(윤보선 대통령·장면 내각)의 '전국종합경제회의'에서 그가 제안하여 사보심이 채택되었다고 한다. 1961년 봄에 보건사회부가 사보심을 준비할 때 5·16이 일어났고, 이후 보건사회부가 군사정권에 제안하여 승인을 받았다.

그런데, 1967년부터 사보심에 들어가 20여 년간 활동한 이광찬 위원은 1960년에 윤보선 대통령과 장면 총리를 비롯한 각계 인사 500여 명이 참석한 '전국종합경제회의'에서 노동자의 생활보장책으로서 사회보장제도의 도입을 제의하고, 제도모형의 연구심의를 위한 사회보장제도심의위원회의 설치를 만장일치로 채택하고 정부에 건의하였는데, 다른 긴급한 정책사항 때문에 방치되었다가, 1961년 당시 보건사회부 장관(김판술)과 차관(김학묵)이 동 건의사항을 다시 거론하여 유사제도와 관계법령을 조사, 비교연구 끝에 동 위원회 설치를 위한 각령 안을 기초하여 각의에 회부하는 단계에서 5·16을 맞이하였다고 회고했다(이용교, 2022: 86~87).

공무원연금법이 제정된 그 해 곧 4·19 혁명이 일어나 독재정권을 타도하고 개정 헌법안(제2공화국 헌법)을 6월 15일에 통과시켰으며, 법률유보사항을 삭제한 기본권 보장의 강화가 주요 개정내용의 선두를 차지하였다. 이런 정황 하에서 의료보장 문제가 논의된 것은 그 해 가을에 당시 성균관대학교 총장인 변희용 씨[14]의 주재로 개최된 '전국종합경제회의'에서 비롯되었다. (이 회의는 윤보선 대통령, 장면 총리를 비롯한 각계 인사 500여 명이 참석한 대규모 행사였는데), 그 7개 분과 중 '고용 및 생활수준 분과'에서 노동자의 생활보장책으로서 사회보장제도의 도입을 제의하고, 그 도입을 돕기 위하여 우선 제도모형의 연구심의를 위한 사회보장제도심의위원회의 설치를 만장일치로 채택하고 전체회의에서도 원안대로 통과되어 정부에 건의하였다.

그러나 이 위원회 설치 문제는 산적한 다른 긴급한 정책사항 때문에 방치되었다가, 1961년 당시 보사부 장관(김판술)과 차관(김학묵)이 동 건의사항을 다시 거론하여 유사제도와 관계법령을 조사, 비교연구 끝에 동 위원회 설치를 위한 각령 안을 기초하여 각의에 회부하는 단계에서 5·16을 맞이하였다. 군사혁명위원회에서는 '혁명공약'으로 "민생고의 시급한 해결과 국가자주경제의 재건에 총력경주"를 내걸었다. 이러한 배경을 타고 동 위원회 설치 건의는 혁명정부 초기에 보건사회부 장관에 취임한 정희섭 씨가 위원회 설치의 각령 안을 국무회의에 상정시켜 1962년 3월 20일 각령 제469호로 '사회보장제도심의위원회 규정'이 제정되었고, 이에 따라 연구담당기구가 설치되었다.

(이광찬, 2009: 60~61).

이후 대한민국은 제3, 4공화국 시기에 경제개발이 강조되었고 복지행정은 공공부조를 제도화시키면서 사회보험을 도입 발전시켰다. 1960년대 정부는 낙후된 경제성장에 치중하였다. 1961년 생활보호법을 제정하

---

14 변희용은 일제 강점기부터 사회주의 운동가로 알려져 4·19 교수 데모에 참가한 인물이다(김조설, 2017: 100).

여 저소득층 중심의 공공부조를 시행하였지만 정부 재정의 부족으로 민간외원 기관, 단체가 사회복지 문제나 욕구를 해결하는 실정이었다. 생활보호법도 일제 강점기의 조선구호령을 크게 벗어나지 못하는 수준으로, 그 법에 의한 사회복지행정은 유명무실한 것이었다. 보건사회부는 전반적으로 생활보호 위주의 정책을 수행하였다.

1970년대 정부의 경제개발정책의 효과로 국민의 소득 수준 향상과 국가의 재정능력 향상으로 외원기관들이 점차 원조를 줄이거나 철수를 시작하였다. 민간사회복지시설은 시설 운영에 필요한 자원의 결핍이 더욱 심화되었다. 1970년 사회복지사업법이 제정됨으로 민간사회복지사업의 체계 확립과 국가와 지방자치단체에 의한 사회복지법인에 대한 보조와 지도가 강화되었다. 공공복지행정을 통해 민간 사회복지기관에 대한 지도·감독이 가능하게 되어 민간사회복지행정과 공공사회복지행정을 위한 토대가 마련되었다.

한편, 허정 내각에서 보건사회부 차관을 했던 김학묵이 "장도영 육군 참모총장이 허정에게 정변을 제안하였고", "국가재건최고위원회로부터 공보부 장관을 제안받았지만 거절했다"는 증언이 있다. 필자가 2023년 2월 27일 김학묵의 4남 김재연과 인터뷰할 때, "아버지는 허정 서울시장의 비서실장을 하였고, 후에 허정 내각에서 보건사회부 차관을 하였다. 그런데, 장도영 육군 참모총장이 김학묵 차관을 통해 허정에게 정변을 제안했다고 한다. 제안을 전해 들은 허정 내각 수반이 30분에서 한 시간 가량 뒷짐을 지며 걷다가…'No'라고 말했다."는 일화를 아버지로부터 들었다는 것이다. 4·19 혁명 이후에 정치적 혼란을 틈타 군대의 다양한 세력이 군사정변을 기획하였기에 충분히 있을 수 있는 일로 보인다.

장도영은 해방 후 군사영어학교를 졸업하고 빠른 진급으로 5·16 군사정변 이전에 육군참모총장을 지냈다. 4·19 혁명 이후인 1961년 5월 16일 민주당 정권하에서의 정치적 혼란을 틈타 박정희 소장이 5·16 군사정변을 일으키자 이에 대해 적극적인 반대나 찬성하지 않는 모호한 태도를 보여 사실상 군사정변을 방조했다. 이후 계엄사령관·내각 수반·국방부 장관으로 추대되었으나 6월에 해임되었다. 1962년 반혁명 혐의로 기소되어 무기징역을 선고받았지만 집행면제로 풀려나서 여생을 미국에서 정치학 교수로 보냈다.

또한, 김재연은 "국가재건최고위원회에서 모 장관 부인을 통해 김학묵에게 공보부 장관을 제안한 것을 제기동 집에서 들었다. 그날 아버지와 작은아버지(김주묵)가 제기동 안방에서 말씀하시는 것을 들었는데, "독재정권은 오래 못간다."고 하면서 장관 제의를 거부했다"고 증언했다.

어느 날 아침에 모 장관 부인이 집으로 찾아와서 공보부 장관을 제안했고, 그날 저녁에 제기동 안방에서 두 분이 말씀하신 것을 들었다는 증언이다.

재연은 두 눈으로 "팩트"를 보았다는 점을 강조했다. 5·16 군사정변 당시 김학묵은 대한적십자사 사무총장이었는데, 전직 차관이었기에 장관으로 발탁될 수 있었을 것이다. 정변이 있었지만 사무총장을 유지한 것은 거부보다는 사양의 형식을 취했기 때문이었을 것이다.

한편 김학묵의 4남 재연과 인터뷰 과정에서 "아버지가 보건사회부 차관일 때 (재덕) 형님을 치료하기 위해 노력했고, 주치의 같은 분인 한의사가 경희대학교 한의과대학을 만들도록 도와주었다."고 증언했다.

배원식[15] 선생은 당시 충무로에 한의원을 운영했고 전설적인 한의사로 유명했다고 한다.

경희대학교 한의학대학의 연혁을 홈페이지에서 보면, 1943년에 서울에서 설립된 동양대학관을 바탕으로 1953년에 서울한의과대학이 개교되었다. 동양의약대학, 동양의과대학으로 명칭이 변경되었다가 1965년 경희대학교와 통합되어 의과대학(한의학과) 및 약학대학으로 개편되었다. 이 과정에서 배원식 선생의 역할을 좀 더 연구해야 하겠지만, 보건사회부 차관은 한의학의 발전에 영향력을 미칠 수 있는 권한을 가진 자리였다.

> 경희대학교는 1946년에 설립된 배영대학관(培英大學館)과 1947년에 설립된 신흥전문학관(新興專門學館)이 통합하여 1949년 5월 2년제 신흥초급대학으로 개교하였다. 학교법인 고황재단(高凰財團)에 의해 설립되었으며, 이듬해 6·25전쟁과 심한 재정난이 겹쳐 학교의 운영이 어렵게 되자 조영식(趙永植)이 1,500만 원의 부채를 부담하는 조건으로 대학을 인수하여 1952년 2월 피난지 부산에서 초급대학으로 정식 인가를 받았다. 같은 해 12월 4년제 신흥대학으로 승격되어 법률학과·정치학과·문학과·체육학과의 4개 학과를 설치하고 학생 정원을 200명으로 하였다. 부산에서 대학으로서의 면모를 갖추어 가며 청주분교를 설치하는 등 교세를 확장하다가, 정부의 환도와 함께 서울특별시 동대문구 회기동 현재 위치에 교사를 마련하고 1954년 2월 대학원을 설치하였다. 1955년 2월 문리과대학·정경대학·법과대학·

---

15 배원식 선생은 서울한의과대학에서 강의하고, 1956년에는 동방의학회 회장, 1960년 동방장학회 회장, 1968년에는 대한한의사협회장 등으로 활동하였다.
http://www.mjmedi.com/news/articleView.html?idxno=55083

체육대학으로 편성된 종합대학교로 승격하여 총장에 조영식이 취임하였고, 1960년 2월 경희대학교로 개칭하였다. 1963년 음악대학, 1965년 사범대학, 1966년 의과대학·약학대학 및 경영대학원·행정대학원, 1969년 공과대학, 1972년 교육대학원, 1973년 치과대학, 1976년 한의과대학 등을 각각 설치하였다.

경희대학교 한의과대학의 뿌리는 1965년 4월에 동양의과대학(東洋醫科大學)을 인수하여 1966년에 의과대학과 약학대학으로 발전시킨 역사로 연결된다. 동양의과대학은 동양의학강습소(1939년~1946년 10월 4일), 동양의학전문학교(1946년 10월 4일~1948년 3월 24일)에 이어, 1943년에 3월 24일에 설립된 동양대학관을 바탕으로 1953년 4월에 서울한의과대학으로 개교되었다. 1955년에 동양의약대학으로 변경되었고, 1964년에 동양의과대학으로 변경되었다가, 1965년에 경희대학교와 통합되어 의과대학 및 약학대학으로 개편되었다.

동양의약대학은 1955년에 한의학과를 개설하고, 1957년에 부설 한의원을 개원하며, 1958년 3월에 임시이부(야간부) 설치와 한의학과 40명을 모집했다. 1962년에 한의학과 8학급 320명 수업연한 4년으로 발전되었다. 1964년에 동양의과대학 설치인가를 받아 6년제 한의학과(예과과정 2년 포함)와 약학과 합계 160명을 모집했다. 1965년에 경희대학교 의과대학 한의학과로 발족되었다. 1966년 2월에 대학원에 한의학 석사학위과정이 인가되었다.

동양의과대학은 일제의 한의학 탄압의 상징이던 동양의학강습소를 조선의사회에서 개편 인수하여 설립한 사립대학으로 최초 한의학도 양성기관이었지만 해방 후 양방의료와 치과의료가 6년제로 개편될 때에도 홀대받았다. 특히 1961년 5·16 쿠데타가 발생하면서 학교정비령에 따라 동양의학관이 폐교 위기에 몰렸으나 로비로 기사회생에 성공했다. 홀대받았던 한의학 교육이 기사회생하는 과정에서 김학묵 차관의 역할이 있었을 것으로 보인다.

동양의과대학은 일제의 한의학 탄압의 상징이던 동양의학강습소를 조선의사회에서 개편 인수하여 설립한 사립대학으로, 국내 최초의 한의학도 양성기관이라는 의의를 가지고 있다.

이후 재정난 등으로 경희대학교에 인수되었는데, 이는 경희대가 한의학 부분에서 국내 최상의 교육여건을 가질 수 있게 할 만큼 상징적인 일이었다.

1945년 해방 당시의 양방 의료와 치과 의료는 4년제 의학전문학교를 폐지하고 예과 과정을 두는 6년제 대학으로 개편하였으나 한방은 여전히 일제 강점기의 동양의학강습소를 유지하고 있었다.

이에 1946년 10월 4일 조선의사회가 동양의학강습소를 인수한 후에 동양의학전문학원으로 허가받아 강의를 시작하였고 1948년 3월 24일 4년제 동양대학관(동양의학과, 인문학과)으로 개편하였다.

한국전쟁 막바지인 1953년 3월 5일 동양대학관이 폐관되고 다시 서울한의과대학으로 설립 인가하여 1953년 4월 1일 개교하게 되었다.

1961년 5·16 쿠데타가 발생하면서 학교정비령에 따라 동양의학관이 폐교위기에 몰렸으나 로비로 기사회생에 성공했다. 1963년 개정의료법에 의하여 1964년 1월 21일 다시 동양의약대학을 동양의과대학으로 개칭하고 한의학 수업연한도 의과대학과 같이 6년제로 승격되어 현재의 교육제도를 갖추게 되었다.

1965년 동양의과대학이 시설기준 미비와 재정난 등으로 경희대학교 의과대학에 편입되어 경희대학교 의과대학 한의학과로, 약학과는 경희대학교 약학대학 약학과로 변경되었으나 제도적 틀에는 큰 변화가 없었다.

정리하면, 김학묵은 일제 강점기에 경기도 사회과 공무원으로 시작하여 미군정기에 경기도 사회과장을 하고, 한국전쟁 중인 1950년 12월에 사회부 촉탁으로 일하다 휴전 후에 사회부 사회국장서리, 서울특별시장 비서관, 4·19 직후에 보건사회부 차관을 하였으니 "대한민국 복지행정의 개척자"라고 할 수 있다. 김학묵은 보건사회부 차관을 끝으로 공무원 생활을 마치고, 1960년 10월에 보건사회부의 지원을 받는 법정단체인 대한적십자사 사무총장으로 자리를 옮겼다. 그는 일제 강점기, 해방, 미군정, 6·25, 4·19, 5·16과 같은 역사적 격변기 속에서 복지행정을 개척했다. 해방 후 좌익과 우익의 갈등과 한국전쟁, 주요 정당 간 정쟁 속에서도 그가 권력의 중심에서 벗어나지 않았던 것은 어떤 요인 때문이었을까?

첫째, 김학묵은 실력으로 고급 공무원의 길을 걸었다. 그는 일제 강점기에 고려대학교 전신인 보성전문학교 법과를 졸업하여 '경기도 사회과'에 공무원으로 취업하였다. 또한 사회부 재직 중 1954년에 '고등고시 행정과'에 합격하여 고급 공무원의 길을 걸었다. 김학묵은 영어를 유창하게 말했는데, 해방 후 외국 외조를 받아야 할 상황에서 외국인과 영어로 소통하는 실력은 큰 역할을 하였다.

둘째, 김학묵은 권력의 핵심과 네트워크를 형성했다. 그는 일제 강점기에는 총독부와 긴밀한 관계를 가진 장덕수와 사제관계였고, 해방 후 이승만, 허정과 밀접한 관계를 가졌으며, 5·16 후에는 박정희 대통령의 신뢰를 얻었다. 그는 해방 이후 유엔 장학생으로 선발돼 영국 런던문화원과 런던대학교 등에서 영국 사회보장제도를 연구했는데, 연수 중 경기도 근무 시 그를 눈여겨 본 이승만 대통령이 직접 전화를 걸어 "이 사람아, 빨리 나와 배운 것 좀 써먹게." 하고 독촉하자 1·4 후퇴 한 달 전쯤에 귀국했다는 에피소드는 이 대통령과의 친밀한 관계를 보여 준다. 이는 휘문고보와 보성전문학교의 학연, 직업경력, 가족관계 등과 연계되어 상승작용을 하였다. 일제 강점기에 휘문고보와 보성전문학교는 조선인이 선망하고 인재들이 모인 학교였다. 학교 동문은 각계각층에서 활동하며 서로 도움을 주었고, 그의 보건사회부 차관이란 이력은 네트워크 형성에 큰 영향을 주었다.

셋째, 김학묵은 도덕적인 휴머니스트로 살려고 노력했다. 그는 오랫동안 외국의 원조물자를 배분하였고, 사회개발을 총괄하는 지역사회개발중앙위원회 간사장을 하였다. 당시 보건사회부는 세금으로 하는 복지행정보다는 세계 각국에서 밀려온 구호물자를 배분하는 일이 더 시급했다. 그가 원조물자를 배분하는 과정에서 비교적 투명하게 복지행정을 펼쳤다는 것도 좋은 평가를 받았다.

넷째, 김학묵은 처세술이 뛰어났다는 평가를 받았다. "많은 사람들이 김학묵 하면 나비넥타이를 먼저 떠올릴 정도였다."고 한다. 나비넥타이는 머리 수술 후 함몰된 두상을 보호하기 위한 "모자"와, "레이디스 앤 젠틀맨"으로 시작하는 연설 등과 조합되어 "런던 신사"란 별명으로 이어진다. 그를 아는 많은 사람들은 "신사적이다" "젠틀하다" "사교적이다" "유쾌하다" "좌중을 휘어잡는다" 등으로 표현했다. 보건사회부 차관을 퇴임한 그가 주변사람들과 격의 없이 대화한 것도 호감을 주었다.

제3장

사회사업학의 도입과 교육

김학묵은 한국에 서구식 사회사업학을 도입한 개척자로 통한다. 사회과 공무원이었던 그가 1950년에 유엔 장학생으로 영국에서 7개월 동안 연수하고, 1955년에 미국 미네소타대학교 대학원에 유학하여 1957년 6월에 사회사업 석사학위를 취득한 것이 계기가 되었다. 그는 1958년에 서울대학교 대학원과 1959년에 학부 사회사업학과 등에서 강의하였고, 1955년에 한국인 최초로 '사회사업개론'을 집필하였다.

1. 유엔 장학생으로 영국 연수

김학묵은 1985년에 발간된 '계간 아산' 여름호에 영국에서 연수한 것을 회고하였다. 그는 1950년에 UN에서 한국 사회분야에서 일하는 사람을 선진국으로 보내는 '제1회 유엔 장학생'으로 선발되어 영국에서 7개월가량 연수했다. 당초 6개월간 예정되었지만, 한국전쟁으로 한 달가량 늦게 귀국하였다.

당시 사회적 분위기는 미국 유학을 선호하였는데, 그가 영국으로 간 이유는 보성전문학교에서 장덕수 교수의 사회정책을 수강하면서 영국의 민권운동, 노동운동, 페이비언 협회(Fabian Society) 운동 등에 흥미를 가졌고, 장 교수와 최정우 교수의 영국 유학담을 들으면서 영국에 가는 꿈을 꾸었다고 회고했다.

UN에서 한국을 지원하고자 사회분야의 일하는 사람을 선진국으로 보내게 되어서, 이 나라에서 나는 제1회 유엔 장학생의 한 사람으로 선발되었다. 그 무렵 누구나 다 미국 유학을 원하였으나 내가 영국으로 굳이 간 것은 그

럴 만한 이유가 있었다. 내가 보성전문학교 법과 재학 중 선택과목으로 사회정책을 택했는데 고 설산 장덕수 박사가 그야말로 명강의를 하셨다. 영국의 민권운동, 노동운동, Fabian Society 운동 등을 중심으로 한 영국 사회정책이 나의 흥미를 끌었을 뿐 아니라, 장 박사와 고 최정우 교수는 자기들의 영국 유학담을 하시며 나에게 도영(渡英)을 권고하기도 하였다. 암흑시대인 그때 어찌 내가 도영을 꿈꾸었을 수 있었으랴!

장덕수 교수는 앞서 소개되었기에 최정우 교수를 보면, 그는 강원도 철원 출신으로 경성고등보통학교(경기고등학교의 전신)를 졸업하고 동경제국대학 영어영문학과를 졸업하였다. 영국의 런던대학에서 2년, 옥스포드대학에서 1년간 수학하고 귀국하여 보성전문학교에서 영문학을 가르쳤다. 이어 경성대학[16] 영어영문학과 교수로 임명되었으며, 외무부 조사국장, 대통령비서실 외교담당 비서관, 국방부 장관 보좌관, 동국대학교 교수 겸 부총장, 국회 사무총장, 한국외국어대학 교수 겸 도서관장 등을 역임하였다.

최정우 교수는 김학묵이 대학생일 때 영국 유학담을 이야기하면서 꿈을 키워주고, 보성전문학교와 경성대학 교수, 외무부 조사국장이나 대통령비서실 외교담당 비서관 등으로 일하면서 김학묵을 지원하였을 것이다.

---

[16] 경성대학교는 일제 강점기에는 경성부(서울시)에 있는 경성제국대학(京城帝國大學, 1924년~1946년)이었고, 해방 이후 경성대학으로 불렸다가 1946년 서울대학교가 설립되면서 소멸되었다. 오늘날 서울대학교 전신이라고 할 수 있다.
https://ko.wikipedia.org/wiki/%EA%B2%BD%EC%84%B1%EB%8C%80%ED%95%99

김학묵이 사회부에서 일하고 이후 보건사회부 차관이 될 때 허정의 영향이 컸는데, 허정은 이승만 대통령의 외교담당비서관 최정우와 긴밀했던 것으로 보인다. 민주화운동기념사업회 사료관 오픈아카이브의 '혁명입법과 혁명재판 1960-8-23'에 따르면, "4월 혁명 부상자동지회, 범인도피 방조 및 직권남용 등의 혐의로 허정 고소"라는 기사가 있다. 4월 혁명 직후에 과도정부의 수석국무위원이었던 허정이 "이승만·최정우·유태하의 부인을 해외로 도피시켰다"는 혐의로 고소당했다는 것이다. 허정은 외무부 장관을 지내다가 이승만 하야 후 대통령 권한대행 겸 수석국무위원, 제2공화국의 대통령 권한대행 겸 국무총리 등을 역임했기에 외무부 조사국장을 역임한 최정우와 긴밀한 관계였을 것이다.

"23일, 4월 혁명 부상자동지회 위원장 안병달 등 9명은 과도정부의 수석국무위원이었던 허정을 범인 도피 방조 및 직권남용 등의 혐의로 서울지검에 고소하였다. 이들은 고소장에서 "허정 수석국무위원은 4월 혁명 정신을 은폐할 목적으로 반혁명의 원흉인 이승만·최정우·유태하의 부인을 해외로 도피시켰다. 이는 수석국무위원직을 남용하여 국민의 권리를 침해한 것"이라고 주장하였다"

(경향신문 1960. 8. 24. 조3면; 조선일보 1960. 8. 23. 석3면)

김학묵이 유엔 장학생으로 영국에 가게 된 것은 UN 사회사업전문관 Snow가 장학생 선발 인터뷰에서 도영을 권유했고, 구자옥 경기도지사도 이를 찬성하였기 때문이라고 회고했다. 당시 인도인 Snow는 일주일에 한 번씩 경기도청에 와서 미군정관 Confer 후임으로 온 케네픽(Kenefic) 군정관과 김학묵을 상대로 매주 1회씩 비공식적 특별훈련을 해준 것이 계기가 되었다. 케네픽 중위는 전문사회사업가로서 패밀리 케이스워커였고, 사회정책에는 그리 익숙지 못하였는데 Snow가 미군정관 케네픽과 사회과장 김학묵의 사회정책 튜터(tutor) 노릇을 한 인연으로 김학묵이 유엔 장학생으로 선발되어 영국에 연수를 갔다는 것이다.

> 해방 덕택에 UN의 인도인 사회사업전문관이 장학생 선발 인터뷰에서 도영하는 것이 좋겠다고 하였으며 구자옥 경기도지사도 이를 찬성하였던 것이다. 또 강력한 이유가 하나 더 있었으니 Snow 씨가 일주일에 한 번씩 경기도청에 와서 미군정관 Confer 씨 후임으로 온 케네픽 군정관과 나를 상대로 매주 1회씩 비공식적 특별훈련을 해주셨다. 케네픽 중위는 전문사회사업가로서 패밀리 케이스워커(family case worker)였다. 따라서 사회정책에는 그리 익숙지 못하였다. 더군다나 나는 더 말할 나위가 없었다. Snow 씨가 우리 양인의 사회정책 tutor 노릇을 한 셈이었다. 그는 영·미 양국의 사회봉사관계를 비교하면서 나에게 당신의 학문적 배경(academic background)과 행정경험 그리고 한국의 필요성을 들면서 영국을 먼저 가고 미국은 그 후에 가서 사회사업을 공부하라고 권하기도 하였다. 이런저런 연유로 해서 나는 도영한 것이었다.
>
> (김학묵, 아산 1985년 여름호, 24-25쪽).

제1회 유엔 장학생의 이름과 영국 연수에서 무엇을 배웠는지는 원광대학교 박윤철 교수가 '월간 원광' 2020년 8월호에 쓴 "다시 보는 팔타원 황정신행 종사의 '이타적' 삶 – 한국보육원 제주도시대 편"에서 볼 수 있다. 원불교 지도자인 팔타원은 김학묵과 함께 영국 연수를 다녀온 황온순을 말한다.

박윤철 교수에 따르면, 황온순은 1950년 3월에 대한민국을 대표하는 4명의 사회사업가 가운데 1인으로 선발되어 영국에 파견되었다. 4명의 사회사업가가 해외로 파견된다는 소식은 서울신문(1950년 3월 12일자), 남선경제신문(동년 3월 14일자), 동아일보(동년 3월 30일자) 등에 소개되었다. 그중 서울신문 기사를 인용하면,

"우리 한국의 사회사업을 위하여 지도자로 재훈련할 목적으로 사회부에서는 다음과 같은 4씨를 각국에 파견하기로 결정하였다고 하는데 동 파견에 관한 왕복여비 일체는 유엔본부에서 담당할 것이라고 하며 시찰 연구기간은 6개월 동안이라고 한다. 그리고 한국 출발은 늦어도 4월 1일에는 장도에 오를 것이라 한다. (중략) 황온순(47, 여) 육아원장, 김학묵(35) 경기 사회과장 이상은 영국파견, 오재경(32) 도정 후생시설(현 감찰위원회 비서관) 북미에 파견, 강봉수(30) 사회국 계획계장 뉴질랜드에 파견."

신문 기사를 분석하면, 유엔은 대한민국을 대표하는 사회사업가 4명을 장학생으로 선발하여 영국에 2명, 미국에 1명, 뉴질랜드에 1명을 파견하기로 했다. 왕복 여비 일체는 유엔본부에서 지원하고, '시찰 연구기간'은 6개월이었다.

김학묵 관련 기록에는 "유학 중 경기도 근무 시 그를 눈여겨 본 이승만이 직접 전화를 걸어 "이 사람아, 빨리 나와 배운 것 좀 써먹게." 하고 독촉하자 1951년 1·4 후퇴 때 귀국했다."는 표현이 있다. 하지만, 그는 황온순과 함께 1950년 4월 1일에 출발하였고, 11월에 1일에 귀국하였기에 "시찰 연구기간인 6개월"을 채우고 1·4 후퇴 2개월 전에 귀국했다.

기록에 따라 "1·4 후퇴 때" 혹은 "1·4 후퇴 직전"이란 표현은 전쟁 상황에도 불구하고 귀국하였고, 귀국하자마자 피난민 구호사업을 하였던 점을 강조한 표현이다.

제1회 유엔 장학생의 연령을 보면, 황온순(47) 육아원 원장, 김학묵(35) 경기도 사회과장, 오재경(32) 감찰위원회 비서관, 강봉수(30) 사회국 계획계장의 순이다. 황온순 1명만 여성이고, 김학묵 등 3명은 남성이었다.

박윤철 교수는 황온순의 영국 연수를 "'사회사업가'로 이름을 떨치게 되는 전기가 되었다."고 평가했다. 즉, 1945년 8월 15일에 찾아온 해방은 팔타원 황정신행의 삶에 있어 독립운동가, 교육자에 이어 '사회사업가'로 이름을 떨치게 되는 전기가 되었다. 1945년 9월에 불법연구회 이름으로 전개했던 '전재동포구호사업' 발기인으로 참여하고, 그 뒤를 이어 1946년 4월부터는 일본인 사찰인 약초관음사를 인수하여 그 경내에 전재고아(戰災孤兒)를 돌보는 사회사업시설 '보화원'을 설립하여 원장으로 취임한 것이다. 그리고 1950년 3월에는 대한민국을 대표하는 4명의 사회사업가 가운데 1인으로 선발되어 영국에 파견됨으로써 사회사업가로서 팔타원의 삶이 본격화되었다.

황온순은 이승만 대통령 부부와 특별한 관계가 있었다. 이 대통령이 1947년부터 살면서 대한민국 초대 정부를 조각했던 '이화장'은 본디 황온순이 1931년에 이화동 야산 3,000평을 사서, 양주(현 한국보육원)에서 나무와 돌을 옮겨와 손수 감독하여 집을 짓고 '이화장'이라 이름 지었기 때문이다.

이화장이 국가문화재(사적)로 승격 추진될 때, 서울시 문화재위원회의 의결 내용에도 "이화장(梨花莊)은 1930년대에 황온순(黃溫順: 일제 강점기

부호로 유명했던 강익하의 부인으로 후에 휘경학원을 설립하고 원불교 종사를 지냄)에 의해 최초 조성된 유적으로 이승만 초대 대통령이 주변 사람들의 도움으로 매입해 1947년 10월 18일부터 거주했다."는 점을 밝히고 있다.

　　이승만 초대 대통령의 사저이자 대한민국 초대 정부의 조각본부가 구성된 역사적 장소로서 본채(생활공간), 조각당(조각본부) 등 주요 건물이 원형대로 잘 보존되어 있고 아울러 조선시대에 경승지로 이름 있었던 낙산 지역의 역사적 경관이 남아 있는 유일한 유적이므로 국가 지정문화재(사적)로 승격 추진함이 타당하다.

　　조선시대부터 경관이 수려하기로 이름났던 서울 낙산 자락에 자리하고 있는 이화장(梨花莊)은 1930년대에 황온순(黃溫順: 일제시대 부호로 유명했던 강익하의 부인으로 후에 휘경학원을 설립하고 원불교 종사를 지냄)에 의해 최초 조성된 유적으로 이승만 초대 대통령이 주변 사람들의 도움으로 매입해 1947년 10월 18일(임시 거소인 마포장에서 이사)부터 1948년 8월 12일(경무대 입주)까지, 그리고 4·19 발생 후 하야한 1960년 4월 28일(하야)부터 1960년 5월 29일 하와이로 떠날 때까지 거주했다.

　　광복 이후부터 정부 수립 전까지는 김구의 경교장, 김규식의 삼청장 등 당시 정세를 이끌어가던 세 구심점 가운데 하나로서 특히 남한 중심의 단독정부 수립론의 근거지였고, 5·10 총선거에서의 승리 및 대통령 당선으로 정국의 주도권을 장악한 뒤에는 1948년 8월 15일 출범한 초대 정부의 '조각본부(組閣本部: 1948.7.21. 이화장 비서실 발표 2호로 출범~1948.8.4. 각 부 장관, 처장 등 인선결과 발표)'이자 초대 대통령의 집무공간(1948.7.24.~1948.8.12.)으로 기능했다.

　　문화재청은 오는 9월 중 문화재청 사적분과위원회에서 이화장의 사적 지정 여부를 검토할 예정이다.

그런데, 원불교 조정근 원로교무가 2009년에 휘경여고 강당에서 말한 바에 따르면, 이승만 박사가 이화장을 구한 것은 통상적인 매매가 아니었다. 조국으로 돌아온 이승만 박사가 지낼 곳을 찾다 "이화장을 빌려 달라할 때 황온순 여사가 서슴없이 그 집을 내주었다."는데, 대통령으로 당선된 후에도 비워주지 않아서 집을 팔았고 그때 받은 돈으로 휘경학원 터를 매입했다는 것이다.

"해방 직후 이승만 초대 대통령이 미국에서 돌아와 이화장을 빌려 달라할 때 황온순 여사께서 서슴없이 그 집을 내주었다."며 "대통령 당선 후에도 그 집을 비워주기를 원하지 않아 이 대통령에게 그 집을 넘기고, 이때 받은 돈으로 다시 마련한 터가 바로 휘경학원 터"라고 말했다.

황온순은 손수 지어 살던 집을 이승만 박사에게 돈도 받지 않고 내준 것이다. 전하는 이야기에 따르면, 황온순 여사가 이승만 박사 내외를 집으로 초대하여 식사를 대접했는데, 이 박사가 "어떻게 하면 이런 집에서 살 수 있습니까?"라고 물어서 "이곳에서 사십시오."라고 대답했다고 한다.

박윤철 교수는 황온순은 유엔 장학생 4명 가운데 가장 연장자이자 유일한 여성이다. 4명의 사회사업가 중에서 유일하게 '육아원장'(정확하게는 보육원장)이라는 사회복지시설 책임자로서 명실공히 당시 한국의 사회사업을 대표하는 인물이라는 사실을 한눈에 확인할 수 있다고 평가했다. 또한 원불교 재가교도로서 정수위 단원이었던 황온순이 고위급 교역자로 처음으로 해외 순방에 나선 "역사적 '대사건'이었다."고 평가했다.

경기도 사회과장 김학묵(훗날 보건사회부 차관 역임)과 함께 1950년 4월 1일 서울을 출발한 팔타원은 동년 11월 1일 귀국하게 되는데, 이 무렵 팔타원은 1년 전에 이미 재가교도로서 정수위단원에 추대된 상태였다. 따라서 팔타원의 영국 사회사업 시찰 연수를 위한 해외 파견은 교단 역사상 수위단원 이상의 고위급 교역자가 처음으로 해외 순방에 나선 역사적 '대사건'이었다고 해도 과언은 아니다.

이승만 대통령과 황온순의 특별한 관계는 6·25 전쟁으로 급증한 전쟁고아를 보호하는 과정에서도 드러났다. 황온순은 전쟁 중인 11월 1일에 귀국하였는데, 서울대에 다니던 장남 필국이 행방불명되어 아파할 때 이승만 대통령이 황온순의 두 손을 잡고 "자기 아들만 아들인가. 그 심정도 알만 하지만 지금 미국 공군의 헤스 소령[17]이 오갈 데 없는 전재(戰災) 아동 9백여 명을 제주도에 데려다 놓았으니 가서 돌봐주구려."라고 부탁하여 1951년 2월에 '한국보육원'의 원장이 되었다.

---

17 딘 헤스 소령은 1951년 1·4 후퇴 이후 중공군이 서울로 물밀듯이 내려오자 미 공군 군목 러셀 블레이스델 중령과 함께 15대의 C-47 수송기를 동원해 전쟁고아 1,000여 명을 제주도로 무사히 피신시킨 것으로 유명하다. https://v.daum.net/v/20150304164508898 https://v.daum.net/v/20150304221707145

귀국한 팔타원을 기다리고 있던 것은 서울대 문리대 1학년으로 재학 중이던 장남 필국(弼國)이 한국전쟁 와중에서 행방불명되었다는 청천벽력 같은 소식이었다. 자식을 앞세우는 부모가 당하는 아픔은 그 일을 직접 겪지 못한 제3자로서는 도무지 표현할 길이 없다. 그런데, 팔타원은 한 아들의 어머니로서 도저히 견디기 어려운 단장(斷腸)의 아픔을 딛고 일어나 한국전쟁으로 인한 전쟁고아들의 어머니로 거듭나는 삶을 선택한다. 이승만 대통령의 제안을 받아들여 제주도로 내려가 1·4 후퇴 당시 딘 헤스 미 공군 소령이 미공군기를 동원하여 제주도로 피난시킨 9백여 명의 고아들을 돌보는 어머니역을 자임하고 나선 것이다. 팔타원 자신의 회고를 통해 당시 상황으로 들어가 보기로 한다.

이승만 대통령은 필국의 실종을 위로하면서 온순의 두 손을 잡고 "자기 아들만 아들인가. 그 심정도 알만 하지만 지금 미국 공군의 헤스 소령(나중에 대령)이 오갈 데 없는 전재(戰災) 아동 9백여 명을 제주도에 데려다 놓았으니 가서 돌봐주구려." 하며 부탁하는 것이 아닌가. 옆에서 이기붕도 받아들이라고 권했다. 사회사업가 황온순으로서 이를 거절할 하등의 이유가 없었다. 온순은 급한 대로 1951년 2월 제주도로 내려가서 재단법인 한국보육원(韓國保育院)을 설립하고 원장에 취임했다(황온순, 1992: 105).

지난 호에서 소개했듯이, 팔타원은 화광유치원 보모 시절에 이미 "일생을 어린이들의 동무가 되겠다."고 약속했는데, 1951년 이른 봄 전쟁고아들을 돌보는 한국보육원 원장직을 기꺼이 받아들임으로써 약속 그대로 어린이들의 진정한 동무, 특히 부모를 잃은 전쟁고아들의 동무로 사는 삶을 일관하기에 이른다(박윤철, 2020).

한편, 1950년 12월 20일 한국전쟁 당시 중국인민지원군의 진격에 직면한 서울에서 964명의 고아와 80명의 고아원 근무자들을 구출한 이른바 '유모차 공수작전(Kiddy Car Airlift)'을 누가 주도했는지는 후에 논란이 되었다.

서울에서 고아를 돌보고 인천항을 거쳐 김포공항으로 이송한 미국 공군 군목 장교이자 목사인 러셀 블레이즈델(Russell L. Blaisdell, 1910.9.4.~2007.5.1.)보다는 공군 지휘부를 설득하여 15대 C-54 수송기로 고아 등을 이송한 딘 헤스(Dean Elmer Hess, 1917.12.6.~2015.3.3.)가 "전쟁고아의 아버지"로 불렸기 때문이다. 공적을 인정받아 헤스의 전투기에는 이승만 대통령이 직접 쓴 '신념의 조인(信念의 鳥人)'이라는 글씨가 새겨졌다. 1956년 미국으로 돌아간 그는 세 아들을 두었고, 한국 고아 소녀 한 명을 입양했다. 이후에도 20여 년 동안 6·25 전쟁고아들을 지원했다. 그는 1956년 6·25 전쟁 수기인 '전송가(Battle Hymn)'를 출간했고, 그의 책은 전쟁 60주년을 맞아 2010년에 '신념의 조인'이라는 이름 한글 번역본으로 재출간됐다. 한국 정부는 그의 공적을 기려 무공훈장과 소파상 등을 수여했다.

한편, 블레이즈델은 '유모차 공수작전' 때 고아들을 긴급하게 김포공항으로 이송하기 위해 가짜 명령으로 해병대 트럭을 징발한 문제로 미국 공군 군법회의에 회부되었다. 명령불복종죄로 조사하던 감찰관의 물음에 블레이즈델은 "누군가는 반드시 해야 할 일이었습니다. 내 임무가 죽음에 내몰린 아이들을 죽게 놓아두는 것이라면 곧바로 전역하겠습니다."고 답변하여 재판장은 그를 처벌하지 않았다. 그는 희생을 감수하고 고아를 이송했지만 '명령불복종죄'로 징계위기를 겪었다.[18] 이러한 연유로 헤스의 공적은 주목받았지만, 오랫동안 블레이즈델의 헌신은 주목받지 못했다.

1950년 9월 인천상륙작전과 서울 수복 이후 블레이즈델 중령은 또 다른 군목인 윌레스 I. 울버튼과 서울 지역의 전쟁고아들을 돌보기 시작했다. 당초 이 고아들은 서울의 한 고아원에 수용됐으나 고아가 계속 늘어나면서 블레이즈델은 멀 Y. 스트랭 하사 및 한국의 고아원 근무자들과 함께 고아 수용시설을 설립해 1,000명 이상의 고아들에게 음식과 쉼터를 제공했다. 울버튼이 한국을 떠난 후에도 블레이즈델은 시설 운영을 계속했다.

1950년 12월, 중국인민지원군과 조선인민군이 2단계 공세 작전으로 서울을 위협하자, 제5공군을 포함한 유엔군은 도시에서 후퇴하여 더 남쪽으로 이동하기 시작했다. 12월 19일 블레이즈델 중령과 스트랭 하사는 해군 LST로 인천항에서 고아를 태워 제주도로 대피시키려 했으나 선박은 도착하지 못했다. 블레이즈델은 그때 제5공군 작전국장 T.C. 로저스 대령에게 다가가 호소했다. 로저스 대령은 수송기를 편성해줄 테니 다음 날 아침 8시까지 김포공군기지에 아이들을 데려오라 했다. 시간이 촉박했던 블레이즈델은 상부의 명령이라는 가짜 임의 지시로 1,000여 명이나 되는 아이들과 한국인 근무자들을 미 해병대 중대 트럭 14대로 김포까지 수송했다. 두 시간 이상 늦게 김

---

18 블레이즈델 중령은 2001년 방한해 황온순 여사와 고아 출신들을 만나기도 했다. 경희대는 그에게 사회복지학 명예박사 학위를 수여했다. 그는 한국판 '쉰들러 리스트'의 주인공이란 별칭을 얻었고, 광주에 있는 충현원(忠峴院)은 2008년 그의 회고록 한국판을 펴내고 2009년에 동상도 세웠다.
http://www.dt.co.kr/contents.html?article_no=2020122202102369660001&ref=daum

포에 도착했음에도 불구하고, 고아들은 16대의 C-54 스카이마스터 수송기를 타고 제주도의 안전한 곳으로 무사히 대피할 수 있었다. 제주에 고아원이 세워져 6·25 전쟁 말기까지 황온순 여사에 의해 운영되었으며 후에 서울로 다시 옮겨졌다. 블레이즈델은 나중에 해병대 트럭 징발 문제로 미국 공군 군법회의에 회부된다. 유모차 공수작전 이후 명령불복종죄로 조사하던 감찰관의 물음에 블레이즈델은 "누군가는 반드시 해야 할 일이었습니다."라고 답변했다(나무위키에서 러셀 블레이즈델 검색).

황온순 한국보육원 원장은 제주도에서 있다가(1951.3.~1956.10.), 휴전 이후 사회가 어느 정도 안정되자 아동들을 서울 이문동과 휘경동으로 옮겼고(1956.11~1970.2), 1970년에 경기도 양주로 시설을 이전(1970.3.~현재)하였다. 한국보육원은 당시 대한민국에서 가장 큰 보육원이었고, 한국전쟁 중에 고아의 제주도 이송 이야기가 1957년에 미국에서 영화 '전

러셀 블레이즈델 목사가 2001년 1월 30일 경희대에서 조영식 경희대학교 학원장으로부터 명예박사 학위를 받고 있다.

송가'로 촬영되어 큰 히트를 치기도 하였다.[19] 1956년에 한국보육원 원아들이 전송가 출연을 위해 미국에 다녀왔고, 헤스 대령은 경무대를 방문하고 서울대학교는 그에게 명예 법학박사를 수여하기도 했다.

다시 보는 팔타원 황정신행 종사의 '이타적' 삶
- 한국보육원 제주도시대 편 -

글: 박윤철

(중략) 제주도에서 설립된 한국보육원의 발자취는 크게 제주도시대(1951.3.~1956.10.), 서울 이문동과 휘경동시대(1956.11.~1970.2.), 경기도 양주시대(1970.3.~현재)로 나눌 수 있다. 이 중 팔타원의 생애에 있어서는 말할 것도 없고, 원불교의 자선사업(사회복지)의 역사와 한국의 사회복지의 역사에서 가장 역사적 의미가 큰 시대는 바로 제주도시대라 할 수 있다. 그럼에도 불구하고 제주도 시절의 한국보육원의 역사와 팔타원의 활약상은 제대로 조명받지 못하고 있는 형편이다. 다행하게도 제주도 시절의 한국보육원과 팔타원의 활약상이 다음과 같이 〈조선일보〉에 비교적 상세하게 보도되고 있어 참고가 된다.

1952년 10월 15일 조간 2면 고아들 위문연주, 대통령부처 벤 장군도 모시고
1954년 6월 13일 조간 2면 사회사업가대회에 황온순 여사 참가
1955년 5월 22일 조간 2면 한국보육원 위문단 제2훈련소원 위문

---

19 딘 헤스는 1953년 정전협정 후 제주도에 있는 한국보육원을 서울로 옮기기 위해 6만 달러가 필요하다는 이야기를 듣고 '전송가'를 쓰고, 그 책이 영화로 만들어졌다고 증언했다. https://blog.naver.com/001chakra/221998634330

> 1956년 3월 4일 조간 3면 25명의 전쟁고아 도미(渡美)
> 1956년 5월 6일 석간 3면 경무대 방문하고 귀국인사-전송가에 출연했던 고아들
> 1956년 10월 2일 석간 3면 한국고아의 은인 헤스 대령 경무대 방문
> 1956년 10월 5일 석간 3면 법박(法博) 학위수여 서울대서 헤스 씨에
>
> 이외에 지난 2017년 12월에 제주특별자치도는 제7대 길성운(1951~1959 재임) 제주도지사가 기증한 사진 등을 수록한 〈제7대 길성운 제주도지사 기증 기록물〉이라는 책자를 발간했는데, 그 책자 48쪽에서 50쪽, 98쪽에 팔타원 관련 사진 4종이 수록되어 있어(자료 사진 1~4 참조) 제주도 시절의 한국보육원과 팔타원의 활약상을 재조명하는 데 참고할 수 있다.

황온순은 4명 유학생으로 뽑혀 미국으로 파견된 오재경과도 특별한 관계가 있었다는 것이 흥미롭다. 오재경은 1925년 황온순이 이화학당 유치원에 근무하던 시절의 원아(園兒) 출신이라는 '특별한' 인연으로 황온순의 영국행과 관련해서 다음 증언을 남겼다.

> 해방이 되어 미군정청 보건후생부 후생시설국장이 된 나는 고아의 어머니로 보화원장으로 수고하시던 그분(팔타원)과 가깝게 되었습니다. 나라가 서자 나는 감찰위원회로 옮겨 위원장 정인보 선생을 모셨습니다.
> 그러한 우리에게 UN 초청이 와 나는 미국으로 건너가게 되었고, 황온순 선생은 영국으로 건너가셔서 서로의 경험을 체계 있게 공부할 수 있게 했습니다. 내가 서울을 떠난 날이 1950년 4월 초하루였습니다.
>
> (황온순, 1992: 305)

황온순의 기록에 따르면, 오재경(32세)은 미군정청 보건후생부 후생시설국장 출신으로 경기도 사회과장 김학묵(35세)보다 고위직이었다. 오재경이 미국으로, 김학묵과 황온순이 영국으로, 강봉수가 뉴질랜드로 간 것은 공직 서열도 고려된 것으로 보인다. 김학묵도 "그 무렵 누구나 다 미국 유학을 원하였으나…"라고 회고한 바 있었다.

이동현이 쓴 '언론인 오재경(1919~2012)'에 따르면, 황해도 옹진에서 태어난 오재경은 아버지 오택관 목사의 청계천변 하교교회 사택에서 살면서 이화여자전문학교(현 이화여자대학교) 부설유치원에서 황온순 선생으로부터 지도를 받았다. 아버지가 일본으로 가서 재일동포에게 목회하면서 오사카에서 도산중학교를 졸업하고, 도쿄에 있는 릿교대 경제학부를 졸업했다. 졸업 후 화신백화점에서 일했고, 릿교대에서 만난 신재덕과 1942년 4월 6일 태화사회관에서 결혼했다. 신재덕은 서울 인사동에서 산부인과를 개업한 의사 신필호의 딸이다.

1944년 대학 선배인 조선총독부 중앙시험소 화공부장이었던 안동혁의 추천으로 조선총독부 산하 중앙시험소 서무 주임으로 일했다. 그가 일본 관리를 택한 것은 일제의 징용에서 벗어나기 위해서였다. 일본은 전쟁에서 패할 기미가 보이자 조선에 나와 있던 일본 관리들을 본국으로 데려가거나 전쟁터로 보냈다. 그 빈자리를 조선인으로 채웠고, 채용된 조선인은 징용에서 제외했다. 관리가 되기 위해 오산(吳山)으로 창씨개명도 했고, 총독부 관리로서 해방을 맞이했다.

오재경은 1919년 음력 7월 10일 황해도 옹진에서 태어났다. 그의 아버지 오택관 목사는 서울에서 목회를 하면서 백범 김구 등을 도와 독립운동에도 가담했다. 그는 아버지가 담임목사를 맡고 있던 청계천변 하교교회 사택에 살며 이화여대 부설유치원에 다녔다. 유치원에서 그를 지도한 선생이 전쟁고아의 어머니로 알려진 황온순 씨였다.

아버지가 일본 규슈 후쿠오카에 있는 동포를 위한 교회로 임지를 옮겼다. 그도 부모를 따라 일본으로 건너가서 조선 학생이 없는 초등학교에 다니면서 외톨이로 공부할 수밖에 없었다. 상급 학년 때는 일본 아이들과 이른 새벽에 오끼우도라는 묵과 비슷한 것을 팔고 다녔다. 그는 어른들이 다니지 않는 골목길만 골라 다니면서 장사의 비법을 터득했다. 이때 몸에 밴 새벽 장사 습관이 그를 평생 부지런하게 살게 했다.

아버지가 오사카로 옮기면서, 오재경도 오사카의 기독교계 학교인 도산중학(桃山中學)을 다녔다. 중학교 때 그는 아버지처럼 사는 것이 참다운 인생의 삶이라 생각했고, 그렇게 살겠다는 각오를 다진다.

졸업 후 도쿄로 가, 1937년 역시 기독교계인 릿교대(立敎大) 경제학부에 입학했다. 그가 생전 처음으로 한국 학생들과 공부하는 기간이었다. 대다수가 일본인 학생들이었지만, 서울 부산 평양 등 전국에서 온 우리나라 학생들과 어울릴 수 있어서 좋았다. 졸업 학년 때 피아노를 공부하러 온 이화여대생 신재덕과 만났다. 둘이 서로 사귀었다.

그가 졸업을 앞두고 일자리를 찾고 있었다. 대학에서 식산은행을 추천했다. 일본인과 한국인을 차별하지 않고 월급을 준다는 이유였다. 식산은행도 그를 원했다. 그는 거절했다. 국내기업인 화신백화점을 택했다. 그리고는 여성복부 근무를 자원했다. 창고 정리를 배웠고, 상품 진열을 새롭게 했다. 직접 여성 고객을 상대해 제품을 판매도 했다. 장안 여성들의 화제가 됐다. 모든 여성들에게 '품절남'이었다. 여성복부 매출이 급증했다. 3개월 후 화신백화점 사장의 조카가 불러 그의 비서가 됐고, 곧이어 박흥식 사장의 비서로 뽑혔다.

화신에서 비서로 근무하면서 신재덕과 1942년 4월 6일 태화사회관에서 정동교회의 김인영 목사 주례로 결혼했다. 신재덕은 청주 출신이며, 서울 인사동에서 산부인과를 개업하고 있던 의사 신필호의 딸이다.

그러던 어느 날 대학 선배인 조선총독부 중앙시험소의 화공부장이었던 안동혁 씨가 보자고 했다.

그가 "남의 비서 노릇 한 지가 너무 오래되었다."고 충고했다. 오재경도 그 뜻을 이해했다. 사표를 제출했다. 1944년의 일이었다. 그리고는 안동혁 씨의 추천으로 총독부 관리가 됐다. 조선총독부 산하 중앙시험소 서무 주임이었다.

그가 일본 관리를 택한 것은 일제의 징용에서 벗어나기 위해서였다. 일본은 전쟁에서 패할 기미가 보이자 조선에 나와 있던 일본 관리들을 본국으로 데려가거나 전쟁터로 보냈다. 그 빈자리를 조선인으로 채웠다. 그들은 그렇게 채용된 조선인은 징용에서 제외했다.

오재경은 일본을 돕는 것은 죽기보다 싫었지만 전쟁에 나가 혹시라도 광복군을 적으로 삼아 총을 쏘는 것은 생각할 수도 없었다. 그래서 총독부 관리로 들어갔다. 관리가 되기 위해 어쩔 수 없이 오산(吳山)으로 창씨개명도 했다. 일본 공무원이 관리로서의 첫 경험이었다. 총독부 관리로서 해방을 맞았다.

오재경을 추천한 안동혁 씨는 1926년에 경성공전을 졸업하고 일본 규슈제국대학 공학부 응용화학과를 졸업하고 조선총독부 기사로 1937년부터 1944년까지 전국의 수질 자료를 작성하였다. 1945년에 중앙시험소장, 경성공업전문학교 교장이었고, 1946년에 중앙공업연구소(중앙시험소의 후신, 현 산업자원부 기술표준원) 소장, 서울공전 교장으로 '국립서울대학교 설립[20]에도 적극 참여했다. 1953년 10월 7일부터 1954년 6월 30일까지 상공부 장관으로 전쟁으로 황폐화된 공업시설을 복구하고 경제 재건의 토대를 구축한 것으로 평가받고 있다.

오재경의 아버지 오택관은 제헌 국회의원으로 황해도 옹진에서 당선됐다. 옹진은 38선 이남이어서, 6·25 전쟁까지는 대한민국의 관할 지역이었다. 국회 내 반민족행위특별조사위원회(반민특위) 위원으로 일제의 조선 통치에 기여했던 사람들을 골라내고, 우리 국민을 심하게 다루었던 사람들에게 응분의 대가를 치르게 할 계획이었다. 하지만, 미군정은 이들 대부분이 친일 경찰, 친일 관료, 친일 정치인이었음에도 이를 반대했고, 반민특위는 제대로 활동하지 못했다.

이승만 정부도 반민특위의 활동을 저지하였고, 당시 일부 세력들이 대법원장 김병로, 검찰총장 권승렬, 국회의장 신익희 등을 제거할 음모까지 꾸몄다. 이런 판에 오택관 의원에게 가해진 압력도 컸다. 오 의원은 일본에서 목회를 하면서 겪고, 본 일로 일본인들의 횡포와 그들을 도왔던 세력을 제거해야 한다는 뚜렷한 목적을 가졌으니 더욱 위험한

---

20 1946년 7월 13일에 미군정청 문교부는 경성대학과 8개 관공립 전문학교 및 1개 사립 전문학교를 일괄 통합하는 '국립 서울대학교 설립안(약칭 국대안)'을 일방적으로 발표한다. 문교부 차장이었던 철학박사 오천석이 주도하였다.
이에 〈조선인민보〉가 반대 입장을 내보이고, 교수집단이 반발하면서 민주주의 민족전선, 문화단체 총연맹, 과학자동맹, 조선교육자협회 등의 지식인 집단이 반대 성명을 내기 시작했다. 방학 중이었지만 학생들도 연이어 성명서를 내기 시작했고, 이어 결성된 국대안 반대 공동투쟁위원회에는 서울대학교로 재편될 각 단과대학 교수 대부분과 서울대생의 90% 이상이 참여했다. 하지만 미군정은 이를 묵살하고 법령을 공포 강행했고, 이후 국대안 반대 운동은 1년이 넘는 시간 동안 대학교수와 학생들의 격렬한 저항, 그리고 등록거부 및 동맹휴업 등으로 퍼져나가기 시작한다. 국대안은 해방공간의 맥락을 전혀 이해하지 않고 졸속으로 만들어진 미군정의 고집이었고, 당시 식민지를 거쳐 한국에서 새로운 학문의 꿈을 꾸던 이들에게는 관료주의적 행정이 한국 교육을 훼손하는 것으로 보였다.
https://www.eroun.net/news/articleView.html?idxno=8305

상황에 처했다. 오 의원은 압력에 절대 타협하지 않았다. 그런 일들을 보면서 오재경은 중학교 때부터 보아온 아버지의 강직한 성품을 재차 확인할 수 있었다. 오재경은 대한민국 정부가 수립되자 감찰위원회 정인보 위원장의 비서과장으로 자리를 옮겼다.

오재경이 UN 초청으로 미국의 사회사업 전반을 시찰하는 6개월 일정으로 떠난 날은 1950년 4월 1일이었다. 그는 미국 정부의 사회보장 담당 부서와 각 지역의 사회보장 단체 그리고 일반 가정을 차례로 돌아볼 예정이었다. 그는 미군정청에서 보건후생부 후생시설국장을 지낸 경력을 인정받아 초청된 것이다. 김학묵과 황온순도 4월 1일에 여의도에 있는 서울공항에서 출발했다.

이동현에 따르면, 서울 여의도 비행장에서 미국행 비행기를 탈 때, 이기붕 서울시장과 그의 부인 박마리아 여사 등도 전송을 나왔다고 한다. 이 시장은 장도를 빌며 작지만 여비까지 마련해 주고, "많이 보고 배우고 와 나라를 위해 큰일을 하라."는 말도 잊지 않았다. 이 시장 부부는 아랫사람인 오재경이 출국하는데 직접 비행장에 나올 만큼 그를 아끼고 사랑했다. 어떤 이는 그가 이 시장의 외아들 강석 군 못지않을 정도로 사랑받았다고, 시샘 반 질투 반으로 말하기도 했다.

이기붕은 미군정청에서 군정재판장의 통역을 역임하였고, 이승만의 비서 출신으로 서울특별시장을 역임하며, 대한기독교청년회(YMCA) 등 사회활동을 활발히 하였다. 자신이 유학한 바 있는 미국으로 연수를 떠나는 오재경을 격려했을 뿐만 아니라, 같은 날 영국으로 떠나는 김학묵과 황온순도 격려했을 것이다.

이동현에 따르면, 오재경이 비행기 트랩에 오르기 직전에 아내 신재덕은 "집 걱정 말고 가능하면 많은 것을 배우고 오라."고 당부했다고 한다. 당시에는 민간인이 외국에 갈 기회가 극히 드물었고, 유엔 장학생으로 선발되어 6개월 동안 미국, 영국, 뉴질랜드 등으로 연수를 간다는 특별한 사건이었기에 가족뿐만 아니라 관계자들이 전송했을 것이다.

한편, 이기붕은 1960년 3·15 부정선거를 저지르고, 4·19 혁명 직후 전 가족이 자살한 비운의 정치인으로 알려졌지만, 명문가 출신이고 미국 유학을 다녀온 영향력이 큰 정치인이었다. 그는 1896년에 서울에서 효령대군(孝寧大君)의 17대손이며, 예조판서 회정(會正)의 손자 낙의(洛儀)의 아들로 태어났다. 보성학교를 졸업하고 연희전문학교에 입학하였으나 가정형편으로 중퇴, 선교사 무스(Moose, J.R.)의 통역으로 있다가 그의 도움으로 미국 아이오와주 주립대학인 데이버대학 문과를 졸업하였다. 졸업 후 뉴욕에서 허정 등과 함께 삼일신보(三一申報) 발간에 참여하다가 1934년에 귀국하였다. 귀국 후 허정과 충북 영동의 광산에 투자하여 광산 사업을 했다.

광복 후 미군정청에 들어가 군정 재판장의 통역을 역임하고, 1946년 남조선대한국민대표민주의원 의장 이승만의 신임을 받아 비서가 되었다. 1946년 대한기독청년회·대한적십자사 등의 이사를 역임하면서 사회적 발판을 다졌다. 1948년 대한민국 정부수립과 함께 이승만 대통령의 비서로서 정치적 기반을 굳혔다. 1949년 서울특별시장, 1951년 4월 국방부 장관에 임명되어 신성모 국방부 장관 시절에 발생한 '국민방위군사건'을 수습했다. 같은 해 12월 이승만 대통령의 지시로 자유당을 창당하여 세칭 발췌개헌안 통과에 일역을 담당하였다.

이기붕은 제3대 서울시장(1949.6.6.~1949.8.14.)과 제4대 시장(1949.8.15.

~1951.5.8.)을 하였고, 서울특별시장으로 한국 전쟁을 맞았다. 1950년 6월 한국전쟁이 일어날 때 서울시민 150만 명 중 110만 명 이상이 서울을 떠났다가 돌아왔을 정도로 피해가 막심했다. 그는 한국전쟁으로 부산에 서울특별시 부산행정청을 설치하여 피난 온 서울시민 구호업무를 담당하였고, 3,000명의 걸인을 수용하기 위해 9개의 무료숙박소를 설치 운영하기도 하였다.

6개월 계획으로 미국, 영국, 뉴질랜드로 연수를 떠난 것은 1950년 4월 1일이었지만, 오재경은 다른 사람보다 일찍 귀국하였다. 이동현에 따르면, 그는 미국에 도착해 워싱턴을 시작으로 동부를 둘러보고 신시내티를 거쳐 6월 하순에는 디트로이트에서 계획된 일정을 소화하는데 디트로이트행 기차 안에서 우연히 만난 미국 육군 대령으로부터, "지금 당신 나라에서는 조만식 선생과 거물 간첩 이주하, 김상용의 교환협상이 진행 중인데 머지않아 당신의 나라에 크게 어려움이 닥쳐올 것이다. 언제나 빨갱이들은 무서운 일을 획책할 때에 협상을 앞세운다."는 말을 들었다고 한다.

오재경은 그 순간에는 아주 가볍게 들어 넘겼는데, 디트로이트에 도착한 다음 날 6·25 발발 소식을 들었고, 모든 일정을 중단하고 귀국 방법을 찾았다. 그러나 전쟁 상황에서 귀국은 쉽지 않았다. 7월 31일 뉴욕을 출발하여 미네아폴리스, 시애틀을 거쳐 8월 1일 도쿄에 도착했다. 다시 일본 동경에 있는 UN사무소에서 대기하다 연락기로 김해공항에 도착한 것은 8월 15일이었다. 전쟁이 발발한 직후부터 그가 귀국하기 위해 애쓴 과정과 관계자들의 반응 그리고 당시 분위기 등을 쓴 글을 인용하면 다음과 같다.

(전쟁이 나자 오재경은 디트로이트에서) 워싱턴으로 되돌아갔다. 그리고 귀국을 서두르기로 했다. 그는 '자신과 조국이 하나'라는 당연한 생각에 귀국을 위해 동분서주했다. 그를 초청했던 UN에는 '귀국이 빠르면 빠를수록 좋겠다.'는 뜻을 분명히 전했다. UN에서는 미국에 남아 있으라고 권했다. 그는 UN의 제의를 단호하게 거절했다.

그때 오재경의 나이 겨우 서른 한 살이었다. 조국으로 돌아오면 군에 징집될 수도 있었다. 전쟁에 나가면 누구도 살아온다는 것을 장담하지 못하는 그런 때였다. 그는 그래도 돌아가야겠다고 결심했고, "목숨과 나라를 바꿀 수 없다."는 생각이었다.

장면 박사가 대사로 근무하던 우리 대사관을 찾아갔다. 우리 대사관에서도 어떤 타개책이 있었던 것은 아니었다. 자원봉사를 자처했다. 미국의 중요 신문에 실린 한국동란 관련 기사를 몇 부씩 오려서 우리 정부로 보내는 일이 고작이었다. 그는 그렇게라도 위기에 처한 국가를 도와야겠다고 생각했다.

그의 귀국 계획이 여기저기에서 제동이 걸렸다. 미국 정부가 오재경에게 출국을 보류하라고 통보했다. 미국은 6·25가 발발하자 한국을 방문하는 모든 국민에게 허가를 받도록 했다. 오재경은 한국인임에도 불구하고 그 조항에 걸려 마음대로 미국을 떠날 수도 없었다. 오재경은 미국 정부에 출국허가를 재차 요청했다. 기다리는 동안 그는 우리나라가 강하게 버티고, 가족과 모든 이들이 살아 있기만을 기도했다.

미국 독립기념일인 7월 4일에도 대사관에 가 일을 도왔다. 그날 오후에는 미국 독립기념 행사장에서 풍선에 '대한민국 만세!'라고 적어 하늘로 날렸다. 소리 없는 기도문이었다. 그는 눈물을 훔치며 모든 이의 안녕을 빌고 또 빌었다. (중략)

워싱턴에서 무작정 기다릴 수 없어 UN본부가 있는 뉴욕으로 갔다. 그렇다고 상황이 변하지 않았다. 귀국은 마냥 늦어졌다. 덧없이 한 달이 지나갔다. 입술이 부르텄다. 한 여름이건만 자다가 식은땀을 흘렸다. 가위에 눌려 헛소리도 했다. 조바심 나고, 애간장을 태웠지만 더 빠르게 귀국할 아무런 방법이 없었다.

귀국편을 알아보러 다니다가 우연히 애국가의 작곡가로 알려진 안익태 씨를 만났다. 참 반가웠다. 가슴에 맺힌 이야기를 털어놓을 수 있어서 좋았다. 그는 오재경의 귀국 계획을 듣고는 찬동하며 같이 흥분했다. 그는 그러나 혼자 간들 큰 힘이 될 수 있겠느냐며 오재경에게 스페인으로 함께 가자고 권유했다. 그가 국제정치의 대가인양 유럽에 가서 약소국들의 처신을 보라고 했다. 우리나라처럼 작은 국가가 살아갈 방도를 그곳에서 찾아보자고 했다. 마치 오재경에게 국제 정세를 배우라는 것처럼 말했다.

오재경은 실망했다. 그는 모든 것을 뿌리치고 귀국을 고집했다. 그가 안익태 씨에게 "개개인은 작지만 뭉치면 큰 힘이 된다."고 설파했다. 그는 그것이 민주주의라고 믿었다. 그 사이 미국의 소리(VOA) 방송과 인터뷰도 했다.

"같이 즐기고 함께 고생하던 동포들이 난을 당하고 있다는 것을 생각하면 여기에 가만히 있을 수가 없습니다. 나라가 있어야 내가 있다는, 민족이 있어야 내가 존재한다는 생각에서 돌아가는 것입니다. 여기 와서 어떤 분을 만났더니 너 하나 가서 무얼 하겠느냐고 하면서 도움이 된다기보다는 이재민 하나 더 느는 것뿐이라고 하더군요. 그러나 나는 하나의 보이지 않는 힘이 합하고 뭉치어 강한 민족의 실력이 발휘되는 것이니 이 하나의 보잘 것 없는 힘을 무시하면 안 되며 더욱 값비싸게 평가해야 될 것이라고 말했지요. 개인을, 하나의 힘을 멸시한 민족의 그리고 국가의 말로를 우리가 잘 보고 있지 않았어요? 그리고 나는 불행한 참사가 내일의 광명과 희망을, 그리고 모든 것이 국민의 자유와 행복을 약속해줄 것을 굳게 믿고 있습니다."

마침내 미국 육군성으로부터 출국허가를 받았다. 7월 31일 뉴욕을 출발했다. 미네아폴리스, 시애틀을 거쳐 8월 1일 도쿄로 날아왔다. 일본에 도착해 보니 사정이 미국과 사뭇 달랐다. 그는 "우리 일(한국전쟁)에는 아무 관심도 없는 듯 보인다. 그저 답답하기만 하다."고 일본에서의 첫 느낌을 일기장에 기록했다.

오재경은 또 "일본인들은 일상생활 속에서 이러한 가장 중요한 요소를 망각한 듯 몹시도 초라하기만 했다."며 "해방이 됐고 떳떳한 독립국가의 국민이 되었으니 일본인들로부터 반도인이 아닌 한국인으로 대접받기를 원한다."고 적었다. 일본의 과오로 분단이 됐고, 지금 전쟁으로 생사의 기로에 서 있는데 무심한 일본인들이 야속했다. 오재경은 유학하던 때 일본인에게서 받았던 가슴속 상처가 되살아나는 느낌을 받았다. 일제 36년의 트라우마였다.

일본에서도 오재경은 한국으로 돌아갈 것만 생각했다. 엎어지면 코 닿을 것 같은 가까운 거리인데도 조국은 멀었다. 그는 하루도 빠지지 않고 동경에 있는 유엔 사무소를 드나들었다. 한국에 가는 연락 편을 알아보는 것이 일과였다.

UN에서 통보가 왔다. 보름 만이었다. 그 기간이 그가 일본에서 보낸 학창기간 만큼이나 길게 생각됐다. UN이 주선한 연락기를 남미출신의 카슨 대령과 함께 탔다. 단 둘이었다. 카슨 대령은 냉장고에서 아이스크림을 꺼내 그에게 주면서 "이제는 당분간 먹을 수 없을 것이니 많이 먹으라."고 권했다. 그는 아이스크림 하나였지만 그때 일을 평생 잊을 수 없다고 했다. 그의 친절에 감동했다. 아니 일본인들의 무관심과 냉정함에 지친 뒤에 만난 외국인의 호의라서 더 했을 것이다.

　오재경을 공보부 장관 비서실에서 가까이 모셨던 이용찬 씨는 "(오재경이 6·25 발발 후 모든 것을 접고 귀국했다는) 이 사실을 알았을 때, 비교적 냉철한 나로서도 그분이 다시금 돋보였다. 각계각층의 내로라하는 사람들이 만약에 다급한 사태가 닥치면 해외로 도피하고자 은연중에 항공편 마련을 위해 혈안이 되었던 시기가 아니었던가. 그러한 때에 전란 중인 고국으로 급히 돌아온다는 것은 아무나 할 수 있는 쉬운 일이 아니었다."고 존경을 표시했다.

　8월 15일, 드디어 한국 땅에 내렸다. 김해 임시 공항이었다. 반기는 이가 아무도 없었다. UN 동경사무소의 연락을 받고 마중 나온 지프차를 타고 UN사무소에 들렀다. UN사무소 책임자는 부산에 가야 있을 곳도 없을 테니 이곳에 머물면서 일하라는 것이었다. 오재경은 그의 뜻만 고맙게 받고, 우리 정부가 있던 임시수도 부산으로 떠났다. 거리에서 지나치는 피난민을 보니 전쟁의 대혼란이 피부로 느껴졌다. 도청 옆에 있는 감찰위원회 사무실로 찾아갔다. 모두가 놀라면서 반겼다. 정식으로 귀국 신고를 했다.

　오재경은 감찰위원회에서 귀국 신고를 하고, 영도의 피난민 수용소에 있는 어머니를 뵙고 아버지의 친구인 김길창 목사의 집 방 한 칸을 얻을 수 있었다. 사회부 이윤영 장관을 면담하니 중앙구호위원회 위원장을 겸한 이 장관이 즉석에서 'UN 총연락관'이라는 직함을 주고, "대구로 올라가 그곳 자인벌판에 운집해 있는 25만 명의 피난민을 도우라"고 구두로 명령했다. 자인벌판의 피난민을 청도로 옮긴 사정을 보고하기 위해 중앙구호위원회의 부위원장인 내무부 조병옥 장관에게 가자 "이럴 때 되돌아와 주어서 고맙다며, 그날 저녁 숙소로 와서 저녁을 함께 하자고

했고, 미국 내의 사정을 묻고 또 물었다."고 한다. 며칠이 지나 부산으로 내려오라는 연락이 왔는데, 조 장관이 총리서리의 결재를 얻어 그를 내무부 총무과장으로 발령을 낸 것이다. 전쟁 상황이고 오재경이 미군정청 보건후생부 후생시설국장으로 일한 경력이 있었고, 전쟁 중인 조국으로 일찍 귀국한 애국심을 높이 평가한 것이다.

그곳(감찰위원회 사무실)에서 어머니가 영도의 피난민 수용소에 계시다는 뜻밖의 소식을 들었다. 고향 옹진에서 집안 식구들과 함께 목선을 타고 영도까지 오셨다는 것이다. 오재경은 먼저 아버지의 아주 친한 친구인 김길창 목사를 찾아갔다. 그가 학교를 가지고 있는 것으로 들었었다. 몰려든 피난민으로 학교도 별 수 없었을 것이라 생각하면서도 많은 교실 한 구석이라도 얻어 볼 참이었다. 당장 그날 저녁 풍찬노숙을 면하기 위한 방안이었다. 그를 만난 김 교장은 그의 이야기를 듣고, 그들 모자를 위해 그의 집 방한 칸을 선뜻 내주었다. 그는 곧바로 감찰위원장의 빨간 세단차를 얻어 타고 피난민 수용소로 갔다. 어머니를 만났다. 거적때기 한 장을 거처로 삼아 머무르고 있었다.
어머니는 서울에서 피난해 왔을 아버지를 기다리고 있었다. 미국에 가 있었던 아들이 오리라고는 상상도 못했다. 어머니는 아들을 보자 너무도 반가워서 두 손을 꼭 잡고 한없이 울었다. 어머니도 아버지의 소식을 모르고 있었다. 수용소에 있던 모두가 모자의 상봉을 부러워했다. 전쟁으로 흩어진 가족과 만날 수 있기를 학수고대하던 수용소 사람들은 자기들의 일처럼 즐거워했다. 그리고 그의 어머니에게 아들이 장하다고 입에 침이 마를 때까지 이야기했다.
사무실에 돌아와 도청 안의 사회부로 가서 이윤영 장관을 면담했다. 그가 중앙구호위원회 위원장이었으며, 총리서리를 겸한 신성모 국방부 장관과 조병옥 내무부 장관이 부위원장으로 있었다. 이 장관은 오재경에게 즉석에서 UN 총연락관이라는 직함을 주었다. 그리고 "대구로 올라가 그곳 자인 벌판에 운집해 있는 25만 명의 피난민을 도우라."고 구두로 명령했다. 자인에 가보니 모든 것이 엉망이었다. 왜관 변두리까지 적의 포탄이 비오듯 쏟아져 하루 앞을 내다보기 힘들었다. 피난민을 청도로 옮겨야 했다. 이들의 앞날을 보장할 수 없었다. 죽음과 동행하는 시간이 계속되었다.

이 사실을 구호위원회 부위원장인 조병옥 장관에게 보고하러 갔다. 조병옥 박사는 그에게 이럴 때 되돌아와 주어서 고맙다며, 그날 저녁 숙소로 와서 저녁을 함께 하자고 했다. 오재경이 조 박사의 뜻을 따랐다. 저녁자리에는 조 박사와 그뿐이었다. 겸상으로 저녁 식사를 했다. 조 박사가 미국 내의 사정을 묻고 또 물었다. 그는 대사관에서 자원봉사하면서 들은 이야기와 신문에서 읽은 것들을 종합하여 간략하게 들려주었다.

자인으로 돌아가서는 피난민을 돕느라 눈코 뜰 새 없었다. 며칠이 지나 부산으로 내려오라는 연락이 왔다. 조 박사가 총리서리의 결재를 얻어 그를 내무부 총무과장으로 발령을 낸 것이다.

오재경은 부산에 있는 내무부 총무과장으로 일하다, 9월 28일 서울 수복이 되자 내무부 선발대로 10월 3일 조선일보 사옥에 임시 사무소를 차렸다. 서울에 도착해서 아내 신재덕을 만나고 아버지의 납북 소식도 접했다. 아내가 애지중지한 빨간 피아노를 경기상고 강당에서 찾아 집으로 가져와 원래 있던 자리에 놓았다. 그것도 잠시 1951년 1·4 후퇴로 가족을 미군 수송선에 태워 부산으로 보냈고 한동안 부산에서 살았다.

그는 어느 날 새벽에 군인들이 대구에서 모두 철수해 버릴 때, 내무부 조병옥 장관이 아무런 장비도 없는 경찰에게 군을 대신해서 대구를 지키도록 명령해서 별다른 소요 없이 넘어간 일에 대해 "훌륭한 결단이었으며, 그때 그분의 결단을 잊을 수 없습니다."고 말했다고 한다.

오재경은 조병옥 장관이 물러나자 그 자리에서 물러났다. 곧바로 사회부 장관 허정 씨를 도왔고, 11월 허정 씨가 총리서리가 되자 비서관이 되었다. 허정 씨가 그 자리에서 물러나자 오재경도 그만두었다. 1952년 10월 김법린 씨가 문교부 장관에 임명되자, 그를 직제에도 없는 보좌관으로 불렀다. 그에게 운크라(UNKRA 유엔한국재건단. 1973년 해체됨) 연락관을 맡겼다.

한국 전쟁기에 오재경의 직책을 보면 감찰위원회 비서관으로 복귀하자마자, 이윤영 사회부 장관이 'UN 총연락관'이라는 직함으로 피난민을 돕도록 하고, 피난민 구호를 보고받은 조병옥 내무부 장관이 총무과장으로 임명하였고, 그는 조 장관 퇴임 후에 함께 그만두었다. 이후 허정 총리서리의 비서관으로 일하다 함께 그만두고, 문교부 김법린 장관이 운크라 연락관으로 활용했다. 전쟁 시기에 정부 예산이 충분하지 않았지만, 유엔 등의 지원을 받아 인건비를 충당할 수 있었기에 '비서관'으로 일할 수 있었다. 직제에도 없는 공무원은 채용자가 공직을 그만두면 함께 그만두었고, 새 직장을 찾은 것이 당시 관행으로 보인다.

> 인천상륙작전으로 전쟁 상황이 급변했다. 9월 28일, 서울이 수복됐다. 내무부 선발대가 10월 3일 서울로 올라가 사무실을 조선일보 사옥에 임시로 마련했다. 오재경은 다음 날 조병옥 장관을 모시고 서울로 갔다. 서울에 도착하자마자 기쁜 소식을 전해 들었다. 선발대 중 한 사람이 그의 부인 신재

덕 교수가 혜화동에서 그대로 살며 기다리고 있다고 보고했다. 그는 혜화동으로 달려갔다. 아내를 만났다. 꼴이 말이 아니었다. 서울 점령 기간 동안 그의 집이 북한군에게 징발당해 그들의 사무실로 이용되었다고 했다. 아버지의 납북 소식도 그때 처음 들었다. 북한군에게 끌려갔다는 것이다. 망연자실하였다.

정신을 차리고는 틈틈이 집안을 정리하기 시작했다. 그는 제일 먼저 피아노의 행방을 수소문했다. 전쟁 동안 생사를 모른 채 그리던 아내를 지탱해준 것이었다. 아내가 애지중지하던, 아니 삶의 가장 소중한 도구였다. 오재경은 며칠 뒤 경기상고 강당에 북괴군이 모아 놓은 피아노가 있다는 소릴 들었다. 북한으로 가져가려다가 미처 싣고 가지 못해 그대로 있다는 것이었다. 그곳에서 빨간 빛깔의 피아노를 찾아냈다. 아내를 만난 것 다음으로 반가웠다. 집으로 가져와 원래 있던 자리에 놓았다. 그것도 잠시. 중공군의 참전으로 서울을 다시 내주고 부산으로 내려가야만 했다. 1·4 후퇴였다. 겨우 제자리를 찾아가던 가구들을 다시 간추렸다. 꼭 필요한 것들만 골라 식구들에게 들려 미군 수송선에 태워 부산으로 내려 보냈다. 오재경은 혜화동 집을 떠나면서 마지막으로 전깃불을 껐다.

다시 부산으로 온 오재경은 한남석 씨의 동대신동 집에 머물렀다. 한 씨는 그때 인연으로 오재경의 밑에서 일하게 됐다. 나중에 문공부 해외공보관장을 지낸 그는 그때의 인연으로 오재경과 "피를 나눈 친형제 이상으로 깊은 인간관계를 갖고 함께 지냈다."고 말했다.

오재경은 6·25 때 모신 조병옥 박사를 이렇게 기억했다. "그분은 크신 분이셨어요. 6·25때 대구와 서울에서, 후퇴해서 또다시 대구에서 1년 가까이 모셨는데 정말 여러 가지로 뛰어나신 분이셨어요."

조 박사가 '통일에 대한 나의 제안'이라는 의견서를 UN에 냈다. 처음부터 영어로 써나갔다. 흔히 우리말로 초안을 잡아 번역을 시키곤 했는데 조

박사는 달랐다. 오재경은 그때의 모습을 잊을 수가 없다고 말했다.

그는 또 "잘 생긴 모습이라고는 할 수 없지만, 호랑이 상인 조 박사께서는 그 시대를 걸머지고 가는 지도자의 모습이었다."고 회상했다. "나라 잃은 시대를 평생 살아오신 분으로 해방과 독립, 그리고 6·25의 비극을 겪으시면서 국민을 위한 정치가 무엇인가를 생각하며 소신껏 일하시는 분으로 보였습니다."고 덧붙였다.

대구에서 있었던 일이다. 어느 날 아침 거리에 나가니 어제까지 거리를 지키던 군인들이 한 사람도 보이지 않았다. 그날 새벽에 군인들이 대구에서 모두 철수해 버린 것이었다. 갑자기 대구는 치안부재 상태가 되었다. 내무부 장관이었던 조 박사가 아무런 장비도 없는 경찰에게 군을 대신해서 대구를 지키도록 명령했다. 자칫하면 전쟁통에 혼란이 올 수도 있는 상황이 별다른 소요 없이 넘어갔다. "훌륭한 결단이었으며, 그때 그분의 결단을 잊을 수 없습니다."고 기회 있을 때마다 말했다.

그는 그 일이 조 박사가 대구에서 국회의원에 당선되는 결정적인 계기가 되었다고 생각했다. 그는 조병옥 장관을 모시는 동안 바른말 하기를 주저하지 않았다. 옳다고 생각하는 것들을 서면으로 구신(具新)하곤 했다. 그런데 그의 생각이 하나도 반영되지 않았다. 그래서 이제 떠나야 되나 보다 하고 어느 날 사표를 냈다.

조 박사가 "아니 왜 사표를 내는 거야?" 물어 "제 건의가 하나도 채택이 안 되는데 여기 있을 이유가 없지 않습니까?"라고 답했다. 조 박사가 크게 웃으면서 "자네가 시키는 대로 한다면 자네가 장관이지 내가 장관인가?"하고 사표를 반려했다.

조 박사가 내무부 장관에서 물러나자 오재경도 그 자리에서 물러났다. 곧바로 사회부 장관 허정 씨를 도왔다. 그해 11월 허정 씨가 총리서리가 되자 비서관이 되었다. 그 일도 그리 길지 않았다. 허정 씨가 그 자리에서 물러나자 오재경도 그만두었다.

한동안 쉬고 있었다. 전쟁 중이라 정부도 개인들만큼이나 여유가 없었다. 장관 총리 등이 수시로 바뀌었다. 그들을 모시던 오재경도 직책이 수시로 변했다. 1952년 10월 김법린 씨가 문교부 장관에 임명되었다. 김 장관이 그를 직제에도 없는 보좌관으로 불렀다. 그에게 운크라(UNKRA 유엔한국재건단. 1973년 해체되었음) 연락관을 맡겼다. 김법린 씨와의 인연은, 그가 감찰위원회의 위원이었을 때 맺어졌다. 오재경은 문교부 장관 보좌관으로 휴전을 맞았다.

오재경은 네 명의 연수생 중에서 가장 먼저 귀국하였고, 전쟁이 한창일 때 피난민 구호 등을 하였다는 점에서 돋보인다. 전쟁 직후에는 문교부에서 유엔한국재건단(UNKRA)의 연락관으로 일하면서 학생들의 교과서를 인쇄할 인쇄시설을 지원받기도 했다. 한글파동으로 김법린 장관이 물러나고 이선근 장관이 임용되었지만, 오재경은 운크라의 도움으로 교과서를 무상으로 공급하는 등 현장 실무에 집중하였다.

그는 휴전이 성립되자 김법린 장관 아래서 파괴된 학교 현장을 정상화하는데 주력했다. 국민 모두가 하루하루의 끼니를 걱정할 때, 그는 나라의 미래 인재 육성을 먼저 챙겼다. 그는 운크라가 효율적으로 활동할 수 있도록 운크라에 학교 현장의 바른 정보를 제공했다. 책상과 걸상 교실은 없더라도 보고 읽을 교과서가 있어야 한다고 생각했다. 그는 무엇보다도 먼저 학생들에게 교과서가 제 때에 공급될 수 있도록 하기 위해 동분서주했다. 하지만 국내에는 교과서를 인쇄할, 제대로 된 인쇄시설이 없었다. 그는 우선 운크라의 힘을 빌어 학생들에게 운크라가 외국에서 인쇄한 교과서를 어렵게 공급했다. 그리고는 국내에서 교과서를 인쇄하기 위한 인쇄시설을 지원받는 방안을 강구하고 있었다.

이 무렵 이승만 대통령은 석 달 안에 한글 간소화를 단행하고 신문들도 국문을 사용하여 지식수준이 저급한 국민들이 쉽게 읽게 하라는 요지의 담화를 발표했다. 동아일보(1954년 3월 29일) 담화가 발표되자 반대 여론이 들끓었다. 이른바 한글파동의 시작이다. 반대 여론이 수그러들지 않자 경무대는 여론을 잠재우기 위한 방편으로 김법린 장관에게 책임을 물었다. 경무대는 4월 21일 이선근 씨로 문교부 장관을 교체했다. 그것으로 해결될 줄 알았다. 4월 27일 국무총리가 훈령을 발표했다.

정부의 판단이 빗나갔다. 국민들의 분노는 다음 해까지도 이어졌다. 국민들의 반발이 계속되자 이 대통령은 다음해 9월 성명을 발표했고, 한글파동이 막을 내렸다. 국가 전체가 이렇게 시끄러웠던 기간 오재경은 다른 곳에 한눈팔지 않고 문교부에서 그대로 근무했다. 운크라의 도움으로 교과서를 무상으로 공급할 수 있을 정도의 인쇄시설을 갖추는데 그의 숨은 공로가 컸다.

오재경은 1956년 37세의 나이에 공보실장에 임명됐다.[21] 1961~1962년 공보부 장관, 1970~1974년 기독교방송 운영위원장, 1983~1985년 동아일보 사장, 1985년 한국로타리총재단회의 의장을 지내며 언론발전

---

21 구황실재산관리사무총국 오재경 국장은 이승만 대통령에 의해 발탁되었고, 1960년 임시과도정부인 허정내각수반 시절인 1960년 5월 4일에 순정효황후가 정릉 수인재에서 창덕궁 낙선재로 이사하도록 지원하였다. 순정효황후는 1966년 2월 3일까지 낙선재에서 사시다 붕어하시고, 장례는 국장(11일장)으로 치러졌다. https://blog.naver.com/sh5306kr/222791297856

오재경 회장

과 사회봉사활동에 힘썼다. 노년에는 한국장애자재활협회 부회장, 한국로타리총재단 회의 의장, 주한미국연합봉사기구 명예회장 등을 지내다 2012년 6월 27일에 93세로 별세했다.

부인 박보희 한국사회정보연구원장은 1947년에 이화여대 기독교사회사업과에 입학하여 졸업하고 캐나다유니테리안봉사회의 장학금을 받아 캐나다에서 석사학위를 취득하여 모교에서 교수로 근무했다. 이후 국제연합 아태경제사회이사회(UNESCAP, 이후 ESCAP)에서 근무하면서 '1990년대와 그 이후를 위한 아태지역 사회개발전략'이란 프로젝트를 주도하였다. 이 프로젝트의 3대 아젠더는 빈곤박멸, 분배정의, 전폭적인 민중의 참여를 통한 개발이었다. 이 의제는 유엔 창설 50주년을 기념하여 1995년 3월에 코펜하겐에서 열린 사회개발정상회의[22]의 의제(빈곤퇴치와 생산적 고용 확대, 사회통

---

22 덴마크의 코펜하겐에서 개막된 사회개발정상회의는 유엔 창설 50주년을 맞아 세계 각국이 「새로운 유엔의 탄생」이라는 목표 아래 냉전 종식 이후의 새로운 국제질서와 세계발전전략을 모색하는 자리라고 말할 수 있다. 냉전의 종식으로 동서 진영의 이념 대립은 사라졌지만, 대신 냉전 아래 잠재돼 왔던 국가 간의, 국내적인 사회적 불평등에서 오는 갈등이 심화돼 가고 있다. 이러한 사회적 불평등을 해소하지 않고는 국제사회의 평화와 안보를 유지할 수 없다는 국제적 인식에서 이번 회의가 열리는 것이다.
따라서 이번 회의의 논점도 빈곤퇴치와 생산적 고용확대, 사회통합 증진 등에 맞춰져 있다. 6일부터는 전 세계 1백80여 개국에서 참가한 각국 고위급대표들이 세 가지 주제를 포함한 의제에 대해 협의를 거친 뒤 11일과 12일 각국의 정상과 정부수반이 참석하는 정상회의를 통해 「사회개발을 위한 선언」과 실천계획이 채택된다.
https://m.seoul.co.kr/news/newsView.php?id=19950307004001&cp=seoul

합 증진)로 연결되었다고 한다.

　양원석 사회복지사 등이 2006년 7월 25일에 '1세대 탐방'으로 박보희 원장을 인터뷰할 때, "오재경 님이 미군정청 보건후생부 후생시설국장으로 일한 경력이 있는데, 이를 계기로 김학묵 등을 유학 보냈다."고 증언했다(1세대 탐방 박보희 선생님, 2006년 7월 25일, 선생님 자택. 녹음 최수영, 녹취 양원석).

　한편, 1950년 11월 1일에 영국에서 귀국한 김학묵은 한국 전쟁이 일어날 때 조국에 있지 않았다는 미안한 마음을 계간 아산에서 회고한 바 있다. 유엔은 전쟁 중이니 6개월의 연수를 마치고 돌아갈 것을 권고하였고, 돌아올 항공편도 구하기 어려웠다고 한다. 김학묵은 영국 연수와 관련하여 이승만 대통령이 직접 전화를 걸어 "이 사람아, 빨리 나와 배운 것 좀 써먹게." 하고 독촉하자 1951년 1·4 후퇴 때 귀국했다고 알려졌다. 그런데, 황온순에 따르면, 1950년 11월 1일에 귀국했고, 김학묵도 다른 글에서 1·4 후퇴 한 달 전쯤에 귀국했다고 썼다. 시간이 흐르면 어떤 사건은 보다 극적으로 소문나기도 한다.

　　해방 이후 유엔 장학생으로 선발돼 영국 런던문화원과 런던대학교에서 영국 사회보장 제도를 연구했다. 유학 중 경기도 근무 시 그를 눈여겨 본 이승만이 직접 전화를 걸어 "이 사람아, 빨리 나와 배운 것 좀 써먹게." 하고 독촉하자 51년 1·4 후퇴 때 귀국했다.　　　　　　　　　(나무위키에서 김학묵 검색)

2. 미국 미네소타대학교 대학원 유학

미국 미네소타대학교 대학원 유학은 미국의 대한원조정책의 하나로 추진되었다. 제2차 세계대전 후 세계가 미국과 소련을 중심으로 한 양대 블록으로 재편되면서 미국은 한국(남한)에 자본주의와 자유민주주의적 사회원리의 정당성을 강조하고 이를 정착시키고자 했다.

미국의 대한 원조정책의 일환으로 이루어진 고등교육 지원에서 한국인 유학생을 미국에 보내는 계획도 추진되었다. 1948년에 '미국정보 및 교육교환법(Smith Mund Act)'이 통과되어 국무성 인사교류계획에 의한 미국 유학의 길이 마련되었다. 이에 근거한 제1차 파견이 1949년에 있었고, 한국전쟁이 끝난 후 본격화되었다. 1953년, 1954년을 거치면서 서울대학교 내의 많은 교수들이 한미문화교류를 목적으로 미국으로 파견되었고 정부에서도 국비 유학제도를 마련하여 교수진의 미국 유학을 지원하였다. 미국에 비해 소수이기는 하지만 독일을 비롯한 유럽으로의 유학도 유네스코 등의 지원으로 이루어졌다(서울대학교 사회학과 50년사, 62).

미국 정부는 한국의 사회사업대학교육 발전을 위한 지원계획을 추진하게 된다. 이 계획은 당시 미네소타대학교 사회사업대학장이었던 존 키드나이(John C. Kidneigh) 박사에 의해 1954년에 입안되었다. 그는 국립 서울대학교에 미국식의 사회사업교육과정을 설치하고, 그 교수진 충원을 위해 젊은 학자를 선발하여 미국에서 유학토록 지원하며, 사회사업 교육의 내실화를 위해 사회사업학뿐만 아니라 심리학과 사회학 분야의 유학생에 대한 지원, 그리고 교육과정 설립을 위해 서울대학교에 대한

물적 지원 등을 폭넓게 담고 있다(최원규, 2007: 39).

키드나이는 한국정부와 협동하여 하상락, 김학묵, 백근칠을 선발해서 이들을 미네소타대학교 대학원에 유학하도록 조치하였다. 당시 미네소타대학교로의 연수는 서울대에 재직 중인 교수만이 갈 수 있도록 내규로 정해져 있어 이들은 장학금을 지원받을 수 없었다. 이때 키드나이는 이들 유학생에 관한 초청은 미네소타대학이, 장학금은 유니테리안봉사회(Unitarian Council)로부터 지원을 받을 수 있도록 주선하여 이들 3명은 한국 최초로 미국의 미네소타대학 사회사업대학원에서 사회사업학 석사과정을 이수할 수 있었다(김범수, 2019: 434).

공임순(2017: 258~262)은 '김학묵이라는 에이전시 - 서울대학교 사회사업학과 신설을 둘러싼 미국 발 원조의 회로 -'란 연구를 통해 유니테리안봉사회는 '미네소타 프로젝트'에서 일종의 공백지대로 남게 된 인문학과 사회과학을 부흥하기 위한 새로운 루트였다고 주장한다. 유니테리언봉사회가 장학금을 제공한 것은 미 국무부가 "직접 교육 원조"를 하기보다 '민간화'로 추진하는 데 도움이 되었다. 교육 원조와 관련된 유니테리언봉사회의 이른 내한과 활동에는 미 국무부와 마커스 쉐르바흐의 막후 역할이 중요했다.

이른바 '김학묵' 파일은 두 가지 서류(문서)철로 대별된다. 첫 번째가 김학묵이 아시아재단 뉴욕 지부의 데이비드 스타인버그(David I. Steinberg)에게 보내는 1957년 7월 6일 편지를 시작으로 도미 유학을 마치고 귀국길에 오른 김학묵이 요코하마 정박 중 그가 원하는 일본의 사회사업가를 만날 수 있도록 아시아재단 일본 지부가 주선을 해달라는 뉴욕 지부의 1957년 9월 5일 협조 공문까지가 그것이다. 아시아재단과 김학묵 간의 특정한 관계를 보여주는 이 1957년 7월 6일에서 9월 5일까지의 서류(문서)철과 별도로 묶여 있는 두 번째 서류(문서)철이 존 키드나이(John C. Kidneigh)의 총 25쪽에 이르는 『한국의 사회사업교육 조사 보고서(A Report of The Social Work Education Exploratory Mission to Korea)』이다. 존 키드나이를 축으로 서울대 총장 최규남, 문교부 장관 이선근, 사회부(1955년 보건사회부로 변경) 장관 박술음 등이 주고받은 편지들이 실린 부록(appendix)까지 합치면, 존 키드나이의 보고서는 전체 45쪽에 이르는 볼륨감을 자랑한다. 시기적으로는 존 키드나이가 서울대 총장 최규남에게 보내는 1954년 8월 6일 편지에서 자신의 최종 보고서를 매사추세츠 주 보스턴의 파크 스트리트에 본부를 둔 유니테리언봉사회로 전송하는 1954년 8월 31일까지의 시기이다.

이른바 '김학묵' 파일은 김학묵의 도미 유학과 귀국이 이루어진 배경을 존 키드나이의 보고서로 보충하는 형식을 취하고 있다 할 것이다. 이 두 분절된 서류(문서)철 사이에 존재하는 약 3년간의 시간차는 존 키드나이가 애초 구상했던 것과 김학묵의 도미 및 귀국으로 마무리되는 말하자면 실현된 것 사이의 차이를 드러내며, 유니테리언봉사회의 두드러진 존재감을 각인시키게 된다.

흔히 유니테리언봉사회라고 하면 1952년에 내한해 1982년까지 활동한 캐나다 유니테리언봉사회(Unitarian Service Committee of Canada, USCC 내지 USC)를 떠올리는 경우가 많다. 하지만 이른바 '김학묵' 파일의 유니테리언봉사회는 미국유니테리언협회가 피난민 보호와 원조 및 아동 교육과 보건을 위해 1940년에 설립한 민간원조단체를 가리킨다. 1952년 UN의 초청으로 내한해 1961년 박정희 군사쿠데타 시기에 맞춰 철수한 유니테리언봉사회는 주로 교육팀을 중심으로 활동한 관계로 유니테리언봉사회 교육팀(American Education

Team of Unitarian Service Committee, AEM-USC)으로 불리기도 했다. 이 유니테리언봉사회 교육팀은 유네스코-운크라(UNESCO-UNKRA) 교육사절단에 이어 1952년 10월 제1차 미국교육사절단으로 내한함으로써 대단한 관심과 기대 속에 이들의 선진적 교수법을 배우려는 교육 현장의 목소리가 높았다. 실제로 제1차 미국교육사절단은 1952년 10월부터 1953년 6월까지 10개월간 체류하며 교원 연수와 워크숍 등을 실시하고 '중앙교육연구소'를 설립하는 등의 인상적인 활동을 벌이게 된다. 제1차 교육사절단의 성공적인 활동에 힘입어 1953년 9월부터 1954년 6월까지 제2차 미국교육사절단으로 내한한 유니테리언봉사회 교육팀은 보다 장기적인 목표 하에, 서울대학교 사범대학과 서울 교육대학교의 예비교사들을 대상으로 한 교육 연수에 집중했다. 유니테리언봉사회가 서울대학교의 사회사업학과 신설에 깊숙이 관여할 수 있었던 데는 이러한 이른 시기의 내한 경험과 활동이 있었기에 가능한 일이었던 것이다. 존 키드나이 또한 미네소타대학 사회사업학장이기도 했지만 당시 유니테리언봉사회 사회사업교육 자문(고문)위원을 맡고 있었다는 점도 유니테리언봉사회와 미네소타를 잇는 접점을 형성했다. 한미재단의 재정 지원으로 유니테리언봉사회는 자문(고문)위원인 그를 한국에 현지 파견했던 것이었고, 그를 매개로 서울대학교와 미네소타대학, 더 나아가 '미네소타 프로젝트'와도 간접적으로 연결되는 매개 고리가 구축되어진 셈이었다. 유니테리언봉사회-미네소타대학-서울대학교를 잇는 이러한 원조의 회로들이 서울대학교의 사회사업학과 신설을 가능케 한 존 키드나이의 보고서로 결정화되었음을 이른바 '김학묵' 파일의 두 분절된 서류(문서)철은 확인시켜 주는 바다. 이 사이를 오간 구체적인 실행자인 헬렌 포그(Helen Fogg, 유니테리언봉사회 해외사회사업교육국장) - 커티스 히치콕(Curtice Hitchcook) - 데이비드 스타인버그 - 최규남 - 박술음

- 이선근 - 김학묵 - 하상락 - 백근칠의 흔적들도 마찬가지로 발견할 수 있다.

　1952년 10월 문교부 장관 백낙준의 "요청에 의해서 미 국무부와 유니타리안 사업위원회가 한국 교육의 부흥을 원조하러 동사절단을 파견"했다는 신문기사의 보도는 실상 "백낙준의 요청이 있기 전 미 대사관의 마커스 쉐르바흐(Marcus W. Scherbacher) 문화업무 담당관"과 미 국무부의 면담이 사전에 있었다는 앤도버-하버드 신학도서관(Andover-Harvard Theological Library)에 소장된 유니테리언봉사회 문서와 교차해서 살펴볼 필요가 있다. 왜냐하면 공식적으로는 문교부 장관 백낙준의 요청이 먼저 있었고 이를 흔쾌히 받아들이는 형식으로 유니테리언봉사회가 제1차 미국교육사절단을 파견한 것처럼 되어 있지만, 그 이면에 미 국무부와 마커스 쉐르바흐의 사전 면담이 진행되었음을 이 유니테리언봉사회 문서는 알려 주고 있기 때문이다.

　이 문서를 검토한 이주영은 "미 국무부가 직접 교육 원조를 추진"하는 대신 민간원조단체인 유니테리언봉사회를 매개함으로써 "비용을 감소함과 동시에 미 정부의 직접적인 개입에 대한 상대 국민의 의구심이나 우려를 잠재우고자 하는 판단"이 깔려 있었음을 지적한다. 즉 문화 냉전의 광범위한 '민간화'의 유니테리언봉사회 문서를 검토한 이주영은 대한교육사절단의 파견에 미 국무부의 역할이 컸음을 밝히고 있다. 이주영은 미 국무부가 민간원조단체를 활용함으로써 관제 논란을 피하려는 의도가 유니테리언봉사회의 방한으로 이어지는 계기가 되었다고 주장한다. 그의 견해에 공감하면서도, 당시 신문기사를 보면 그가 강조한 만큼 미 국무부의 존재가 가려져 있거나 하지는 않았다. 유니테리와도 상응하는 민간원조단체를 경유한 교육 원조가 유니테리언봉사회의 제 1·2차 미국교육사절단의 이른 파견과 활동으로 이어졌다는 것이다. 미 국무부의 공적 원조가 이 시기 그의 주장만큼 가려지거나 하지는 않았지만, 교육 원조와 관련된 유니테리언봉사회의 이른 내한과 활동에는 미 국무부와 마커스 쉐르바흐의 막후 역할이 존재했음을 새삼 깨닫게 하는 대목이다. 뿐만 아니라 이 이른 내한의 경험과 활동을 살려 유니테리언봉사회는 이른바 '김학묵' 파일이 가리키는 서울대학교의 사회사업학과 신설을 주도하며, 미 국무부와 마커스 쉐르바흐의 막후 역할을 자신의 해외 선교와 임무로 연계하는 적극성을 발휘했다고도 볼 수 있다.

(공임순, 2017: 258~262).

공임순(2017: 262~263)의 연구에 따르면, 마커스 쉐르바흐는 캘리포니아대학과 시카고대학에서 사회경제학과 사회사업학을 전공하고 처음 한국에 올 때는 미군정청의 보건후생부(보건국) 직원이었는데 1949년 이래 미공보원의 문정관으로 재직 중이었다. 그는 국무성 초청의 유학 관계 그리고 미국의 각종 재단과 대학에서 한국에 제공되는 문화·교육 원조를 주도하였다.

한편, 김학묵은 해방 후에 경기도 사회과장으로 UN 사회사업전문관 Snow, 미군정관 Confer, 그의 후임인 Kenefic 등과 밀접한 관계를 맺었다. 1950년 11월 1일에 영국 연수를 마친 후에는 사회부 허정 장관 밑에서 피난민을 지원하였고, 1954년에 사회부 사회국장서리로 승진하였다. UN 혹은 미국의 공적 지원이나 민간기관의 지원은 사회부를 통해 배분되기에 김학묵은 미군정청의 직원이고 미공보원의 문정관인 마커스 쉐르바흐과 긴밀하게 소통하였다. 당시 미국은 지역전문가를 양성하여 해당 나라의 엘리트와 긴밀히 소통하면서 자국의 문화를 전파하고자 하였다. 따라서 미군정청 보건후생부 후생시설국장 출신 오재경, 정부 수립

후 사회부 사회국장서리인 김학묵 등은 특별한 네트워크를 형성했을 것이다. 당시 마커스 쉐르바흐는 한미 관계에 다양한 방식으로 영향력을 미쳤다.

미 국무부의 세계 전략과 이를 자신의 해외 선교와 임무로 확장해 간 유니테리언봉사회간의 연결망은 '마커스 쉐르바흐'라는 존재를 새롭게 부각시키고 있다. 그는 미 국무부와 사전 면담을 하고 유니테리언봉사회와도 접촉하며 제1·2차 교육사절단을 파견하는 데 결정적인 기여를 했다는 점이 드러나고 있기에 말이다.

마커스 쉐르바흐는 한 잡지기사에 따르면, 대표적인 한국통이나 다름없었다. 이 기사는 쉐르바흐를 다음과 같이 소개하고 있다. "슈바카 씨는 해방된 해의 10월 내한하여 오늘날까지의 11년 동안 그야말로 각계각층의 한국인들의 지기를 얻어 그 수는 웬만한 한국 사람이 가지고 있는 친우수보다 많"을 뿐더러 "여성을 붙들어 부인 삼기보다는 차라리 한국의 고대 예술품을 붙들고 있는 편이 마음 편하다는 듯이 오늘도 도자기를 자랑삼아 설명"한다. 뒤이어 "캘리포니아대학과 시카고대학에서 사회경제학과 사회사업학을 전공"하고 "처음으로 그가 한국에 올 때는 미군정청의 보건국 직원이었는데 1949년 이래 미공보원의 문정관으로 재직 중"이라는 약력이 강조된다. "국무성 초청의 유학 관계 그리고 미국의 각종 재단과 대학에서 한국에 제공되는 문화·교육 원조는 슈바카 씨의 손을 거쳐 진행되는 만큼 요직의 하나"라는 이 잡지 기사의 내용은 마커스 쉐르바흐의 존재가 갖는 중요성을 환기시키기에 충분하다. 이 잡지 기사대로, 마커스 쉐르바흐는 미 국무부 소속의 장교로 1945년 미군 진주와 함께 내한해 미 군정청의 보건후생부(보건국)와 미 대사관 및 미 공보원의 문정관을 두루 거친 대표적인 한국통으로 자리매김했다.

이러한 마커스 쉐르바흐라고 하는 대표적인 한국통의 중간 다리를 거쳐 미 국무부의 협의 아래 일찍이 제1·2차에 걸쳐 미국교육사절단으로 내한했던 유니테리언봉사회는 서울대학교 사회사업학과 신설을 디자인하는 역할을 담당하게 된다. 공적 원조의 안팎에서 행해진 이러한 유니테리언봉사회의 위상과 역할은 물론이거니와 이를 매개하는 실질적인 수혜자 그룹의 행보 또한 눈여겨볼 부분이 아닐 수 없다. 아시아재단 컬렉션의 이른바 '김학묵' 파일이란 바로 이 피원조자 그룹을 명시하는 네이밍(naming)이기도 하다는 점에서이다.

(공임순, 2017: 262~263).

세 사람은 1955년 9월 가을학기부터 1957년 6월 여름학기까지 미네소타대학교 대학원에서 사회사업학을 공부하였다. 귀국 후 하상락은 서울대에 대우 조교수로, 나머지 두 사람은 전임강사 신분으로 교직에 임용되었다. 후에 하상락은 서울대 교수로, 김학묵은 공무원으로 복귀하여 보건사회부 차관으로, 백근칠은 입양기관인 한국사회봉사회를 설립하여 사회복지를 실천하였다(김범수, 2019: 434). 당초 3명 모두를 정규 교수로 일하게 할 계획이었지만, 서울대학교가 재정상의 이유로 한 사람만 교수로 채용한 것으로 알려졌다.

왜, 서울대학교가 하상락 교수를 대우 조교수로 나머지 두 사람을 전임강사로 임용했는지에 대한 이유는 알려져 있지 않다. 학계의 관례로 볼 때, 학력, 경력, 전공 등이 고려되었을 것이다. 하상락은 1915년 경남 합천에서 태어나 경기고, 일본 중앙대학교 법학부를 졸업하였다. 조선총독부 사회과를 거쳐 경기도 시흥군청 근무 중 해방을 맞이했다. 사회부 후생시설국에서 근무하였고, 한국전쟁 중에는 UN 민사원조사령부(UNCAC) 사회과 후생고문으로 일하였다. 숙명여자대학교와 서울대학교 사범대학 강사를 거쳐, 미국 미네소타대학교로 유학하였다(최원규, 2007: 41).

김학묵은 1916년 충북 음성에서 태어나 휘문고보, 보성전문학교 법학과를 졸업하였다. 일제 강점기에 경기도 사회과를 시작으로 미군정기에 경기도 사회과장을 거쳐, 1950년에 유엔 장학생으로 영국에서 7개월간 연수하고, 귀국하여 사회부에 근무 중 1954년 7월에 고등고시(행정과)에 합격하였다. 미국 미네소타대학교에 유학한 후 1958년 1월에 서울특별시장 비서관이 되었다.

백근칠은 1922년 황해도 금천에서 태어나 경기고, 연희의전을 졸업 후 경성의전을 중퇴하고 은거하였다. 해방 후 제1기 군사영어학교를 수료하고, 1953년 전쟁이 끝난 후 UN 기술원조처의 후원과 정부의 해외파견 연구생으로 선발되어 영국 옥스퍼드대학교의 초청으로 8개월간 사회사업 연수과정에 참여하면서 인근의 모 대학에 편입, 대학과정을 이수하였다. 귀국 후 전쟁고아를 위해 3년여 간 청소년 야간학교와 자립을 위해 활동하던 중 미네소타대학교에 유학할 기회가 주어졌다.

위 세 사람의 학력을 보면 당시 명문고등학교를 졸업하고, 하상락은 일본 중앙대학교 법학부, 김학묵은 보성전문학교 법학과, 백근칠은 경성의전 중퇴 후 모 대학교에 편입학하여 졸업하였다. 대학교 당국은 교수를 임용할 때 최종 학교와 학위를 보는데, 일본 중앙대학교를 졸업하고 서울대학교에서 강사 경력이 있는 하상락에게 더 가점을 주었을 것이다. 또한, 하상락과 김학묵은 사회과 공무원으로 일하였고, 백근칠은 민간 분야에서 일했다. 서울대학교에서 한 명만 전임교수로 두고자 할 때, 고등고시에 합격한 김학묵은 고급공무원으로 진출할 가능성이 더 컸다. 미국 유학 시에 하상락은 개별사회사업, 백근칠은 집단사회사업, 김학묵은 지역사회조직을 전공하였는데, 사회사업학의 뿌리는 개별사회사업이었기에 하상락이 전임교수로 발탁될 수 있었을 것이다.

하상락 교수는 1958년 4월 서울대학교 대학원 사회사업학과(필자 주: 사회학과 사회사업전공) 창설 주임교수를 역임하여 1980년 8월에 정년퇴임할 때까지 서울대학교 사회사업학과(후에 사회복지학과) 교수로 재직하였다(최원규, 2007: 41).

키드나이는 '한국의 사회사업교육 조사 보고서'에서 "한 명의 사회부(이후 보건사회부) 직원에 대한 직무 안정과 보장을 사회사업학과 신설의 필요조건으로 삼았다." 당초 장학생 8명을 뽑고자 했으나, 여의치 않아서 3명으로 줄자 공무원 김학묵, 예비 학자 하상락, 민간 활동가 백근칠을 선발했다. 3명이 석사학위를 취득하고 돌아왔지만, 서울대학교에서 1명밖에 전임교수로 임용할 수 없었기에 김학묵은 다시 공무원의 길을 걸었다.

3. 대학교에서 사회사업(복지)학 강의

김학묵은 여러 대학교와 국립사회사업지도자훈련소 등에서 사회사업(복지)학을 강의하였다. 그는 이화여자대학교, 중앙신학교(현 강남대학교), 서울대학교, 국립사회사업지도자훈련소(이후 국립사회복지연수원, 현 한국보건복지인재원), 중앙대학교 등에서 강의한 것으로 알려졌다.

우리나라 대학교에서 사회사업학 교육이 시작된 것은 1947년 이화여자대학교 기독교사회사업과[23], 1953년 중앙신학교 사회사업학과였다. 이후 1958년 서울대학교 대학원 사회학과(사회사업전공)와 1959년 서울대학교 사회사업학과, 1958년 한국기독교학원(그리스도대학교, 현 강서대학교) 기독교사회사업학과 등이 개설되었다. 이화여자대학교 기독교사회사업과는 기독교학과에서 개편된 것이므로 10여 년간 사회사업학 강좌는 주로 외래강사가 담당했다.

1947년에 이화여자대학교 기독교사회사업과에 입학한 박보희 원장의 증언에 따르면, 김활란 총장이 기독교 감리교 선교부의 지원을 받아서 '사회사업학과(실제로는 기독교사회사업과)'를 만들었다고 한다. 자신은 월남하여 학제가 달라 의과대학 예과로 입학하였다가 새로 생긴 사회사업학과로 전과했다. 1950년 한국전쟁이 일어나기 직전 보건사회부에서 실습하면서 배운 타자로 전쟁기간 부산에서 미군군사원조처와 국제연합한국민사원조처에서 행정보좌관으로 일했다. 이러한 경력이 후에 유엔아시아태평양경제사회이사회(UNESCAP, 이후 ESCAP)에서 일하게 된 것으로 이어진다.

1947년에 처음으로 우리나라에서 이화여자대학에 사회사업학과라는 것을 만들었어요. 김활란 박사가 총장이었는데, 이 양반이 선견지명이 있다고 할

---

[23] 일부 자료는 기독교사회사업학과로 표기되어 있지만, 이화여자대학교 사회복지학과 홈페이지는 연혁에서 1947년에 '기독교사회사업과'로 설치되었고, 1954년에 사회사업과(기독교교육전공, 사회사업전공)로 이름이 바뀌었고, 1958년에 '사회사업과'의 사회사업전공을 '사회사업학과'로 승격시켰다고 밝히고 있다. http://my.ewha.ac.kr/sw

까, 2차 대전 와중에 이미 미국에 있는 기독교 감리교 선교부하고 접촉해서 전후에 우리 한국이 어떻게 되리라는 것, 얼마나 사회복지를 위한 요구가 크리라는 것 이런 걸 짐작하시고 사회사업학과 설립을 위한 도움을 요청했어요. 그런 도움을 받아가지고 사회사업학과를 설립하셨는데, 그전에는 이화여자대학에 영문과, 가사과, 음악과, 아동보육과 이렇게 밖에 없었거든요.[24]

그런데 나는 북쪽에서 내려온 사람인데, 남쪽에서는 학제가 변경이 되가지고 4년 중학교 제도에서 3년 초급 중학교, 3년 고등학교 이렇게 제도로 변해가지고, 6년을 나와야 대학에 가게 돼 있더라고요. 그런데 예외가 있었어요. 1947년에는. 의과대학 예과하고 부산에 있는 수산대학교에는 갈 수 있었어요. 나로서는 굉장한 경쟁을 뚫고 의과대학 예과에 입학이 됐는데, 들어가 보니까 내 성격에 맞는 것 같지 않더라고요.

그 해에 뒤늦게 이화대학에서 사회사업학과를 만들면서 처음으로 10월에 학생모집을 했어요. 그래서 의과대학 그만두고 그곳으로 옮겼죠. 이제 아동교육과가 또 생겼는데 아동하고 사회사업하고 둘 중 하나 고를 수 있었는데, 사회가 나한테 조금 더 친근감이 있어 가지고, 사회사업이 뭔지 전혀 모르고

---

24 이화여자대학교 홈페이지에서 연혁을 보면, 1946년 8월 15일에 '이화여자대학교'를 설립하고 그해 10월 31일에 초대 총장에 김활란 박사가 취임했다. 1947년 9월에 한림원의 문과를 인문학부로, 가사과를 가정학부로, 교육과를 교육학부로, 체육과를 체육학부로 승격하고, 인문학부에 국어국문학과·영어영문학과·기독교사회사업과, 가정학부에 가정학과·영양학과·의류학과, 교육학부에 교육학과·아동학과, 체육부에 체육학과 개설하고, 예림원의 음악과를 음악학부로, 미술과를 미술학부로 승격하여 음악학부에 피아노과·성악과·현악과·작곡과, 미술학부에 동양화과·서양화과·자수과·도안과의 전공학과 개설하고, 행림원의 의학과를 의학부로, 약학과를 약학부로 승격하고, 의학부에 본과, 예과, 약학부에 약학과의 전공학과를 개설했다. http://www.ewha.ac.kr/ewha/intro/history01-4.do 1945년 4월에 경성여자전문학교로 이름이 바뀌고, 해방 후 1945년 10월에 향림원, 예림원, 행림원의 체계에서 1946년 8월에 이화여자대학교로 바뀐 지 1년 후에 학과가 크게 늘었다. 이 시기에 종합대학교로 발전을 시도한 것이다.

사회사업에 입문했다가 1950년에 한국사변이 났잖아요.

여러 고초 끝에 부산에 가서 일단 정착하게 되었는데 거기 가서 어떻게 되었냐 하면 내가 취직해서 벌어먹어야 되겠는데, 마치 사변 전에 잠깐 보건사회부에서 실습을 한 적이 있었는데 그 여름에 처음으로 타이프라이터를 배웠어요. 실습하는 과정에서 뭘 도와주기 위해서.

그걸 가지고 미군군사원조처에 취직하고, 몇 달 후에 인정을 받아가지고 국제연합 한국민사원조처라는 데가 있었거든요. 저기 수영에 헤드쿼터를 가지고 있어요. 국제연합 기구에 내가 행정보좌관으로 갔어요. 그것이 어떻게 보면 내가 국제연합하고 인연을 맺은 처음이라고 볼 수 있어요.

(1세대 탐방 박보희 선배님, 2006년 7월 25일)

초창기 중앙신학교는 김덕준 교수가 전임으로 일하고, 서울대학교는 하상락 교수가 전임교수로 일하며 다수 강좌를 강사에게 의뢰하였다. 1954년에 중앙신학교 사회사업학과에 입학하고(2회 입학생), 이후 강남대학교 사회복지학과에서 근무한 김만두 교수는 김덕준 목사가 학과장을 하고 보건복지부(당시엔 보건사회부)의 관료들, 미국에서 공부한 김학묵 선생 등이 강의했다고 증언했다. 중앙신학교에서 함석헌 선생, 김흥국 교수 등이 강의하였고, 미국 유학을 다녀온 김학묵, 하상락, 백근칠 선생은 여러 대학교의 단골 교수진이었다.

교수들은 짱짱했어요. 굉장했습니다. 김덕준 목사님이 학과장이시고 2학년 때는 함석헌 선생이랑, 굉장한 사람들이에요. 다 역사책에 있는 사람들이고, 그리고 김흥국 교수가 우리 학교 철학과 교수였고 사회사업학과에는 심리학 박사가 와 있었고 강사들이 많았죠. 오재경 박사, 보건복지부의 관료들. 나중에 미국에 가서 공부를 하고 오신 김학묵 선생, 하상락 선생, 백근칠 선생. 오재경 선생님은 영국에서 사회복지를 배워서 금방 들어온 분이었죠.[25] 하여튼 그런 분들이 와서 강연조로 일주일에 한 번씩 와서 강연을 하는 거죠. 그렇게 되니까 사회복지에 대한 정체성이다 뭐다, 뭐 다 모르는 거죠. 그냥 전통적인 구호활동이고 구호물자가 판을 치는 이런 시기였어요.

(임상사회복지실천연구회, 2014: 13~14)

김학묵은 주로 지역사회조직과 지역개발을 강의하였다. 서울대학교 사회사업학과를 졸업하고, 후에 서울여자대학교 사회복지학과에서 가르친 조휘일 교수는 미네소타대학교에서 유학하고 돌아온 김학묵, 하상락, 백근칠은 자신의 전공과목을 중심으로 강의했다고 증언했다. 당시에는 교과목이 7과목이었는데, "하상락 교수님이 케이스워크, 백근칠 교수님의 그룹워크, 김학묵 교수님의 지역사회조직과 지역개발"을 강의했다. 인간행동과 사회환경은 심리학과 교수, 사회조사론은 사회학과 교수가 강의하는 등 인접 학과 교수진이 강의하였다.

학부시절인데, 공부는 잘 못했죠. 그런데 소셜워크 마인드를 키웠다고 볼 수 있지요. 즉, 우리가 결론 낸 것은 4년 동안 소셜워크 마인드를 키웠다고

---

[25] 오재경을 일제 강점기에 일본 릿교대학 경제과를 졸업하고, 자유당 정부 시절인 1956년 37세의 나이에 공보실장에 임명됐고, 1961~1962년에 문화공보부 장관을 역임했다. 그는 문학에도 일가견이 있어 1977년 계명대학교에서 명예문학박사학위를 취득하기도 했지만, 영국에 유학 갔다는 기록은 없다. 영국에서 연수를 한 김학묵 박사와 혼동한 것으로 보인다(이용교 의견).
https://ko.wikipedia.org/wiki/%EC%98%A4%EC%9E%AC%EA%B2%BD

합의했죠. 우리 하 선생님이 미국에서 가져온 노트를 가지고 주로 가르치셨는데, 하여튼 노트필기를 잘하셔서 꼼꼼하게 가르쳐 주셨죠. 제가 볼 때는, 그때 교과목은 7과목이 주였어요. 하상락 교수님이 케이스워크, 백근칠 교수님의 그룹워크, 김학묵 교수님의 지역사회조직과 지역개발, 인간행동과 사회환경은 인간의 행동이해 또는 인간의 성장과 발달로, 명칭은 조금 변했지만, 그리고 사회복지정책 과목으로는 공공부조 이론들을 많이 가르쳤죠. 그리고 조사 과목은 이만갑 교수가 사회조사를 가르쳤어요. 그리고 우리 하 선생님이 실습을 상당히 강조하셨어요. "실습해라, 실습해라."

(임상사회복지실천연구회, 2014: 295~296)

이러한 현상은 다른 대학교도 유사했다. 이화여자대학교 기독교사회사업과는 기독교학을 전공한 교수진이 중심이었고, 중앙신학교도 신학과 교수진이 폭넓게 강의하였다. 이혜경·남찬섭 교수(2005)가 쓴 '한국 사회복지학의 고등교육 50년-사회복지의 제도화와 고등교육의 대중화를 배경으로'를 보면, 1940년대와 1950년대 이화여자대학교 기독교사회사업과 혹은 사회사업학과의 교육과정은 기독교 교과목이 많았고, 시간이 지나면서 사회사업학 강좌가 늘어났다.

1955년 이화여자대학교가 펴낸 대학안내를 보면, "성경을 배우고 기독교 정신으로 움직이는 사회사업가로서 사회사업지식을 가지고 사회적 책임을 느끼는 기독교 교육 지도자를 양성함이 본과의 특징이다."라고 쓰고 있다(이화여자대학교, 1955: 27). 실천학문으로서의 사회사업학을 강조하기보다 인격형성 과정으로서의 대학교육에 방점이 실려 있다고 볼 수 있다.

1948년 이화여자대학교 기독교사회사업학과(필자 주: 기독교사회사업과)의 교과과정을 보면, 전공교과목은 대부분이 기독교과목이었고 사회사업과목은 case work, group work, 아동심리, 청년심리, 사회문제 등으로 극히 제한되어 있었다.

그러다가 1955년이 되면 사회사업 전공교과목이 훨씬 다양해져서, 사회사업개론, 사회문제, 아동복지, case work, group work, community organization, 사회조사, 사회통계, 사회입법, 사회보장, 사회정책, 시설운영론, 실습 등이 전공교과목으로 설정되어 있었다(이화여자대학교, 1962).

그러나 학과 교수 8명 중 1명만이 사회사업전공이고 나머지 7명은 기독교전공이었고 사회사업과목들은 주로 강사에 의존하였다.

(case work과 group work은 외국인 강사).

1955년에 이화여자대학교 사회사업학과 교육과정의 개편은 박보희 교수가 주도했다고 증언했다. 그녀는 모교 교수들의 추천으로 캐나다유니테리안선교부에서 장학금을 받고 캐나다에서 3년 공부하여 석사학위를 취득하고 모교에서 전문 사회사업학과를 만들었다. 그전까지는 사회사업과라고는 있었지만, 그냥 종교 계통 교수와 선교사들이 가르쳤다. 사회사업 과목은 사회사업시설을 견학하고, 가끔 실습하던 것을 사회사업 전공과목으로 구조화하고 실습제도를 체계화시켰다고 한다.

그것을 완전히 내가 바꿔놨죠. 과목도 완전히 사회사업 전공과목으로 구조를 했고, 실습제도를 처음으로 만들어서 그때 있던 국내 여러 사회사업시설, 사회복지관, 병원 등… 캐나다유니테리안봉사회 등에서 실습을 했고, 나중에는 KDI로까지 실습을 넓히기도 했지만, 그 제도를 내가 처음으로 이화대학에서 시작을 했어요.

그러는 과정에서 하상락 선생님, 김학묵 씨라든지 보건사회부에 있었거든요. 그때 우리 바깥양반이 거기 국장으로 계시면서 그분들을 미국 중부에 있는 미국 Minnesota University 사회사업대학에 보내서 백근칠 씨하고 세 분을 보내서 서울대학교에 사회복지학과가 생긴 거죠.

초창기에 문제라는 것은 사회사업에 대한 인식이 자선사업과 동일시되어 있었어요. 그래서 재래적인 시설 위주의 여성이건, 아동이건, 노인이건 그러한 접근밖에 모르고, 자선사업을 한다는 것은 어떤 독지가가 하는 상태였어요.

그런데 한국 사변 당시에 하도 사회요구라는 것이 커지면서 정부가 적극적으로 개입했어요. 그래도 사실 정부의 능력은 자체적으로 없었어요. 외원에 의지하여 돌보고 구호하는 구호사업이 중심이었고, 그때 중요한 역할을 한 것이 외국민간원조단체(KAVA)가 아주 중요한 역할을 했었어요. 아마 그 사람들 없었으면 우리나라의 심각한 모자, 노인, 기아 문제가 해결이 안 되었을 거예요.

중앙신학교 사회사업학과의 초대 학과장인 김덕준 교수는 '기독교 목사'였기에 활동의 폭이 넓었다. 이후 김덕준 교수는 원주대학(현 상지대학교) 사회사업학과 교수를 역임하였고, 이화여대, 연세대, 서울대, 숭실대, 국립사회사업지도자훈련소 강사를 역임하였다. 1970년에는 중앙대학교 사회사업학과 교수 및 사회개발대학원 강사를 역임하였다(최원규, 2007: 39).

특정 교수가 여러 대학교를 다니면서 강의할 수 있었던 것은 교수진이 부족했기에 '품앗이'로 강의했기 때문이었다. 당시 대학교의 재정 상황이 여의치 않았기에 전임교수는 적었고, 다른 대학교의 전임교수를 강사로 위촉하거나 보건사회부, 사회복지시설·기관·단체에서 경력이 되는 사람이 강의하였다.

국립사회사업지도자훈련원(소)에서 1962년 4월 중순부터 훈련을 받고 1963년 2월 1일에 수료한 상록보육원의 부청하 회장(전, 홀트아동복지회 회장, 한국사회복지사협회 회장을 역임)은 2018년 필자와 인터뷰[26]에서 당시 교수진으로 이화여대 지윤 교수, 이명흥 교수, 중앙신학교 김덕준 교수 등을 거명하였다.

질문 : 국립사회사업지도자훈련원에서 교수님들의 강의는 어떠했나요?

답변 : 이화여대 지윤 교수, 이명흥 교수, 중앙신학교 김덕준 교수 등이 강의했어요. 케이스워크, 그룹워크, 시오 등이 신기하더군요. 나에게 지도자 성격이 있는데 딱 맞는 것 같아요. 윤금두 교수 누나가 "사회사업학은 새로운 학문이다. 네가 이것을 하면 틀림없이 성공한다."고 말했어요. 윤금두 교수는 지금 미국에 있는데, 당시 국민은행 미아리지점에 나를 위해 등록금을 저축해 주었어요. "너는 아무 소리 말고 일 열심히 하고 대학교 입학을 준비하라."고 했어요. 또한, (은평천사원) 조규환 씨에게 이 친구를 잘 도와달라고 힌트를 주었어요.

---

[26] 2018년 1월 25일에 상록보육원에서 이용교 교수가 부청하 회장을 인터뷰하고, 복지영상 이성종 대표가 영상을 촬영하였다.

전쟁 직후 어수선한 상황에서 사회사업학 교육은 교재도 없이 강연식으로 이루어지는 경우가 많았다. 김만두 교수는 중앙신학교[27]가 종로 3가에 있고, 주변에 시장이 있어서 소음 속에서 교과서나 참고서도 없이, "선생님이 불러 주는 거 노트하는 것이 공부였어요."라고 증언했다. 교수진 중에는 미국, 일본, 영국에서 유학한 사람도 있었기에 외국의 사회사업 이론과 실제를 배우고, 강연조 강의를 들으면서 사회사업가의 마인드를 익혔다고 말했다.

중앙신학교가 어디에 있는가 하면, 종로 3가하고 4가 사이에 있어요. 학교에 가봤더니 큰 절간이에요. 학교에 절이 있어요. 저는 기독교인데, 나중에 그것까지 얘기하면 오늘밤을 새야 해요. 거기에서 시험을 보고 고향으로 와서 기다리고 있는데, 합격이 됐다고 통보가 왔어요. 그래서 이제 그 인연이 시작됐는데, 당시에는 가보니 무슨 책이 있습니까, 교과서가 있습니까? 그때

---

[27] 해방 후 공산주의를 피해 월남한 이호빈 목사가 중심이 되어 1946년 8월 1일에 서울 종로 기독교청년회관 4층에서 중앙신학원을 창립했다. 초대 원장 변성옥 목사(YMCA 총무), 부원장 이호빈 목사, 전영택 목사(소설가) 변종호 목사(YMCA 종교부 간사), 이호운 목사가 교수로 활동했다. 중앙신학원을 설립한 후 1948년에 서울연합교회를 설립했다. 이호빈 목사는 일제 강점기부터 있었던(이기붕 집사가 창립 교인) 흑석동의 명수대 예배당에서 해방 후 담임 목사로 사역하였다. 1950년 12월 흥남 원산 철수작전 때 배를 타고 월남한 북한 교회 교역자들이 많았다. '해방 이후 예수교회 이야기' http://jesuschurchnews.tistory.com/255
1946년에 설립된 중앙신학원은 1948년 8월 12일에 문교부로부터 4년제 신학교인 중앙신학교로 인가를 받고, 1953년 6월에 우리나라 최초로 '사회사업학과'를 개설하였다. 1976년 5월에 강남사회복지학교로 이름이 바뀌고, 1989년 10월에 강남대학, 1992년 4월에 종합대학교 개편인가를 받았다.
https://web.kangnam.ac.kr/menu/95ab57ae199df28a4812e34d2267ae25.do
박형순 목사의 '우원과 강남대학교' file:///C:/Users/us/Downloads/2018%ED%95%99%EB%85%84%EB%8F%84%20%EC%B0%BD%ED%95%99%EC%A0%95%EC%8B%A0%20%EC%95%84%EC%B9%B4%EB%8D%B0%EB%AF%B8%20%ED%8A%B9%EA%B0%95%EC%9-E%90%EB%A3%8C%20(2).pdf

학교 공부는 완전히 선생님이 불러 주는 거 노트하는 것이 공부였어요. 책도 없고 참고서도 하나도 없고, 그리고 종로3가 학교 앞에는 청계천 3가, 4가고 전부 청계천 밑으로 해서 그 앞에 시장이 골목이고, 식당이 쫙 있어요. 그래서 나가기만 하면 식당이고 확성기에 노랫가락이 들리고 그런 장소예요, 종로3가가. 그리고 공부라는 게 뭐 별로, 그렇게 심각하게 되지 않았어요.

(임상사회복지실천연구회, 2014: 13)

사회사업학 교육은 미국이나 일본 등 다른 나라에서 만들어진 이론을 배웠지만, 교수들은 학생들에게 봉사활동이나 실습을 강조했고, 학생들은 실천을 통해 소셜워커 마인드를 익혔다. 교수진은 대학생들에게 실습 기회를 넓히기 위해 보건사회부의 프로젝트를 따오기도 했다. 서울대학교 사회사업학과를 졸업한 조휘일 교수는 '서울시 부랑아실태 표본조사'를 통해 서울역 주변의 도동과 양동의 윤락가를 방학 한 달 동안 조사한 경험을 증언하였다.

제 기억은 2학년 때 보건사회부 프로젝트를 하나 따오셨어요. '서울시 부랑아실태 표본조사'라고 나중에 보고서가 나왔지만, 전교 우리 사회사업학과 9명하고, 중앙신학교 1명이 끼어서 10명이 한 팀을 만들어 한 달 동안 방학 때, 서울 시내 각 가두에 배치되어서 조사를 했어요. 그래서 전 서울역에 배정을 받아서 거기에 무작정 상경하는 청소년들, 그 아이들을 만나서 일하다가 거기서 매도 맞고 그랬어요. 깡패들한테. 그리고 거기서 윤락 여성되는 것을 방지하려고 당시 윤락가로 유명하던 도동과 양동에 들어가서 윤락여성들을 만나서 인터뷰도 하고 그랬어요. 그래서 경찰관들하고 같이 일하기도 하면서 제가 볼 때는 조사보고서도 단순하게 빈도만 나왔는데, 그때 우리 전체 학생들이 사회사업, 소셜워크에 대한, 무척 감명을 받았다고요.

(임상사회복지실천연구회, 2014: 295~296)

1959년에 서울대학교 사회사업학과에 입학(제1회)한 전봉윤 관장은 인터뷰에서 10명을 뽑는데 120여 명이 응시하여 경쟁률이 12:1이었다고 증언했다. 사회사업학과가 어떤 학과인지조차 정체성이 형성되지 않은 시기이었지만, 학생들은 그만큼 관심이 많았다는 것을 보여준다. 그 이유는 졸업생은 외원기관에 취업할 수 있고, 보수가 대기업 직원보다 좋았기 때문이었다. 전봉윤 관장은 4학년 1학기 때 세브란스재활병원 amputee center에서 수족절단자에게 서비스하는 실습을 계기로 직원으로 채용되었다고 증언했다. 당시엔 실습생이 실습을 마치고 직원이 되는 경우가 많았다.

제가 서울대학교 사회사업학과에 들어갈 때 12:1이었어요. 게다가 10명을 뽑았어요. 졸업 후 외원기관에서 사회생활을 시작했는데, 제가 지금까지 장애인복지 쪽에 근무를 하게 되었어요.
우리 보통 실습을 나갈 때, 3학년부터 나가지 않습니까? 몇 군데 나가봤는데, 그때 양친회, 무슨 기독세계아동복리회 이랬는데, 그 실습기관에 가서 보니까, 좀 심하게 말하면 돈을 전달하고 물건을 전달하는 일을 하더라고요. 또 그때 상황이 그게 굉장히 중요한 문제이기는 했지만, 근데 배우기는 그때 뭐 전문가랍시고 뭘 배웠는데 하는 짓 보니까 영 아니더라고요.
실습을 다니면서 제가 어떤 기관을 택할까를 생각하다가, 4학년 1학기 때 지금의 세브란스재활병원을 택했어요. 거기가 amputee center 라고 그랬는데, 팔다리가 절단된 사람들을 서비스하는 그런 프로그램을 하는 곳인데 거기 실습을 나갔어요. 거기는 그때부터 이미 의사, 물론 의사도 지금처럼 재활의학과가 아니고 정형외과에서 다 했어요. 의사, 작업치료사, 물리치료사, 사회복지사 등 이렇게 팀이 제대로 짜여서 하더라고요. 그래서 '아, 여기가 괜찮은 것 같다' 생각을 했는데, 실습을 마치고, 마지막 한 학기가 남았으니까 이제 학교로 갈 건데, 그 실습 마지막 날에 원장이 외국 분인데, 전 이제 실습이 끝나서 내일부터는 안 나온다고 그랬더니, 또 나오라고 그래요. "나, 실습 끝났다."고 그랬더니, "아니, 나와서 직원으로 근무하면 될 거 아니냐?"고 그래요. 한 학기 남아서 아직 다 안 끝났다고 그랬더니, 일주일에 며칠이나 나가느냐고 그래요. 아마 한 번, 두 번은 나가야 할 거라도 그랬더니, 내보내 줄 테니까 그냥 와서 근무하라고 했어요. 그래서 4학년 2학기 때 직원이 된 거예요.

(임상사회복지실천연구회, 2014: 210~211)

대학교 간 학생들의 연합활동도 활발했다. 사회사업학과도 많지 않았기에 같은 전공을 공부한다는 동질감이 있고, 학교가 가까운 위치에 있었으며, 특정 교수가 여러 학교에서 강의하였기에 연합 봉사활동을 하고, 바자회, 연합체육대회를 하기도 했다.

이화여자대학교 사회사업학과를 졸업한 최재명 이사장(경산복지재단, 사랑밭재활원)은 이화여자대학교 사회사업학과 학생과 중앙신학교 사회사업학과 학생들이 참여하는 '트라이에스'는 고아원에서 봉사활동을 하고 함께 공부하기도 했다고 증언했다. 또한, 이화여자대학교와 서울대학교 학생들은 '손길모임'을 통해 영어 공부도 하고 여행도 함께 갔다고 했다. 최 이사장은 손길모임을 지속시키기 위해 하상락 교수가 무척 애썼다고 증언했다.

> 우리 대학 때는 중앙신학교에 '트라이에스'라는 그룹이 있었어요. 이화여대하고 중앙신학교하고. 그래서 고아원에 자원봉사도 하고 스터디도 했었고. 손길모임이라고, 하상락 교수님이 손길모임을 만들어서 그때 서울대학교 사회사업학과와 저와 같은 동기들이 함께 여행도 가는 등 많이 놀기도 하고 영어 공부도 하고 스터디도 하고. 그걸 꽤 끌어 나가시려고 하상락 교수님이 무척 애를 쓰셨어요.
>
> (임상사회복지실천연구회, 2014 : 358)

중앙대학교 사회사업학과를 다닌 부청하 회장은 '촛불회'를 조직하여 책을 모아서 농촌에 보냈고, 창경원에서 '미아 찾아주기 운동'을 한 것이 널리 알려져서 중앙대학교, 이화여자대학교, 중앙신학교 대학생들과 함께 연합봉사활동을 했다고 증언했다. 당시 연합회가 음악회를 주최했는데 "관객보다 참가자가 많다."는 말을 들을 정도로 참가 회원이 많았다고 했다.

질문 : 다른 학교 사회사업학과 등과의 교류는 어떠했습니까?
답변 : 제가 연합회를 만들었어요. (중앙대 문과대학) 학생회장을 나오기 전에 '촛불회(캔들라이트클럽)'라는 이름을 가지고, 사회사업학과니까 창경원에서 미아 찾아주기 운동을 하기로 했어요. 학교 안에서는 책 모아서 농촌에 보내는 운동을 했어요. 이것이 알려져서 이화여자

대학교, 중앙신학교, 중앙대학교 밖에 없을 때(서울대도 있었지만 잘 끼지 않았어요, 몇 명 되지도 않았고.) 연합회를 만들었어요. 어느 강당에서 연합회 음악회를 했는데, 관객보다 참가자가 많다는 말도 들었어요. 당시에는 서울시아동상담소(서울시가 운영할 때, 후에 마리아수녀회에서 운영한 서울소년의집의 전신)에 책을 모아서 주었지요. 초기였지만 선구적·선도적 역할을 하고 개척자로 살았어요.

(질문 이용교, 답변 부청하 회장, 2018년 1월 25일)

당시 '미아 찾아주기 운동'은 제도화되지 않은 사업이었는데, 사회사업학과 대학생들이 '개척자 정신'으로 시도했다. 처음에는 관심 있는 대학생이 미아 찾아주기를 시도하였고, 이후 어린이재단이 조직적으로 수행하였으며, 세월이 지나 국가의 주요 사업으로 제도화되었다. 이처럼 초창기에 사회사업학과 대학생들이 연합활동을 열심히 한 것은 사회사업가로서 정체성을 모색하기 위한 노력이라고 평가할 수 있다.

질문: 사회복지를 공부하시던 시절 보람되었던 점과 아쉬웠던 점에 대해 말씀해 주시기 바랍니다.

답변: 그때는 학교가 몇 군데 안 되니깐, 진짜 개척자의 정신으로 공부했지요. 우리 스스로 찾아야 하니깐. 실습 현장에서 선배 없는 아쉬움이 너무 많았었고, 직장에 들어가서 우리가 후배를 끌어야 한다는 생각이 많았습니다. 우리 집단이 약하기 때문에 우리 스스로 개척해야 한다고 생각했죠. 그래도 저는 사회사업 한 것을 후회하지 않습니다.

(2003년 7월 4일 상록보육원 부청하 원장 인터뷰 기사)

사회사업학과 대학생간 연합활동은 지리적 근접성도 중요했다. 당시 사회사업학과가 있는 대학교는 이화여자대학교, 중앙신학교, 서울대학교, 중앙대학교 등이었는데(후에 숭실대학교, 성심여자대학교[현 가톨릭대학교]가 추가됨), 대부분 서울 중심가에 있었다. 중앙신학교는 종로 3가, 서울대학교는 종로구 연건동(마로니에 공원), 이화여자대학교는 서대문구 대현동, 중앙대학교는 흑석동에 있었다. 당시 대학생들은 전차(서울역에서 동대문까지 왕래)나 시내버스를 타면 쉽게 모일 수 있었다. 김만두 교수는 1950년대 대학생 시절을 다음과 같이 회고했다.

그리고 조금 여러분에게 참고로 이야기하면, 서울이라고 하면 서울역에서 내려 남대문을 거쳐서 을지로 6가까지 그것밖에 없었어요. 그 넘어서는 아주 시골이죠. 그리고 종로에서 동대문까지 거기서 스톱이죠. 그곳을 지나면 전부 다 밭이고 그렇게 되죠. 그래서 서대문, 홍제동을 넘어가면 전부 다 농촌이었고, 그러니까 서울이라고 하는 건 조그맸어요.

(임상사회복지실천연구회, 2014: 14)

사회사업학과 대학생들은 대체로 4학년 1학기에 실습을 마친 시점이나 졸업 전후에 외원기관에 취업하고 은행원보다 월급이 많아 생활수준도 높았다. 전봉윤 관장은 1964년 대학교 4학년 2학기 때 세브란스재활병원에 취업했는데, 초임 월급이 15,000원이었다고 증언했다. 당시 공무원 월급이 5,000원, 월급이 높은 은행원 월급이 12,000원이니 사회사업가의 처우가 높았다. 외원기관은 급여를 미국 달러로 주고, 시간이 지나면 환율이 상승하기에 원화로 계산하면 더 높았다. 이 때문에 외원기관에서 일하는 사회사업가들은 자가용으로 출퇴근하고 지방 출장을 비행기를 타고 다녔다고 증언했다.

> (1964년) 4학년 2학기 때죠. 제가 옛날 자료를 찾아봤어요. 찾아보니까 그때 GNP가 64불로 되어 있더라고요. 그리고 공무원 월급이 월 5,000원, 은행원 월급이 12,000원. 그 당시에는 은행원이 사윗감 1순위였어요. 그런데 그때 사회복지사 월급(초임)이 15,000원이었어요.
>
> 질문 : 그 당시 세브란스가 그랬죠? 다른 데도 그랬어요?
> 답변 : 비슷해요. 왜 그러느냐 하면, 외원기관이기 때문에 달러로 줬거든요. 그러면 달러를 또 바꾸면, 환율이 매달 올라가니까. 그리고 그때는 자가용이 별로 없을 때예요. 그때 차를 타는 사람은 국회의원이거나, 기업체 사장이거나 그랬어요. 근데 소셜워커들이 차를 가지고 다니는 거예요. 외원기관이기 때문에요. 그리고 웃기는 얘기는 홈스터디 하러 제주도나 강릉에 갈 때는 비행기를 타고 갔어요. 그때 일반인들은 비행기를 못 탈 때예요.
>
> (임상사회복지실천연구회, 2014: 212~213)

중앙대학교 사회사업학과 4학년 1학기에 홀트아동복지회에서 실습하고 9월부터 직원으로 일한 부청하 회장도 비슷한 증언을 했다. 외원기관에서 일했기에 경제적으로 여유가 있었고, 기업체에 비교하여 승진도 빨랐다는 것이다. 부청하는 대학교 4학년 때 직원으로 채용되어 2년 정도 혼혈아동을 인테이크 하고, 회장 보좌관, 총무 등을 거쳐 1972년에 홀트 회장이 되었다. 만 29세에 회장은 이례적인 일이었지만, 외원기관들은 한국에서 역동적으로 일할 때이었기에 가능한 일이었다.

질문 : 초창기 사회사업을 하실 당시의 이야기를 해주시기 바랍니다.
답변 : 저는 중앙대학교 사회복지학과(당시 사회사업학과)를 나와 사회사업가로서 홀트아동복지회에 입사했죠. 대학교 4학년 때 실습을 마치고 9월부터 취직이 되었습니다. 저는 주로 혼혈아들, 60년대 초에는 전쟁 후유증으로 인해 미국기지 옆에 혼혈아들이 많았는데 그런 아이들의 인테이크를 한 2년 했습니다. 그러다가 회장 보좌관, 총무 등을 하다 1972년 10월 26일에 한국인으로서는 처음으로 홀트아동복지회 회장이 되었죠.

(2003년 7월 4일 상록보육원 부청하 원장 인터뷰 기사)

4. "최초" 사회사업개론 집필

김학묵은 1955년에 우리나라 최초의 사회사업 교재로 알려진 '사회사업개론'을 한국사회사업연합회에서 출판했다. 일제 강점기에는 경기도 사회과에서 일했고, 미군정기와 정부수립 이후 경기도 사회과장, 1950년에 영국 런던대 등에서 연수했기에 경험을 살려서 이 책을 썼다.

그는 1947년에 이화여자대학교에 기독교사회사업과가 개설되었고, 1953년에 중앙신학교에서 사회사업학과가 개설되었지만 대학생이 읽을 만한 '사회사업개론'이 없었기에 책을 집필하였을 것이다. 당시 한국엔 사회사업학의 전통이 매우 짧았기에 이 책은 창의적인 저술이라기보다는 미국 문헌을 한국어로 소개한 것이었다.

김학묵의 미국 유학 관련 파일을 연구한 공임순(2017: 266~267)은 "1955년에 쓴 사회사업개론은 독자적인 연구서라기보다 세 명의 외국 저자들의 이론을 바탕으로 아직 생소했던 한국의 사회사업학 입문서로 기획되었던 것이다. 초창기 사회사업학의 안내서 역할을 자임한 이 책은 초판보다는 서울대학교의 사회사업학과 신설이 이루어진 1959년에 판매량이 증대하며 재판을 찍게 된다. 1959년 재판 때 그는 초판과는 달리 '사회사업학석사'라는 타이틀로 미네소타대학의 유학 경력을 드러냄으로써 이 책의 전문성을 높이는 판매 전략을 선보인다."고 평가한 바 있다.

한편, 최옥채(2012) 교수는 한국의 1세대 연구자가 저술한 사회복지학 개론서인 3종을 분석하였다. 1955년에 김학묵이 쓴 사회사업개론은 미국 문헌에 의존하였고, 1962년에 노창섭이 쓴 사회사업개론은 미국 문헌 위주로 참고했고, 1970년에 김덕준·김영모·이명흥·지윤·강만춘이 낸 신사회사업개론은 집필자에 따라 미국이나 일본 도서를 인용하였다고 분석했다. 3종 책의 주요 내용은 다음과 같다.

1세대 연구자가 저술한 사회복지학 개론서 분석

	김학묵 사회사업개론	노창섭 사회사업개론	김덕준 외 신사회사업개론
사회사업 개념	사회사업 의의 사회사업 주체·대상	사회사업 개념 사회사업의 주체·객체 타 학문과 관계	사회사업 의의 사회사업 개념

사회사업 역사	자선사업 자선조직화운동 인보운동 공적책임 사회복지에의 발전	구미사회사업 역사 한국 사회사업 역사	한국 사회사업사 구미 사회사업사
사회사업 방법	개별지도사업 집단지도사업 향당지도사업	케이스 워어크 구릎 워어크 콤뮤니티 오오가나이제이숀	개별사회사업 집단사회사업 지역사회조직사업 사회사업행정 사회조사 / 사회행동
사회사업 분야	아동복지사업 가족사회사업 의료사회사업 정신사회사업 학교사회사업 보호관찰사업	가족사회사업 아동복지사업 의료사회사업 정신사회사업 교정사업 학교사회사업	생활보호사업 아동·청소년복지 가정복지 / 노인복지 심신장애자복지 의료사회복지 산업사회사업 교정사업 재해구호사업 기타 사회사업분야
기타 영역	사회사업 행정 특징 사회사업 행정 내용 사회사업 조사/통계 국제사회사업 사회사업가 양성 사회사업 전문직 인간행동 이해	사회사업의 전문직업성 사회사업 철학·목적	전문직으로서의 사회사업

자료: 최옥채(2012: 247)

 이들 저술에서 연구자가 인용한 참고도서 상황을 보면, 김학묵은 전혀 참고문헌을 달지 않았지만 대부분 미국 문헌에 의존했다. 노창섭은 미국 문헌 위주로 참고했고, 김덕준 외 책은 다섯 명이 저술한 터라 각자의 저술 내용에 따라 미국이나 일본 도서를 각기 많고 적게 인용하였다. 한편 일곱 연구자 중 김덕준과 지윤 만이 일본에서 사회사업학부를 졸업했음에도 전체적으로 상당수 일본 도서가 인용된 것은 일제 강점기 이후 일본의 정치사회적 영향이라고 보아야 옳다. 요컨대 초기 사회복지학 개론서는 형식면에서 1955년 처음 개론서가 나온 이후, 두 번째와 세 번째 개론서가 출판된 7년과 8년 간격으로 정치, 경제, 사회, 문화 영향을 받아 한국 사회복지학 형성의 결절점을 이룬 셈이다. 이 같은 형식적 변화는 다음에 볼 사회복지학 내용을 뒷받침하는 용어 면에서도 매우 자연스럽게 적지 않은 변화를 불러왔다.

(최옥채, 2012: 242)

그런데, 곽안련(Charles Allen Clark) 선교사는 김학묵보다 23년 전에 '교회샤회사업'을 한국어로 출간하였기에 김학묵의 사회사업개론은 해방 후 한국인이 쓴 최초 개론서로 수정되어야 한다.

곽안련의 교회샤회사업은 1932년에 출간되었고, 곽안련이 한국에 체재할 때까지 교회목회자들의 연수 시 사회사업교육을 위한 교재로 사용되었다. 1941년 곽안련이 일본총독부의 외국인선교사 강제 퇴출정책에 의해 한국을 떠난 뒤 당시의 상황은 제2차 세계대전으로 인한 태평양 전쟁, 광복, 미군정, 6·25전쟁 등 우리 사회가 매우 혼란스러운 상황에 처하면서 '교회샤회사업'이라는 교재를 기억하는 이들은 아무도 없었다. 해방 후 이화여자대학교와 중앙신학교에서 교회샤회사업이 교재로 활용된 적은 없었던 것으로 알려졌다.

'교회샤회사업'은 Marry Richmond가 1922년 발간한 'What is Social Work'보다 불과 10여년 후에 발간된 것이다. 김범수 교수는 이 책의 상당히 많은 부분은 한국에서 체험하면서 한국사회를 변화시키기 위한 대안들이 논의되고 제시된 점을 높이 평가했다. 이 책은 12개 장으로 구성되어 있다(김범수, 2019: 427-428).

'교회사회사업'의 내용은 제1장 서론, 제2장 민중의 경제생활에 대한 교회의 책임, 제3장 자선사업에 대한 일반적 내용과 그 원리, 제4장 빈민(빈곤에 대한 책임, 상습적 구걸, 빈곤층을 위한 시설), 제5장 고아와 양로, 제6장 환자에 대한 교회의 책임, 제7장 교도소 재소자에 대한 교회의 책임(형벌을 과함에 대한 세 가지 이론, 오늘 범죄인을 대하는 시각), 제8장 공창제 폐지에 대한 교회의 책임(공창의 역사, 공창관리에 대한 세 가지 시각, 공창이 되는 과정), 제9장 금주에 대한 교회의 책임(금주의 역사, 교회에서 금주에 힘써야 하는 이유), 제10장 흡연과 마약에 대한 교회의 책임, 제11장 동물대우에 대한 교회의 책임, 제12장 일반인의 여가에 대한 교회의 책임(공설운동장, 영화와 연극, 공회당과 그 사용)으로 구성되어 있다.(중략)

한편, 김학묵은 1957년 미네소타대학교에서 사회사업학 석사학위를 취득하는 것이 공식 학력인데, "박사"로 불린다. 그 이유는 1961년에 미국 아칸소주 하딩대학교에서 명예법학박사 학위를 취득했기 때문이다. 하딩대학교가 어떤 업적으로 그에게 명예법학박사를 수여하였는지는 잘 알려져 있지 않다.

하딩대학교는 1924년에 Arkansas Christian College와 Harper College의 두 단기 대학이 병합하여 Harding College가 되고, 1979년에 Harding University가 되었다. 설교자, 교사, 기독교 교육자인 James A. Harding

은 초대 총장으로서 기독교 교육에 열정을 쏟았다. 1회 졸업생
S. Benson은 1936년 중국에서 선교 사업을 마치고 돌아와 모교의 회장
직을 맡아 재정적 안정, 국가적 인정 및 학문적 인증을 향한 여정을 시
작했다. 그가 29년간 봉사하고 1965년에 은퇴할 때 규모 있는 캠퍼스,
지역 인증, 강력한 교수진 및 지속적으로 성장하는 학생 단체로 결실을
맺었다. 그해 가을 재학생은 1,478명이었다.

하딩대학교는 성경학교에서 시작되어 단과대학을 거쳐 종합대학교
로 성장하였다. 1961년에는 하딩대학이었고 법학과는 없었는데, 김학묵
이 학부에서 법학을 전공하였기에 명예법학박사를 수여한 것으로 보인
다. 김학묵은 그해 5월에 대한적십자사 사무총장으로 브라질에서 열린
국제지역사회개발회의에 한국대표로 참가하였는데, 미국을 경유할 때
학위를 받았을 것이다. 그는 해방 후 미군정청과 소통하고, 외원기관·
단체들과 협력하면서 하딩대학교와 인연을 맺었을 것이다.

한편, 한국에서 전문 사회사업 중심의 교육과정은 1970년대 말에 사
회복지로 바뀌게 된다. 국사편찬위원회 전자사료관의 '1970년대 사회복
지정책의 수립과 관료학자의 경험'에 따르면, UN에 의해 주창된 사회개
발은 한국 사회에도 확산되었고, 사회보장(제도)심의위원회 등이 만들어
졌다. 한국에서 사회복지의 영역에 대한 종합적인 사회조사는 1970년에
이루어졌다. 기존의 보건사회부의 단순 통계와 달리, 가구구성과 거주
생활, 가정생활의 사회경제적 특성, 아동 및 청소년 복지문제, 결식아동
과 학교 급식제도, 고아, 노인복지문제, 기혼직업여성 복지문제, 심신장
애자 등이 망라되어 있었다. 이를 기초로 기존 구호중심적인 사회사업
과는 차별화된 정책화가 가능해졌다.

사에서 사회복지에 대한 연구는 사회사업학으로 시작된다. 는 미네소타 프로젝트 및 외원단체의 영향으로 인해 공적부조, 사회구제에 초점이 맞추어졌고 현장인력을 키워나가는 것이 중심이었다. 하지만, 미국식 사회사업학과 한국의 사회현실의 괴리로 인해, 이를 점차 사회정책학과 사회보장의 영역으로 변화시켜가려는 움직임이 있었다. 이에 개인의 책임으로 보는 전통적인 시각에 대비하여, 사회정책적인 시각인 사회과학적 시각이 도입되었다. 학과 명칭 및, 사회복지학회와 사회사업학회 등 학회 설립에 대한 갈등은 사회사업과 사회보장을 통합하여 사회복지학과와 학회를 형성해갔다.

5. 활발한 방송활동

김학묵은 방송활동을 활발하게 하였다. 해방 후 미국식 프로그램이 도입되면서 1947년 8월부터 '스무고개'라는 프로그램이 1960년대 초까지 이어 오다가 1960년대와 1970년대 '재치문답'으로 이어졌다. 초기 출연진으로는 보건사회부 차관이며 명예법학박사인 김학묵, 전 아나운서 송진근, 이화여자대학교 교수 조병국, 작가 최요안의 누님 최구 등이 주축이 되었다. 문제안은 담당 프로듀서임과 동시에 출연하는 박사가 되었다. 첫 사회 아나운서는 윤용노였고, 홍양보, 서명석으로 이어졌다. 좁은 스튜디오에서 일제 강점기에 경성회관이라고 불렸던 대한상공회의소로 옮겨 더 많은 방청객과 함께 흥미 있고 활기차게 진행했다. 6·25 때에 부산에서 간단하게 진행되었던 스무고개는 1955년부터 다시 시작되었다. 이때의 스무고개 박사에는 문제안, 한국남, 엄익채, 안의

섭, 신태민, 최요안, 김형근, 그리고 여류박사로는 이경희, 윤길숙, 김복경 등이 오랫동안 맡았다.

1953년 김학묵, 문제안, 이덕근이 출연하던 6·25 후의 초창기, 스무고개에 출연할 마땅한 여성 박사를 찾을 수가 없어 어려움을 겪던 프로듀서 문시형이 학생의 날, 계기성 프로그램에 출연한 학생 중에서 재치와 아름다운 음성을 겸비한 서울대학교 이경희를 발견하고는 고정 패널 박사 자리에 앉히는 과감한 결단을 내렸다. 20세의 젊은 학생이 박사석에 앉아서 저명인사들과 겨룰 수 있을 것인가, 의구심이 있었지만 그녀는 날이 갈수록 척척박사가 되고 방청석에서는 물론 청취자들에게도 큰 인기를 모아갔다.

김학묵은 젊은 시절에 일제가 1926년 11월 경성(서울) 정동에 설립한 경성방송국[28]에 아나운서로 몸을 담았으나, 금방 그만둔 경력이 있다. 음악 프로그램 진행 중 창(唱)을 부르러 나온 기생을 소개하면서 '여사'라는 호칭을 썼다는 이유로 논란이 일자 "사람 차별하는 곳에서는 일할 수 없다."며 사표를 썼다는 일화가 전해진다. 김학묵은 좌중을 휘어잡는 재담이 있는데, 내림인지 장남 김재형 PD는 '용의 눈물', '여인천하' 등

---

[28] 경성방송국(JODK)은 조선총독부가 1926년에 개국하였다. 초기 방송은 주로 일본어 방송인 경제시황 보도와 우리 말 방송의 물가시세·일기예보·공지사항 등이었다. 이후 일본어로 진행되는 제1방송은 주로 동경방송의 중계가 위주였으며, 우리 말로 진행된 제2방송은 국악과 방송극을 중심으로 한 연예오락과 우리 말 강좌를 비롯한 교양교육, 스포츠중계를 비롯한 각종 보도내용 등으로 편성되었으나, 모든 내용은 조선총독부의 엄격한 통제 하에 그들의 정신 및 문화적 침투목적에 부합되도록 강요되었다. 특히, 1939년의 중일전쟁, 1941년의 태평양전쟁이 발발하면서 방송은 전쟁수단을 위한 도구로 철저히 통제 당하였다. 광복 이후, 1945년 9월 15일 미군에 의해 접수되어, 미군정청 공보부의 방송국으로 바뀌었다. 이후 경성중앙방송국은 서울중앙방송국으로 개칭되었으며, 공영방송 KBS의 모체가 되었다.
https://encykorea.aks.ac.kr/Article/E0002558

을 감독하였고, 차남 재휘는 충청일보 사장을 역임했으며, 사남 재연도 'TV는 사랑을 싣고', '체험 삶의 현장' 등을 연출한 PD이다.

4남 재연에 따르면, 김학묵은 일제 강점기에 '경성방송'의 초대 아나운서로 일했다. 그는 휘문고등학교에 다닐 때 문학에 관심이 많아 문학서클 반장을 하였고 웅변을 잘했는데, 보성전문을 졸업하고 경성방송 아나운서로 취직했다. 아버지로부터 "당시 국장이 문인출신이고, 양심이 바르고 훌륭한 분이었다."는 말씀을 들은 적이 있었다고 증언했다. 그런데, 판소리하는 명창을 소개하는데, "'○○○여사께서'라고 소개했다."고 장안의 청취자로부터 비판받았다. 당시 판소리하는 사람들은 기생 출신이 많은데, 하대하는 문화가 있었을 때였다. 논란이 되자, "폐결핵에 걸렸다."는 핑계로 그만두었다고 한다.

한편, 재연은 필자와 인터뷰에서 "아버지가 경성방송 아나운서로 취업한 것에 대해 할아버지는 어떻게 생각하셨을까요?"라고 물었다. "독립운동을 하셨고, 독립자금을 지원했던 할아버지는 경성방송에 아나운서로 취직한 것을 허락했을 것입니다. 경성방송은 식민지 지배를 위한 문화활동이라는 것을 알았을 터인데 왜 허락했을까 저도 궁금합니다. 그때는 신사참배를 강요하는 시기였고, 기독교 목사도 다수는 신사참배를 할 때였습니다. 독립운동을 하지 않는 한, 경성방송 아나운서 등 일을 해야 하지 않았겠습니까?"라고 반문했다.

제4장

대한적십자사 재직 시기 활동

김학묵은 보건사회부 차관을 마친 후 1960년 10월에 대한적십자사 사무총장이 되었다. 12년 동안 사무총장으로 일하였고, 1972년 10월에 짧은 기간 부총재를 한 후 물러났다. 1961년 5월에 브라질에서 열린 국제지역사회개발회의의 한국대표로 참가할 때 5·16이 있었지만, 박정희 정부 때도 계속 근무했다. 1971년과 1972년 남북 적십자 회담 때는 회담의 실무를 총괄했다. 이 시기에 한국청소년단체협의회(청협) 회장을 하였고, 서울 시내 여러 대학교에서 사회사업행정을 강의하였다.

1. 대한적십자사의 최장수 사무총장

대한적십자사는 1905년에 대한제국 고종황제에 의해 창립된 대한제국시기 대한적십자사(1905~1909), 임시정부시기 대한적십자회(1919~1945), 광복 후 조선적십자사(1947~1948), 대한민국 대한적십자사(1949~현재)로 이어지고 있다.

대한적십자사는 홈페이지에서 각 시기별 특징을 다음과 같이 밝혔다. 대한제국시기에 "자주국가로서 주권을 지키기 위해 탄생한 대한적십자사"다. 고통 받는 상병자를 구호하고 대외적으로 대한제국이 독립된 주권 국가임을 알리기 위해 1905년 10월 27일, 고종황제 칙령(제47호)에 의해 설립되었다.

"대한민국임시정부에서 대한적십자회로 부활"했다. 1905년 11월 을사조약 이후 일본에 의해 폐사된 대한적십자사는 1919년 상해 임시정부 하에서 대한적십자회로 부활, 독립운동자금을 조달하는 등 독립군 활동을 지원하고 동포들을 구제했다.

해방과 대한민국 정부수립 이후에는 "인도주의를 향한 끝없는 열망"을 구현하고 있다. 1950년 6·25 전쟁 당시, 수백만 명에 이르는 피난민을 구호하며 전쟁의 상처를 보듬고, 1960년 4·19 혁명과 1980년 5·18 민주화운동 시기에는 헌혈로 생명 나눔을 실천했다. 이후 성수대교 붕괴(1994년), 삼풍백화점 붕괴(1995년) 현장에 구호요원 및 봉사원을 파견, 긴급구호활동을 펼쳤으며, 포항 지진(2017년)과 강원도 산불 피해(2019년), 코로나19 대응(2020년) 현장에서 국민의 생명과 안전을 지키기 위해 최선을 다하고 있다.

대한민국 대한적십자사는 초대 양주삼 총재부터, 2대 윤보선, 3대 구영숙, 4~6대 손창환, 7~10대 최두선, 11대 김용우 등을 거쳐 30대 신희영 총재까지 이어지고 있다.

대한민국 대한적십자사 총재(1949~1975)

초대	양주삼(梁柱三)	1949.10.27. ~ 1950.06.30.
2대	윤보선(尹潽善)	1950.11.20. ~ 1952.09.01.
3대	구영숙(具永淑)	1952.09.02. ~ 1954.02.25.
4~6대	손창환(孫昌煥)	1954.04.19. ~ 1960.06.07.
7~10대	최두선(崔斗善)	1960.08.05. ~ 1972.08.07.
11대	김용우(金用雨)	1972.08.08. ~ 1975.07.25.

대한적십자사 사무총장은 1949년 10월에 임명된 초대 손금성부터 2023년 이상천까지 26대이고, 평균 재직기간은 2.8년이었지만 김학묵은 1960년 10월부터 1972년 10월까지 12년간 최장수 사무총장이었다.

대한적십자사 사무총장((1949~1982)

초대	손금성(孫金聲)	1949.10. ~ 1950. 03.
2대	김춘기(金春基)	1950.03. ~ 1950. 06.
3대	최두선(崔斗善)	1950.07. ~ 1950. 09.
4대	이영준(李榮俊)	1950.10. ~ 1952. 08.
5대	현정주(玄正柱)	1952.09. ~ 1954. 03.
6대	송봉해(宋鳳海)	1954.03. ~ 1954. 04.
7대	김신실(金信實)	1954.04. ~ 1960. 10.
8대	김학묵(金學默)	1960.10. ~ 1972. 10.
9대	서영훈(徐英勳)	1972.11. 01.~1982. 04. 03.

역대 사무총장 중 3대 최두선은 1950년 7월부터 9월까지 짧게 근무했지만, 1960년 8월 8일에 대한적십자사 7대 총재로 취임하여 10대까지 12년간 최장수 회장으로 일하였다. 그는 1894년 한성부에서 태어났고, 최남선의 동생이다. 휘문의숙, 와세다대학교 철학과를 졸업한 후 1918년 김성수가 운영하던 중앙학교의 학감으로 초빙되었고 다음해 학교장을 맡았다. 광복 후 경성방직주식회사 사장, 동아일보사 사장에 선임되었다. 1946년에는 김구, 김성수, 조소앙 등의 신탁통치 반대 운동에 동참하였다. 1948년 3월 미군정청 군정장관 딘 소장으로부터 제헌 국회의원 선거를 관리하기 위한 중앙선거위원회 위원에 임명되었다. 박정희 정부의 국무총리에 임명(1963.12.17.~1964.5.9.)되었지만, 야당의 한일기본조약 반대로 사퇴하였다. 1960년 8월부터 대한적십자사 총재가 되었고 1970년에 남북 적십자 회담을 제안하였다.

4대 이영준은 한국인 최초로 도쿄제국대학에서 의학박사 학위를 취득하고, 세브란스의학전문학교 교수를 하다 오긍선에 이어 교장이 되었다. 1948년에 한국국민당 후보로 동대문구에서 제헌 국회의원이 되고, 제2대 국회의원에 낙선하여 1950년 10월부터 1952년 8월까지 대한적십자사 사무총장으로 일했다. 1958년에 민주당으로 제4대, 1960년에 제5대 민의원에 당선되고, 국회부의장(1960.8.8.~1961.5.16.)을 지냈다. 군정이 끝나 1963년에 민정당으로 제6대 국회의원이 되었다.

5대 현정주는 중국 호강대학 정치외교학과에 다닐 때부터 육상과 축구 선수생활을 하였다. 1945년에는 상해 축구협회 부회장, 한국교민협회장을 역임했다. 1952년 9월부터 1954년 3월까지 대한적십자사 사무총장, 1955년에 대한축구협회 회장을 지냈다. 1963년에 민주공화당 창당 발기인, 1965년에 유엔총회에 한국 대표로 참여했으며, 1966년에 대한올림픽위원회 상임위원에 취임했다. 1967년 제7대 국회의원 선거에 전국구로 출마하였고, 1968년에 국회의원직을 승계하였다.

7대 김신실 사무총장은 이승만의 추천으로 미국 오벌린대학교에 진학하여 졸업하였다. 김동환은 월간 '삼천리'(1932년 3월)에 김신실을 박인덕, 김필례, 유각경, 신의경, 홍애시덕과 함께 기독교계 여성 지도자로 손꼽았다. 해방 후 이화여대 교수, 1954년 4월부터 1960년 10월까지 적십자사 사무총장을 지냈다. 1957년 10월에 김신실은 이범석과 함께 인도 뉴델리에서 열린 '적십자 국제회의'에 대표로 참가하였는데, 이는 1955년에 대한적십자사가 국제적십자위원회(ICRC)의 인준을 받은 후 첫 참가였다. 1968년 9월 10일에 대한YWCA연합회 김신실 회장은 명동에 목조건물을 헐고 지하 1층 지상 4층의 회관을 신축 개관했다.

9대 서영훈은 1923년 평남 덕천에서 태어나 소학교를 중퇴하였지만 폭넓은 독서로 식견을 넓혔다. 광복 이후 서울에 와 조선민족청년단에 가입해 김구 등과 인연을 맺었고, 장준하와는 '사상'을 함께 발행하였다. 1953년 대한적십자사 청소년국장으로 부임하여 청소년 조직 만들기에 힘쓰며 중·고교생들의 해외 방문을 지원했다. 사무총장이던 1972년엔 남북대화의 물꼬를 튼 1차 남북 적십자 회담 등에 남쪽 대표로 나갔다. 1996년에는 대북지원 민간단체인 우리민족서로돕기운동 상임대표를 맡았다. 2000년에 16대 전국구 의원에 당선된 뒤 새천년민주당의 대표 최고위원을 맡았다. 2000년 12월부터 적십자사 총재로 '남북 이산가족 상봉'을 성공적으로 이끌었다.

대한적십자사 사무총장은 전직 국회의원, 보건사회부 차관, 대학교수 등이 많았고, 최두선, 서영훈 등은 이후 총재가 되었다. 김신실은 일제강점기에 이승만의 추천으로 오벌린대학교를 졸업하였고, 최두선은 적십자사 총재일 때 박정희 정부의 국무총리로 발탁된 것으로 보아 사무총장과 총재는 최고 권력자의 신뢰를 받은 사람들이다. 대한적십자사는 정부의 힘이 미치지 못한 구호활동을 하고, 정부가 전면에 나서기 곤란한 일을 처리했기에 최고 권력자와의 신뢰관계는 매우 중요했을 것이다.

김학묵이 12년간 최장수 총장으로 일한 것은 최두선 총재가 12년간 재직한 것과 관계가 깊다. 최두선은 1963년 박정희 정부에서 국무총리로 발탁되었지만, 야당의 한일기본조약 반대로 144일 만에 그만두었다. 그는 박정희 대통령의 신임을 받았고 12년간 최장수 총재로 재임하면서 김학묵 사무총장을 국제적십자 활동에 한국 대표로 보내는 등 힘을 실어주었다. 최두선은 김학묵의 휘문의숙 선배이고, 미군정청과 긴밀한 관계를 가졌다는 공통점이 있다. 이러한 인연으로 1960년 8월 8일에 총재가 된 최두선은 같은 해 10월에 김학묵을 사무총장으로 발탁했다. 대한적십자사는 보건사회부의 지원과 감독을 받는 단체이기에 차관 출신을 사무총장으로 임용하여 협조관계를 도모했을 것이다. 최두선은 국무총리를 했지만, 공직 경험이 짧고 김학묵은 경기도 사회과 공무원부터 보건사회부 차관까지 다양한 공직 경험이 있었기에 서로 보완관계를 형성했을 것이다.

1960년대 대한적십자사의 주요 활용을 보면, 1960년 4·19 학생의거 때 사망자 142명과 수많은 부상자를 적십자병원 등에서 응급가료를 했다. 그해 6월 1일에는 4·19 혁명 희생자 구호업무를 전적으로 대한적십자사가 주관하기로 했다. 1963년 5월 8일에는 국제적십자 창설 100주년 행사를 개최하였다.

1964년 5월 23일에 청소년적십자가 '스승의 날'을 제정하고 우선 청소년적십자(JRC) 조직학교에서 기념행사를 개최하였다. 1965년 12월 1일에 우리나라 최초로 헌혈운동을 전개했다. 대한적십자사가 스승의 날을 제정하고, 헌혈운동을 전개하면서 시민과 더불어 하는 활동을 늘렸다.

1965년 5월 29일에는 국제적십자위원회(ICRC) 고나르 위원장이 방한하고, 1966년 8월 16일에 한국이 '제네바' 제협약 111번째 가입국이 되면서 국제활동을 활발히 수행하였다. 1969년 9월 4일에 이스탄불에서 열린 국제연맹 이사회에서 대한적십자사가 연맹 집행위원으로 당선되었다. 국제교류를 계기로 1970년 8월 12일 대한적십자사 최두선 총재는 조선적십자회에 '남북이산가족찾기 회담'을 제안하였다.

김학묵의 회고에 따르면, 국제적십자위원회(회의)와 국제적십자사연맹에서 활동은 또 하나의 남북 외교 전쟁이었다. 그가 '계간 아산'(1986년 여름호)에 기고한 '사회복지의 편편수상-생이별의 한'이란 글에 잘 표현되어 있다(김학묵, 1986 하계호: 59-61). 즉, 적십자활동이 비정치적이지만, 남한과 북한은 국제사회에서 체제경쟁을 하지 않을 수 없었다. 김학묵은 사무총장으로 국제적십자회의나 국제적십자사연맹의 각종 회의에 대한민국 대표로 참석하였는데, 북한뿐만 아니라 동구권에서 온 사람까지 경계하지 않을 수 없었다는 점을 회고했다. 이를 인용하면 다음과 같다.

> 최두선 총재 재임 시에는 4년마다 각국 정부와 적십자사가 한 자리에 모이는 국제적십자회의나 2년마다 열리는 각국 적십자사만 모이는 적십자사연맹·이사회에 최 총재는 당시 적십자사 사무총장이었던 필자로 하여금 대한적십자사를 대표케 하였다. 그리하여 10여 차나 이런 저런 적십자 회의에 계속 참석한 까닭에 세계 적십자계의 친구들과 많이 사귈 기회가 있었다. 그러나 소위 동구권 사람들과는 간혹 목례나 수인사 정도에 그쳤을 뿐 가까워지기가 어려웠다. 비록 비정치적인 회의라 하더라도 피차 경계심이 생기는 것은 불가피했다고 하겠다.
>
> (김학묵, 1986: 59)

남한과 북한의 체제경쟁은 5·16 군사쿠데타 이후 박정희 정부에서 더욱 첨예했다. 당시 대한적십자사와 조선적십자회는 나란히 앉았고, 서로 불편할 수밖에 없었다. 특히 1961년 체코슬로바키아 프라하에서 열린 적십자사연맹 이사회가 열리는 호텔에 태극기가 게양되지 않은 일이 벌어졌다. 참가 국가들의 국기가 게양되는 것이 관행인데, 이러한 상식조차 북한의 영향력이 큰 나라에서는 적용되지 않았다. 김학묵이 적십자사연맹 사무총장 Beer에 항의하자, 그는 "호텔 측의 실수일 것이라 하며, 명일 회의 전까지 태극기를 게양하도록 하겠다."고 수습하였지만, 북한의 영향력이 높은 나라에서 텃세였다. 이 사건을 계기로 김학묵이 "남북한의 특수성을 말하며 남북 적십자 대표가 바로 옆자리에 앉지 아니하는 것이 회의 진행상 좋지 아니하냐."고 말하였더니, 다음날 남한과 북한 사이에 다른 회원국의 자리가 배치되었고, 이후 관례가 되었다.

5·16 군사혁명이 일어난 1961년 9월에 적십자사연맹 이사회가 체코슬로바키아 수도 프라하에서 열렸었다. 이 회의 전까지는 남북한 적십자사 대표들이 바로 옆에 앉았었다. 그러나 개최지가 프라하일 뿐 아니라 북측 대표들의 태도가 다른 때보다 강화되어 있었다. 그러므로 자리를 서로 옆자리로 하는 것은 대단히 불편할 것으로 생각되었다. 프라하에서 하나의 해프닝이 있었으니 각국 다른 나라들의 국기가 게양되었는데도 불구하고 우리의 태극기는 회의가 개최되는 호텔에 보이지 아니하였다. 그리하여 필자는 이 사실을 적십자사연맹 사무총장 Beer 씨를 만나서 적십자 국제 관례상 우리 국기가 게양되지 아니하면 회의에 참석할 수 없다고 진지하게 말하였을 뿐만 아니라 바로 남북한의 특수성을 말하며 남북적십자 대표가 바로 옆자리에 앉지 아니하는 것이 회의 진행상 좋지 아니하냐고 말하였더니, 그는 국기가 게양 아니 된 것은 아마 호텔 측의 실수일 것이라 하며, 명일 회의 전까지 태극기를 게양하도록 하겠다고 하며, 자리도 남북적십자 사이에 다른 적십자사를 앉히겠다고 말하기에 나는 그의 선처를 바랬다. 그 이튿날 개최 전에 일찍이 회

의장에 들어가 보니 나의 두 가지 소원이 다 이루어진 것을 보고 Beer 씨와 체코슬로바키아 적십자사, 그리고 호텔 측에 나의 정중한 경의를 표하였다. 이 좌석 특별 배치가 오늘에 이르기까지 하나의 전통이 되었다.

(김학묵, 1986 : 59~60)

2. 남북적십자 회담의 실무 총괄

 최두선 총재가 1971년 8월 12일에 KBS 방송을 통하여 '특별성명'의 형식으로 북한 조선적십자회에 남북한 간의 이산가족 찾기를 위한 적십자 회담을 개최할 것을 제의하였다. 즉, "남북이산가족들의 비극은 금세기 인류의 상징적 비극"이라고 하면서 "남북통일이 단시일 내에 이루어지기 어려운 현실 하에서 적어도 1,000만 이산가족들의 실태를 파악하고 소식을 전해 주며 재회를 알선하는 가족 찾기 운동만이라도 우선 전개할 것"을 북한에게 제의했다. 그는 남북적십자 쌍방은 이산가족들의 생사 소재 확인 및 통보, 상봉 및 방문, 서신 거래, 가족 재결합, 기타 인도 문제 해결 등 5개항을 의제로 삼아 서울과 평양에서 교대로 회담을 개최할 것을 제안하였다.

 이에 조선적십자회는 이틀 후인 8월 14일 평양방송으로 이를 수락할 뜻을 밝히고 "가족만이 아니라 친척·친우까지 포함하여 그들의 자유 왕래를 실현시키자."고 역제의해 왔다. 이에 따라 그해 8월 20일부터 9월 16일까지 판문점에서 5차례의 파견원 접촉이 이루어지고, 그해 9월 20일부터 1972년 8월 11일까지 1년 동안 25차례에 걸쳐 남북적십자 예비회담이 개최되었다. 이후 1972년 8월 29일부터 1973년 7월 10일까지 모두 7차례[29]에 걸쳐 서울과 평양으로 오가면서 남북 적십자사 본회담이 열렸다. 회담 중에 북측이 정치문제를 제기하여 상당기간 중단되었지만, 남과 북이 회담하고 교류했다는 점에서 획기적인 사건이었다.

남북 적십자 회담은 최두선 총재가 제안하고, 김용우 부총재가 남북 회담을 주도하며, 김학묵 사무총장이 실무 지원을 맡았다. 최두선 총재가 남북 적십자 회담을 제안했지만, 준비과정을 거치면서 '남북 적십자 회담 제1차 본회담'은 1972년 8월 29일부터 9월 2일에 평양에서 개최되었다.

제1차 본회담을 앞둔 8월 7일에 최두선 회장은 12년간 재직한 총재에서 물러나고(1960.8.5~1972.8.7.), 김용우 부총재가 총재로 취임했다(1972.8.8.~1975.7.25.). 이에 대해 김학묵은 "남북 적십자 회담을 제의하신 최두선 총재는 상하좌우에의 그야말로 강권에도 불구하시고 노령을 이유로 자진 퇴임하였다. 그 뒤를 이은 분이 고 김용우 총재였다"(김학묵, 1986: 59)고 회고하였다.

그런데, 최두선 총재가 78세로 고령이지만, 자신이 제안한 남북 적십자 회담의 본회담을 22일 앞두고 퇴임한 것은 '고령'이외에 다른 이유가 있었을 것이다. 최 총재는 '남북이산가족 실태 확인 및 가족 찾기 운동'을 제안했지만, 남북 적십자 회담의 의제는 '무력 충돌 시 적용할 국제인도법 재확인과 발전'과 같은 정치적인 요소를 강조하였다. 남북 적십자 회담의 비공식 접촉을 김용우 부총재가 하였기에 제1차 본회담을 앞

---

29 1972년 8월 29일부터 1973년 7월 10일까지 모두 7차례에 걸쳐 서울과 평양으로 오가면서 남북 적십자사 본회담이 열렸다. 국가기록원의 자료를 보면, 회담의 내용과 주요 쟁점을 확인할 수 있다.
https://www.archives.go.kr/next/search/listSubjectDescription.do?id=007171&sitePage=

두고 총재를 바꾼 측면이 있다. 1972년 3월 25일에 동아일보, 경향신문은 다음과 같이 보도했다.

1972년 3월 21일부터 24일까지 '무력 충돌 시 적용할 국제인도법 재확인 및 그 발전에 관한 적십자 전문가회의'가 비공식적으로 열렸다. 남한 측에서는 김용우 대한적십자사 부총재를 비롯한 3명의 대표가 참석했다. 북적에서는 북한적십자회 사무총장 김달국 등 6명의 대표가 참석했다.

김용우 총재는 1912년 경기도 강화군에서 태어났다. 배재고등보통학교, 연희전문학교 수학물리학과, 미국 서던캘리포니아대학교와 동 대학원을 졸업하였다. 1950년 제2대 국회의원 선거에 서대문구 갑에서 당선되었다. 1954년 제3대 국회의원 선거에서 낙선하고, 같은 해부터 1955년까지 국회 사무총장으로 일했다. 1955년부터 국방부 차관, 1956년부터 1957년까지 국방부 장관을 역임하며, 1957년 주 영국 초대 대사로 일했다. 1962년 동양방송 TV를 설립하였고, 1967년 국회의원 선거에 민주공화당 후보로 출마하였으나 낙선하였으며, 1972년부터 1975년까지 대한적십자사 총재를 역임하였다.

남북 적십자 회담 대표단은 수석대표, 교체수석대표, 대표, 자문위원으로 구성되었다. 대한적십자사 수석대표는 이범석 부총재이고, 교체수석대표는 김연주 보건부장, 대표는 김달술 회담사무국장, 박선규 충남지사장, 정희경 청소년지도위원, 정주년 대변인, 서영훈 청소년부장이었다. 조선적십자회 수석대표는 김태의 부위원장, 교체수석대표는 주창준 서기장, 대표는 조명일 상무위원, 궁상호 참사, 이청일 상무위원,

한시혁 문화선전부장, 김수철 계획부 부부장이었다. 대한적십자사의 부총재와 조선적십자회의 부위원장이 수석대표를 맡고, 다른 대표는 각각 동수의 같은 직급으로 하였다.

제1차 남북 적십자 회담 대표단 명단

	대한적십자사	조선적십자회
수석대표	이범석(한적 부총재)	김태희(북적 부위원장)
교체수석대표	김연주(한적 보건부장)	주창준(북적 서기장)
대표	김달술(한적 회담사무국장) 박선규(한적 충남지사장) 정희경(한적 청소년지도위원) 정주년(한적 회담사무국 대변인) 서영훈(한적 청소년부장)	조명일(북적 상무위원) 궁상호(북적 참사) 이청일(북적 상무위원) 한시혁(북적 문화선전부장) 김수철(북적 계획부 부부장)
자문위원	김준엽(고려대 교수) 조덕송(조선일보 논설위원) 양흥모(중앙일보 논설위원) 박준규(서울대 교수) 구범모(서울대 교수) 송건호(동아일보 논설위원)	윤기복(노동당 대외연락위 부위원장) 김성률(조선민주당 부위원장) 강장수(천교도청우당 부위원장) 김길현(조국통일민주주의전선 서기국부국장) 백남준(직업총동맹 부위원장) 오광택(사회주의노동청년동맹부위원장) 김병식(조총련 제1부의장)

남북 적십자 회담의 한적 수석대표를 맡은 이범석은 1925년에 태어나 1963년에 미국 조지워싱턴대학교 대학원에서 국제정치학으로 수료했다. 1972년 대한적십자사 부총재로 재직할 때, 평양에서 열린 1차 본회담의 남측 수석대표로 참가했다. 그는 제5공화국 때 외무부 장관으로

재직(1982.6.2.~1983.10.9.)하다가 1983년 미얀마 아웅산 폭탄 테러로 희생됐다.

따라서 최두선 총재를 김용우 총재로 교체하고, 이범석 부총재를 수석대표로 한 것은 남북 적십자 회담을 앞두고 국방과 외교 경험이 많은 사람으로 진용을 짜기 위한 것이었다. 김용우 총재는 국방부 장관과 초대 영국대사로 일하였고, 이범석 부총재는 국제정치학을 전공하였으며, 이후 외무부 장관으로 일하였다.

이처럼, 1971년에서 1973년 사이에 이루어진 남북적십자 회담은 1953년 휴전 후 남북이 공식적으로 관계 개선을 추구하는 국가적 행사이었기에 대한적십자사는 명분상 대표이었고, 중앙정보부가 물밑 작업을 하면서 박정희 대통령이 주도하였다고 볼 수 있다.

박정희 대통령은 1970년 8월 15일 광복절 경축사를 통해 '8·15 평화통일구상'을 발표했다. 통칭 '8·15 선언'에서 박대통령은 남북 간의 군사적 대결을 지양하고, "어느 체제가 보다 국민을 더 잘 살게 하느냐?"고 하는 '선의의 경쟁'을 제의하면서 '인도적 문제의 해결과 통일기반 조성에 기여할 획기적인 조치'를 취할 용의가 있다는 것을 밝혔다. 다음해 광복절을 앞둔 8월 12일에 대한적십자사 최두선 총재가 남북 적십자 회담을 제안하였고, 8월 14일 조선적십자회가 이를 수락했다. 남북 적십자 회담은 최고 정책결정권자인 박정희 대통령과 김일성 주석이 결정한 것으로 볼 수 있다.

'남북 적십자 회담'을 추진하는 시기인 1972년 5월 2일에 이후락 중앙정보부장은 평양을 방문하여 김영주 노동당 조직지도부장과 논의하고 양자를 공동위원장으로 하는 조절위원회 구성·운영에 합의하였다. 3차례의 공동위원장 회의를 거쳐 남북조절위원회 제1차 본회담이 1972년 11월 30일부터 12월 2일까지 서울에서 개최되었다. '남북조절위원회'를 계기로 남과 북의 대표가 상대 정부의 주석과 대통령을 예방하였다.

1972년은 적대적 관계였던 미국과 중국이 이른바 '핑퐁 외교'를 통해 중국 베이징에서 화해의 축배를 들고 양국 간 거리를 서로 좁혀가고 있던 시기로 한반도에도 데탕트(긴장완화)의 바람이 불었다. 미·중 간의 밀사가 키신저였다면 한국의 밀사는 이후락 중앙정보부장이었다.

1972년 5월 2일, 이후락 중앙정보부장이 정홍진 대한적십자사 과장과 비서·의사 각 1명씩을 대동하고 비밀리에 판문점을 경유, 평양을 방문했다. 출발에 앞서 이후락은 만일을 대비해 청산가리를 챙겼다. 그만큼 긴장관계가 첨예하던 때였다. 이후락은 5월 5일까지 나흘간을 평양에 머물며 김일성과 두 차례 면담을 갖고 얽혀 있는 실타래를 풀어보려 했다. 김일성도 "과거는 과거고 다시는 남침 않겠다."며 '남침'을 시인했고, 청와대를 습격하려 했던 1·21 사태는 자신이 한 짓이 아니라며 박정희 대통령에게 미안하다는 제스처를 보였다. 김일성은 박 대통령의 의중을 확인하기 위해 5월 29일 박성철 제2부수상도 서울로 보냈다.

이후락이 방북하기 전에 행해진 남북 간 비밀회담은 1971년 8월 12일 최두선 대한적십자사 총재가 '남북이산가족찾기'를 제안하고 북한이 이에 동의하면서 계기가 마련됐다. 11월 19일, 판문점에서 가진 제9차 남북적십자 예비회담에서 정홍진이 북한에 비밀접촉을 제의함으로써 시작된 11차례의 비밀접촉은 3월 28일 정홍진을 북한으로 보내 이후락의 방북을 합의하는 데까지 발전했다. 이후락·박성철의 상호 방문으로 최소한의 신뢰를 쌓았다고 판단한

남북 적십자 회담 장면

남북한은 마침내 7월 4일, 이후락과 박성철이 서울과 평양에서 각각 '7·4 남북공동성명'을 동시에 발표했다.

(오늘의 역사, 5월 2일)

통일부 남북회담 누리집에 실린 '디지털 사진 전시회'를 중심으로 1970년대 남북 적십자 회담을 정리하면 다음과 같다.

(1) 남북 적십자 파견원 제1차 접촉(1971.8.20., 판문점)

대한적십자사 최두선 총재는 1971년 8월 12일에 1천만 남북이산가족 실태 확인 및 가족 찾기 운동을 위해 '남북 적십자 회담 개최'를 제의하고, 8월 14일에 조선적십자회가 회담 제의를 수락하여 분단 이후 최초의 남북대화로 이어진다. 8월 20일에 판문점 중립국감독위원회 회의실(T1)에서 남북적십자 파견원이 제1차 접촉을 하였다. 이창열 대한적십자사 서무부장과 염종련 조선적십자회 지도원이 양측 전달문서를 교환하였다.

(2) 남북 적십자 회담사무국 창설(1971.9.1., 종로구 삼청동)

1971년 9월 1일에 서울 종로구 삼청동에 '남북 적십자 회담사무국'을 창설하였다. 박정희 대통령은 1970년 8월 15일 광복절 경축사를 통해 '8·15 평화통일구상'을 발표했기에 회담추진기구의 창설이 필요했다. 이에 대한적십자사는 회담사무국 신설을 제안한 '인도적 회담에 관한 임시조치규정안'을 의결(1971.9.9.)하는 회담사무국 직제를 추인함으로써 남북 이산가족 찾기 운동을 위한 남북 적십자 회담 추진기구로 창설되었다.

(3) 남북 직통전화 가설(1971.9.22., 판문점 자유의집)

남북 적십자 쌍방은 제1차 남북 적십자 예비회담(1971.9.20) 합의에 따라 판문점 남측 '자유의집'과 북측 '판문각'에 남북 적십자 회담 상설연락사무소를 설치하고 연락사무소간 직통전화 2회선을 개통하였다. 이후 남북 적십자 회담 제2차 예비회담(1971.9.29.)에서 '남북 직통전화 가설'에 대하여 합의서에 명문화하였다.

(4) 남북 적십자 회담 제1차 본회담(1972.8.29.~9.2., 평양)

1972년 7월 4일 '7·4 남북 공동 성명' 발표 후 8월 29일 처음으로 남북 적십자 본회담이 개최되었다. 양측은 남북 이산가족 및 친척들의 주소·생사 확인, 자유로운 방문 및 상봉 실현, 자유로운 서신 거래, 자유의사에 의

한 재결합 문제 등을 남북 적십자 회담 의제로 공식 채택하고, 이후 제10차 (1985.12.2.) 회담까지 진행하였으나, 북측이 '팀스피리트 1986' 군사훈련 실시 계획을 구실로 회담 연기를 발표(1986.1.20.)하였다. 평양에서 열린 회담에는 대한적십자사 이범석 부총재가 수석대표로 참가했다.

(5) 남북조절위원회 제2차 공동위원장회의(1972.11.2.~4., 평양)

남북 적십자 회담이 추진되는 상황에서 1972년 5월 2일에 이후락 중앙정보부장은 평양을 방문하여 김영주 노동당 조직지도부장과 논의하고 양자를 공동위원장으로 하는 조절위원회 구성·운영에 합의하였고, 제2차 공동위원장회의에서 '남북조절위원회 구성 및 운영에 관한 합의서'를 채택하였다.

같은 해 11월 2일부터 4일까지 평양에서 남북조절위원회 제2차 공동위원장회의가 열렸다. 이후락 중앙정보부장이 평양 내각청사에서 김일성 주석을 면담하였다. 이는 같은 해 5월 4일 평양 방문 시 만수대 김일성 관저에서 두 차례 면담한 이후 세 번째 만남이었다.

(6) 남북조절위원회 제1차 본회담(1972.11.30.~12.2., 서울)

3차례의 공동위원장 회의를 거쳐 남북조절위원회 제1차 본회담이 1972년 11월 30일부터 12월 2일까지 서울에서 개최되었다. 각각 3회의 본회담 및 간사회의, 10회의 부위원장회의가 진행되어 간사회의 구성, 공동사무국 설치, 조절위원회 운영세칙 등을 논의하였다. 회담에 참석한 북측 박성철 제2부수상은 박정희 대통령을 예방했다. 하지만, 1975년 5월 29일에 북측은 우리 측의 외세 의존, 전쟁정책, 반공·멸공정책 등을 이유로 회의 참가를 거부하여 무산되었다.

이후 남북 적십자 회담과 남북조절위원회는 오랫동안 열리지 않았다. 1980년 1월 24일 신현확 국무총리가 북측 이종옥 정무원 총리에게 남북총리 간 대화를 제의했고 북측이 이에 호응하여 2월 6일부터 판문점(중립국감독위원회 회의실)에서 실무접촉이 진행되었다. 김영주 외무부 본부대사와 현준극 노동당 중앙위원회 부부장 겸 정무원 참사가 참석하였다. 남북은 실무대표단 전용 남북 직통전화의 개통, 대화 절차와 장소 문제 등에 대해 합의하였다. 하지만, 같은 해 5·17 비상계엄 확대 조치 이후 신 총리의 사임을 빌미로 제11차 접촉을 이틀 앞둔 1980년 9월 24일에 북한이 불참을 선언함으로써 대화가 중단되었다. (통일부 남북회담본부, 디지털 사진 전시회)

남북이 분단되고, 유엔 가입도 안 된 상태였기에 남한과 북한은 적십자사를 전면에 내세웠지만, 남북한 정부는 국내외에서 체제 경쟁을 했다. 6·25가 총성 있는 전쟁이라면, 남북 적십자 회담과 남북조절위원회는 총성 없는 전쟁-심리전, 외교전이란 측면이 강했다.

한편, 김학묵은 1972년 최두선 총재가 사임하고, 김용우 총재가 취임한 직후 제네바에서 열린 적십자사연맹 이사회에서 신임 총재 리셉션을 열어서 외교전을 활발하게 전개했다. 이날 리셉션에는 평소 친하게 지내는 서방 국가 뿐만 아니라 동방 국가들도 초대하였고, 소련, 알바니아, 북한을 뺀 거의 모든 나라가 참석하여 "적십자사 가족파티 분위기"를 조성했다고 회고했다.

김용우 총재가 취임한 직후 적십자사연맹 이사회가 제네바에서 열렸다. 필자는 출국하기 전에 김 총재에게 올라가 적십자회담을 제의한 이래 대한적십자사에 대한 세계 여론이 긍정적일 뿐 아니라 동구권 사람들과도 가까이 할 필요가 있다고 느껴져서 다른 몇 나라들처럼 우리도 신임 총재의 리셉션을 여는 것이 어떻겠냐고 품고하였더니 그는 이를 받아들였다. 그래서 나는 회의가 시작되기 며칠 전에 제네바로 가서 우리의 뜻을 Beer 사무총장에게 전하여 그의 호반응을 얻어 그 준비에 착수하였다. 초대장은 북한 이외의 모든 나라의 적십자사 대표단에게 발송되었다. 과연 동구권 사람들이 어떨까 염려되어서 구면인 그들과 개별 접촉을 계속하였다. 리셉션이 열리자 서방 적십자사는 물론이고 소련과 알바니아 이외의 동방 적십자사 대표들도 참석하였다. 그때 나의 심정은 이루 말할 수 없었다. 그리고 김 총재의 특별한 주선으로 이루어진 우리나라 대사의 참석이 그 리셉션을 빛나게 하였다고 하겠으나 소위 적십자사 가족파티 분위기에 어떠한 영향을 주었는지 헤아리기 어려웠다.

(김학묵, 1986 : 60)

1972년 제네바에서 열린 김용우 총재의 리셉션의 화제는 단연 남북 적십자 회담이었다. 이날 김학묵은 "적십자는 휴머니티가 없으면 존재할 수 없고, 남북한은 동족이니, 회담을 낙관한다."는 취지로 말했다. 하지만, 그날 동독 적십자사 섭외부장만은 그렇게 "쉬운 일일까? 잘들 해보시오."하며 빙그레 웃는 일이 있었다고 회고했다. 남북 적십자 회담이 중단된 것을 생각하면, 동서독 회담을 가졌던 그 사람의 경험에서 우러나오는 말로 보인다는 것이었다.

자연히 참석자들의 화제 중심은 남북 적십자 회담이었다. 여러 친구들은 필자에게 회담의 진도를 어떻게 보느냐고 묻는 것이었다. 나의 대답은 간단하였다. "적십자는 휴머니티가 없으면 존재할 수 없지 않소, 적십자인이라면 휴머니티 실천의 선봉에 서지 않겠소, 더구나 남북한은 동족이요, 그러니 남북 적십자 회담은 낙관하오." 많은 적십자 사람들은 내 말을 그대로 듣고 있거나 미소를 지었으나 유독 동독 적십자사 섭외부장만은 그렇게 "쉬운 일일까? 잘들 해보시오."하며 빙그레 웃는 것이었다. 오늘 남북 적십자 회담이 중단된 것을 생각하면 그때 그 사람의 말이 그대로 회상되며, 동서독 회담을 가졌던 그 사람의 경험에서 우러나오는 말이 아니었을까, 先病者醫(선병자의)란 말을 이런 때 쓸 수 있을까, 정치 사회체제가 다른 사고방식의 산물일까 하는 여러 생각을 하게 된다. (김학묵, 1986: 60~61)

3. 한국청소년단체협의회 회장

김학묵은 대한적십자사 사무총장 시기에 한국청소년단체협의회(청협) 회장을 하기도 했다. 어떤 연유로 청협 회장을 하였고, 회장 시기에 어떤 일을 하였는지를 살펴본다.

청협 차광선 사무총장이 '한국민족문화대백과사전'에 수록한 바에 따르면, 한국청소년단체협의회는 국가발전에 이바지할 수 있는 바람직한 청소년 육성과 국내외 청소년단체 상호간의 협력 및 교류와 지원을 목적으로 하고 있다. 청협은 1964년 파리에서 개최된 제13차 유네스코총회의 권고를 받아 1965년 5월 국내 청소년단체들의 호응 속에 '청소년문제연구협의회'가 열려 청소년단체간의 협의와 연락을 담당하는 기구 설치를 결의하고 참가단체의 대표로 준비위원회를 구성하여 12월 8일 창립되었다.

당시 회원단체로는 국제경상학생연합회(AIESEC), 국제연합한국학생협회(UNSA), 대한기독교여자청년회연합회(YWCA), 대한기독교청년회연맹(YMCA), 대한적십자사(RCY), 농촌진흥청(4-H클럽), 대한소녀단(걸스카우트), 대한소년단(보이스카우트), 한국기독학생회(KSCF), 한국불교청년회(BYA) 등 15개 청소년단체가 참여하였다. 그 후 유네스코학생회(KUSA), 세계도덕재무장한국본부(MRA), 홍사단 등이 가입하였다.

1967년에 문교부에 사회단체로 등록하였으며, 1987년 설립 근거로 청소년육성법이 제정되어 1988년 체육부에 29개 회원단체의 사단법인으로 등록하였다. 그 후 1991년 제정된 청소년기본법을 설립 근거로 1998년 37개 회원단체에 약 300만 명의 청소년과 지도자가 함께 활동하고 있다(필자주: 2023년 1월 현재 64개 단체). 또한 1966년 8월 10일 세계청소년단체협의회(World Assembly of Youth: WAY)의 가입에 이어, 1972년 8월 15일 아시아청소년단체협의회(Asia Youth Council: AYC) 창설을 주도하고 가입하며, 1995년 AYC 회장국(임기 3년)으로 선출되었다.

청협은 설립목적에 따라 회원단체가 행하는 사업과 활동에 대한 협조·지원, 지방청소년단체협의회의 사업 및 활동에 대한 협조·지원, 청소년지도자의 양성·연수 및 청소년 수련활동과 봉사활동에 대한 정보를 지원하고 있다. 국제청소년기구(WAY, AYC)의 활동 및 외국청소년단체와의 교류·지원, 남북 청소년의 동질성 회복 및 해외교포 청소년의 지원, 청소년 육성을 위한 홍보 및 실천운동, 청소년문제와 활동에 관한 조사·연구 및 자료수집, 우수 청소년단체와 모범청소년 및 지도자의 포상, 국가 또는 지방자치단체로부터의 위탁사업, 기타 청소년 건전육성 및 청소년단체의 육성에 필요한 사업을 수행하고 있다.

김학묵은 1969년 12월부터 1972년 12월까지 3년간 청협 회장으로 일했다. 청협 회장은 비상근이었고, 당시엔 별도 사무국이 없이 회장이 소속한 단체의 공간에서 업무를 수행하였다. 따라서 청협 회장은 어느 정도 역량을 갖춘 청소년단체의 대표가 맡았다.

청협의 초대와 2대 회장은 대한기독교청년회연맹(현, 한국YMCA전국연맹)의 김치묵이 맡고, 3대는 대한소녀단(현, 한국걸스카우트연맹) 양순담, 4대는 대한적십자사 청소년적십자 김학묵, 5대는 국제연합한국학생협회 이강혁, 6대는 유네스코한국위원회 김규택, 7~8대는 한국YMCA전국연맹 강문규, 9대는 한국유스호스텔연맹 김현옥, 10~11대는 대한적십자사 청소년적십자 서영훈, 12~13대는 한국청소년연맹 김용휴였다.

1965년부터 1985년까지 30년간 9명의 회장을 배출한 청소년단체는 7개이었고, 대한적십자사 청소년적십자는 김학묵과 서영훈 2명의 회장을 배출시켰다.

한국청소년단체협의회 회장(1965~1985)

제1-2대	김치묵	1965.12. ~ 1967.12.	한국YMCA전국연맹
제3대	양순담	1967.12. ~ 1969.12.	한국걸스카우트연맹
제4대	김학묵	1969.12. ~ 1972.12.	대한적십자 청소년적십자
제5대	이강혁	1972.12. ~ 1974.01.	국제연합한국학생협회
제6대	김규택	1971.01. ~ 1976.12.	유네스코한국위원회
제7-8대	강문규	1976.12. ~ 1980.01.	한국YMCA전국연맹
제9대	김현옥	1980.01. ~ 1980.10.	한국유스호스텔연맹
제10-11대	서영훈	1980.10. ~ 1982.12.	대한적십자사 청소년적십자
제12-13대	김용휴	1982.12. ~ 1985.12.	한국청소년연맹

https://ncyok.or.kr/bbs/content.php?ct_id=7&cate_id=1030

초창기 회장은 청협의 창립 회원단체이고 상당한 시설과 인력 그리고 재정을 갖춘 단체에서 선출되었다. 1982년 한국청소년연맹 김용휴 총재가 회장을 맡은 이후 상당 기간 연맹 회장실 근처에 청협 사무실을 둘 수 있었다.

김학묵 회장 시기의 주요 활동을 파악하기 위해 청협 홈페이지를 검색하였다. 1965년~1988년의 '주요 연혁'으로 소개된 것은 1965년 12월 8일에 창립총회(15개 회원단체 가입), 1966년 8월 10일에 세계청소년단체협의회 가입(제6차 총회), 1967년 6월 1일에 청협 소식지를 창간, 6월 29일에 문교부에 사회단체 등록, 1972년 4월 24일에 사단법인 국가개발청년봉사회 병설(1977년에 흡수), 1972년 8월 15일에 아시아청소년단체협의회를 창립하고 창립 회원으로 가입, 1986년 3월 15일에 월간 '오늘의 청소년' 창간, 1987년 11월 28일에 청소년육성법을 제정(제18조에 설립 근거 규정을 명시), 1988년 8월 23일에 사단법인 설립총회 개최(29개 회원단체 가입), 1988년 11월 11일 사단법인 승격(체육부) 등 10가지였다.

김학묵 회장 임기 중인 1972년 4월 24일에 사단법인 국가개발청년봉사회 병설과 1972년 8월 15일에 아시아청소년단체협의회를 창립하고 창립 회원으로 가입한 것이 '주요 연혁'으로 기록되었다. 청협에서 장기 근속하고 후에 회장을 한 차광선 사무총장이 1998년 쓴 글에서도 두 가지 일은 비중 있게 다루어졌다. 청협은 1965~1970년에 "아시아지역 청소년지도자 회의 개최", 1971~1980년에 "국가개발청년봉사회를 사단법인으로 병설하여 봉사활동을 활발히 벌였다"는 점을 강조했다.

그동안의 주요 활동으로 1965~1970년에는 청소년지도자 훈련과정, 청소년문제 연구세미나, 청소년문화제, 아시아지역 청소년지도자 회의 개최와 소식지로 계간 '청협'을 발간해왔다. 1971~1980년에는 국가개발청년봉사회를 사단법인으로 병설하여 봉사활동을 활발히 벌였다. 또한 청소년 임원교육 실시와 1979 세계아동의 해를 맞아 청소년 국제교류활동도 대대적으로 추진하기 시작하였다. 1981년~1990년에는 1985 세계청소년의 해와 1988 서울 올림픽을 맞아 청소년 국제교류활동 강화, 청소년육성법과 청소년헌장 제정 추진, 불우청소년을 대상으로 한 활동을 벌이고 있다.

1) 아시아청소년단체협의회의 창설

청협이 1966년에 가입한 세계청소년단체협의회(WAY)와 1972년에 아시아청소년단체협의회(AYC) 창설과정을 살펴보자. WAY 이사를 역임한 동국대학교 오국근 교수가 2011년 1월 20일에 동대신문에 기고한 '자유세계의 청년회의'를 보면, 1949년에 창설된 WAY는 자유세계에서 가장 강력하고 규모가 큰 기구이다. 2차 대전 후에 세계 각국의 청소년들과 청소년단체 및 기구들은 범세계적인 유대 강화를 위한 조직을 모색했는데, 소련을 주축으로 한 공산권 국가들은 세계청년동맹(World Federation of Democratic Youth)을 1945년에 만들자, 서방국가들이 중심이 되어 WAY를 창설했다.

WAY는 창설 때엔 벨기에 '브뤼셀'에 본부를 두고(필자주 - 이후 본부를 파리, 런던, 코펜하겐으로 옮김) 각국에 지부를 두고 있다. WAY는 총회에서 선출되는 회장 1인, 부회장 4인, 이사 10인, 감사 1인으로 이사진이 구성되고 집행부는 총회에서 선출되는 사무총장이 주관하는 사무국이 있다. 총회는 매 3년마다 열리며 이사회는 년 1회 이상 열린다. 이사와 사무총장의 임기는 3년이다(필자 주: 2022년 현재 140개의 회원 조직 보유).

한국 청협은 창설 이듬해인 1966년 일본 동경에서 열린 제6차 WAY 총회에서 회원으로 정식 가입하고, WAY의 한국지부로서 역할을 하였다. 그 후 1969년 벨기에 '리에쥬'에서 열린 제7차 총회, 1972년 영국의 '맨체스터'에서 열린 제8차 총회에 한국 대표를 파견했다.

1970년에 한국 청협은 WAY의 협조를 얻어 아세아지역 청소년지도자 세미나를 가졌는바 10개국 대표들이 모인 이 자리에서는 아세아 청년들의 대동단결의 필요성이 인식, 강조된 바 있는데 그 결과 1972년 말레이시아의 '쿠알라룸푸르'에서 '아시아청소년단체협의회'(AYC)가 창설되었다. 한국은 WAY의 이사국으로 AYC의 핵심 멤버로서 활약하였다(필자 주: 한국 청협은 1995년 AYC 회장국(임기 3년)으로 선출되었다).

김학묵 회장은 아시아청소년단체협의회를 창립하는 데 기여했다. 1970년에 한국 청협이 WAY의 후원을 받아 '아시아지역 청소년지도자 세미나'를 개최하였고 이 자리에 10개국 대표들이 모였다는 점에서 김학묵 회장의 역할이 컸다. 그는 1960년부터 대한적십자사 사무총장으로 거의 매년 국제회의에 참석하여 세계 여러 나라에 친구가 많고, 영어에 능통했기에 회의 참석자들의 대화를 유쾌하게 주도하였을 것이다.

2) 국가개발청년봉사회(대)의 설립과 운영

청협이 1972년부터 국가개발청년봉사회를 사단법인으로 병설하여 운영하다, 1977년에 흡수했다는 것은 후대 청소년계에도 별로 알려지지 않은 사실이다. 청년국가개발봉사단, 국가개발청년봉사대 등으로 불리기도 한 이 조직은 1971년부터 준비되고 1972년에 사단법인으로 등록되었다.

국가개발청년봉사회(혹은 청년국가개발봉사단)은 교육부가 주도하여 조직하고, 청협을 통해 운영하는 방식이었다. 1971년 2월 16일 매일경제에 실린 '학생지역사회조직 일원화 위해 청년국가개발봉사단 발족'이란 기사를 보면, 문교부가 "학생들의 지역사회 개발활동을 조직적으로 이끌어가기 위해 올해 안에 전국대학생 농어촌봉사대 등 잡다한 기구를 일원화, 상설기구인 '청년국가개발봉사단'을 발족시킬 계획"을 발표했다.

이 기사 어느 한 줄에도 청협이 '청년국가개발봉사단'을 운영한다는 말은 없지만, "이 봉사단에는 대학생뿐만 아니라 현지 주민과 YMCA, YWCA와 같은 사회봉사기관도 참여시켜 광범위한 지역사회개발활동을 벌이게 된다."는 방식을 효과적으로 하려면, 학생(혹은 청소년, 청년)과 시민이 함께 회원으로 참여하는 청협이 가장 적합한 단체로 낙점 받았을 것이다.

국가개발청소년봉사회는 "지금까지 대학생이나 사회단체의 농·어촌 봉사활동은 지속성이 없이 산발적으로 이루어져 큰 효과를 거두지 못했다."고 지적한 교육부 관계관의 관점을 볼 때, 남북 간 체제 경쟁이 한창인 1970년대 초에 국가에 의해 만들어진 청년조직이었다. 미국의 '평화봉사단'을 모방했다지만, 전국 읍·면단위까지 지부를 설치 조직적인 봉사활동을 목표로 한 것으로 보아 청년 총동원 조직의 성격이 강했다.

청년국가개발봉사단 발족
- 학생지역사회조직 일원화 위해

문교부는 학생들의 지역사회 개발활동을 조직적으로 이끌어가기 위해 올해 안에 전국대학생 농어촌봉사대등 잡다한 기구를 일원화, 상설기구인 '청년국가개발봉사단'을 발족시킬 계획이다.

　15일 문교부관계관은 "지금까지 대학생이나 사회단체의 농·어촌봉사활동은 지속성이 없이 산발적으로 이루어져 큰 효과를 거두지 못했다"고 지적, 앞으로는 집단적이고 체계적인 조직활동이 필요하다고 밝히고 "신설될 이 봉사단은 미국 평화봉사단과 같은 성격을 띠게 될 것"이라고 말했다.

　이 관계관은 또 '청년국가개발봉사단'은 정부의 지원 아래 법인체로 설립하고 전국 읍·면단위까지 지부를 설치 조직적인 봉사활동을 벌이게 된다고 말했다. 이 봉사단에는 대학생뿐만 아니라 현지 주민과 YMCA, YWCA와 같은 사회봉사기관도 참여시켜 광범위한 지역사회개발활동을 벌이게 된다.

　한국 정부는 청년국가개발봉사단을 미국 평화봉사단과 같은 성격을 주장하였지만, 국가개발청년봉사회는 평화봉사단과 매우 다른 조직이었다. 즉, 미국 평화봉사단(Peace Corps)은 1961년에 J.F. 케네디 대통령의 뉴 프론티어(New Frontier) 정책에 의해 제정된 평화봉사단법에 따라 창설된 미국 정부의 자원봉사자 기관(1971~82년에는 ACTION이라고 불린 독립기관의 하부기관)이었다.

　그런데, 한국의 국가개발청년봉사회는 법적 근거도 없고 사단법인으로 등록하여 조직했을 뿐이다. 또한, 평화봉사단을 자원한 미국 청년은 개발도상국에 교육·농업·보건·무역·기술·지역사회개발 분야의 전문인력으로 가서 지원하는 데 목적이 있었다. 자원 평화봉사단원은 그들의 기술·교육·경험에 따라 특정 분야를 맡는다. 일단 외국에 가면 자원봉사자는 2년 동안 그 나라에서 좋은 이웃으로 지내며, 그 나라 말로 이야기하고 그곳 국민들의 생활과 비슷한 수준으로 살아야 한다. 한국의

국가개발 청년 봉사대의 발대식 광경

청년봉사단은 한국인 청년(과 주민)이 국내에서 간헐적으로 봉사활동을 하는 것으로 구상되었다. 미국의 평화봉사단은 상근봉사자였지만, 한국의 청년봉사단은 자기 할 일을 하면서 여유 시간에 봉사활동을 하는 것이었다.

미국 평화봉사단은 1961년 16개국 900명의 자원봉사자에서 출발해 1966년 52개국 1만 명이 넘는 자원봉사자로 그 규모가 늘어났다. 1980년대 초 많은 나라가 봉사단에게 떠나달라고 요청해 전체 자원봉사자 수는 6,000명 정도로 줄었다. 1970년대에는 전문인력을 중시하고, 가족들도 함께 받아들였다. 프랑스·독일·영국 등 몇몇 유럽 국가들도 평화봉사단과 비슷한 해외 자원봉사활동을 하였다.

한국의 청년봉사단은 미국의 "평화봉사단과 같은 성격"이라고 표방하였지만 전혀 다른 조직이었다. 1973년 7월 25일에 원불교신문에 실린 '국가개발청년봉사대' 기사를 보면, 봉사대의 체계와 활동내용을 짐작할 수 있다. 그해 7월 18일에 국가개발청년봉사대(국가개발청년봉사회 주관) 발대식이 원불교청년회(서울·경기연합회)를 비롯한 15개 단체, 34개 팀, 881명이 참가한 가운데 거행되었다. 40명으로 구성된 원청봉사대는 서울시 연희B지구에서 봉사활동을 벌인다.

국가개발청년봉사회가 주관하여 국가개발청년봉사대를 조직하고 운영하는데, 참여 단체는 청협 회원단체이다. 지역별로 연합회를 두고, 회원단체는 팀 단위로 활동하는데, 원불교청년회로 구성된 원청봉사대 40명이 서울 마포구 연희동에서 봉사활동을 하는 등 각 봉사대(혹은 팀 단위)별로 구역을 나누어 활동했다.

국가개발청년봉사회(대)가 사단법인으로 활동한 1972년부터 1977년까지 시대 상황을 보면, 1972년은 박정희 대통령이 이른바 '10월 유신'을 선포하고 '유신헌법'을 제정한 '유신시대'이고 시민의 민주적인 활동을 억압했다. 대학교 학생회를 학도호국단으로 개편하는 등 '총력안보'를 명분으로 국민을 총동원하던 시기이었다. 정부는 국가개발청년봉사회라는 관제 조직을 만들고, 대학생들이 자치적으로 수행한 농촌봉사활동, 야학 등을 불원시하거나 탄압했다.

김학묵 회장이 국가개발청년봉사회의 조직과 운영에 어떤 역할을 했는지에 대한 기록을 찾기는 어렵다. 다만, 그는 대한적십자사 사무총장으로 남북 적십자 회담을 준비하느라 국가개발청년봉사회의 조직과 운영에 집중하기는 어려웠을 것이다. 당시 국가개발청년봉사회와 봉사대는 문교부가 국책사업으로 주도하고, 문교부의 재정지원과 지도감독을 받는 청협은 정부 방침을 따랐을 것이다. 당시 학생은 정부 정책에 작은 저항만 해도 이른바 '긴급조치'로 사람을 구속하고, 징역을 살리는 암울한 '긴조시대'였기 때문이다.

4. 사회복지계 발전에 기여

김학묵은 대한적십자사 사무총장으로 재직할 때 사회복지계에 다양한 역할을 하였다. 당시 사회복지계 인사 중 보건사회부 차관에 이른 사례가 없었기에 복지계의 어른으로 활동했다. 그가 대한적십자사 사무총장에서 퇴임한 직후에 한국사회복지협의회(한사협) 회장으로 선임되었다. 한사협 회장으로 활동한 것은 다음 장에서 자세히 다루어진다.

한 사례로 1966년~1968년에 '한국사회사업대학'을 설립하는 활동에 김학묵 대한적십자사 사무총장이 참여했다. 윤기 공생복지재단 이사장의 증언에 따르면, 중앙신학교는 신학과와 사회사업학과를 분리하라는 정부방침에 따라 사회사업학과를 중심으로 대학 설립이 필요하여 '한국사회사업대학'의 설립을 발기하였다. 발기인으로는 정희섭 보건사회부 장관, 김학묵 대한적십자사 사무총장, 김치묵 대한YMCA연맹 총무, 구자헌 국립사회사업종사자훈련원장, 김덕준 한국사회복지연구소장, 강만춘 중앙신학교 사회사업과장, 김원규 보건사회부 기획관리실장 등이고, 윤학자 공생원 원장이 발기인 대표로 활동했다. 중앙신학교에서 사회사업학과를 분리하여 대학을 설립해야 하였기에 해당 학교 교수가 중심이 되고, 보건복지부의 지원과 사회복지현장의 지지가 필요했기에 보건사회부 장관과 실장, 전직 차관도 발기인으로 참여하였다. 윤학자 원장이 발기인 대표를 맡아보니 그녀의 장남이고 중앙신학교 사회사업학과 출신인 윤기가 사무국에서 일하였다. 윤기 이사장의 증언을 인용하면 다음과 같다.

> 저는 중앙신학교(1966년)를 졸업하고 일본 도시샤(同志社)대학 대학원 진학을 위해 일본에 가 있었는데 강만춘 교수께서 어머니가 갑자기 몸이 불편하셔서 입원하셨다는 연락을 해 와 부랴부랴 귀국을 하게 되었어요. 저는 국내로 돌아와 어머니를 간병하면서 한편으로는 대학을 설립하는 일에 뛰어 들어 한국사회사업대학을 만드는 사무국 일을 하게 되었어요. 발기인으로는 정희섭 보건사회부 장관, 김학묵 대한적십자사 사무총장, 김치묵 대한YMCA연맹 총무, 구자헌 국립사회사업종사자훈련원장, 김덕준 한국사회복지연구소장, 강만춘 중앙신학교 사회사업과장, 김원규 보건사회부 기획관리실장 등이 참여했어요. 그리고 저의 어머님(윤학자)이 발기인 대표로 선정되었습니다.
>
> (임상사회복지실천연구회, 2014: 165)

1962년부터 경제개발5개년계획이 시행되었고, 경제개발과 함께 사회개발이 강조되었기에 사회사업가의 필요성도 증대되었다. 대학을 세우려면 교지부터 확보해야 하는데, 증언에 따르면 당시 여당인 백남억 공화당 정책위 의장의 추천을 받아 지금의 인천공항 고속도로변에 1만 평을 구입했다고 한다.

당시 중앙신학교는 신학과와 사회사업학과를 분리하라는 정부방침에 따라 사회사업학과를 중심으로 대학 설립이 필요하게 되었고, 그때는 제2경제라는 말과 함께 사회개발이 필요하던 시기였어요. 저는 국가발전에 사회복지사들이 없어서는 안 된다고 이곳저곳을 찾아 설명을 드리면서 당시 여당인 백남억 공화당 정책위 의장을 뵙고 추천을 받았어요. 땅도 지금의 인천공항 고속도로변에 1만 평을 구입했고요. 중앙신학교에 입학한 덕분에 의과대학에 부속병원이 있는 것처럼, 복지시설에 복지대학을 만드는 것이 하나의 이상이라는 목표가 생겨서 제 인생을 풍요롭게 해주었습니다.

(임상사회복지실천연구회, 2014: 165~166)

하지만, 한국사회사업대학은 설립되지 않았다. 윤기 이사장은 1968년에 윤학자 원장이 사망하고, 26세에 공생원 원장을 하느라 윤학자 원장이 꿈꾸던 대학을 만들지 못했다고 한다. 그런데, 중앙신학교에서 상황의 변화로 신학과와 사회사업학과가 공존할 수 있었기에 '한국사회사업대학'을 설립해야 한다는 절실성이 사라진 요인이 컸을 것이다.

(1968년, 56세에 암으로 어머니가 돌아가시고) 시민장이 끝나고 11월 12일 법인 이사회가 열려 저를 원장으로 선임했어요. 저는 나이가 어린 탓도 있고 해서 고사했으나 장남이 뒤를 이어야 한다고 해서 고민을 많이 했죠. 공생원을 안정시키는 것이 우선 시급하고 그 다음이 학교 설립이라고 생각했어요. 운명의 갈림길이었죠. 공생원을 먼저 운영하다 보니 지금까지 어머님께서 꿈꾸던 대학을 만들지 못하게 되었습니다.

(임상사회복지실천연구회, 2014: 166)

요약하면, 김학묵은 1960년부터 1972년까지 대한적십자사 최두선 총재의 신임 속에 사무총장으로 활동했다. 1950년대에는 적십자사가 재난구호에 집중하였는데, 어느 정도 사회가 안정되면서 1964년에 '스승의 날'을 제정하여 청소년적십자가 조직된 학교부터 행사를 주관하였다. 또한, 헌혈을 시작하며, 농번기 적십자탁아소와 같은 일상활동을 개척하였다. 오늘날 적십자사의 상징적인 활동인 헌혈을 그의 재임기에 시작하고 발전시켰다. 김학묵은 국제적십자위원회와 국제적십자연맹·이 사회의 한국 대표로 자주 참가하여 국제교류를 활발하게 전개하고 한국의 위상을 높였다. 특히, 1971년에 최두선 총재가 조선적십자회에 남북적십자 회담을 제안하여 성사시키면서 회담을 총괄 지원하였다. 김학묵은 청소년적십자의 활동이 활발해지면서 1965년에 한국청소년단체협의회 창설에 참여하고, 1969년 12월부터 3년간 회장 재임 시에 아시아청소년단체협의회(AYC) 창설에 활약하며, 국가개발청년봉사회(대)의 조직과 운영에도 관여하였다. 이 시기에는 서울의 주요 대학교에서 사회사업행정을 강의하고, '한국사회사업대학'의 설립 시도에도 관여하였다.

제5장

한국사회복지협의회 회장과 회관 건립

김학묵은 1972년 10월에 대한적십자사 부총재로 퇴직하고, 1973년 10월부터 1974년 9월까지 한국사회복지협의회(한사협) 회장을 맡았다. 한사협 회장으로 사회복지시설장이나 국회의원은 많았는데, 보건사회부 차관 출신은 처음이었다. 한편, 그는 1973년 2월에 한국사회복지사협회 회장에 도전하였지만 낙선한 바 있었다.

1. 한국사회복지협의회 회장

한국사회복지협의회는 1970년에 제정된 사회복지사업법에 의거, 설립된 사회복지 공익법인으로서, 민간 사회복지 증진을 위한 협의조정, 정책개발, 조사연구, 교육훈련, 자원봉사활동의 진흥, 정보화 사업, 사회적 취약계층을 위한 사업수행을 통해 우리나라의 사회복지 증진과 발전에 기여하는 단체이다.

그런데, 한사협은 1952년 2월에 부산 새들원에서 개최된 전국사회사업가대회에서 창립된 한국사회사업연합회에 그 뿌리를 두고 있다. 초대 회장으로 오긍선이 선출되었고, 이후 2대 회장으로 유임되었다. 역대 회장의 주요 이력을 보면, 초대와 2대 오긍선 회장은 경성보육원 초대원장, 세브란스의학전문학교 교장이었다. 3대 나판수 회장은 소전원 초대원장, 국회의원, 4대 정준 회장은 도덕재무장한국본부 대표, 5대 황온순 회장은 한국보육원 초대원장, 6~8대 이매리 회장은 이화여자대학교 사회사업학과 교수, 9대 최치환 회장, 10~11대 윤인식 회장은 함평삼애원 원장, 재선 국회의원이었다. 윤인식 회장은 1970년에 사회복지사업법을 제정하는데 기여하였고 한국사회복지협의회로 이름을 바꾸고 법정단체로 만들었다. 12대 최영희 회장, 13대 김상년 회장은 3선 국회의원, 14대 김학묵 회장은 보건사회부 차관, 대한적십자사 사무총장과 부총재를 역임했고, 15대 강봉수 회장은 보건사회부 차관, 16대 김상년 회장은 국회의원이었다.

한국사회복지협의회 회장(1952~1981년)

초대~2대	오긍선	1952.02.15. ~ 1960.02.16.
3대	나판수	1960.02.17. ~ 1960.09.08.
4대	정 준	1960.09.09. ~ 1961.06.24
5대	황온순	1961.06.25. ~ 1962.04.03.
6~8대	이매리	1962.04.04. ~ 1968.02.22.
9대	최치환	1968.02.23. ~ 1969.04.25.
10~11대	윤인식	1969.04.26. ~ 1972.07.10.
12대	최영희	1972.07.11. ~ 1973.04.30.
13대	김상년	1973.05.01. ~ 1973.10.15.
14대	김학묵	1973.10.16. ~ 1974.09.15.
15대	강봉수	1975.04.15. ~ 1976.03.09.
16대	김상년	1976.03.10. ~ 1981.04.08.

김학묵 회장은 1973년 10월 16일부터 1974년 9월 15일까지 11개월 동안 일했다. 1970년 1월 1일에 제정된 사회복지사업법의 시행(그해 4월 2일) 초기였다. 그는 1960년에 보건사회부 차관으로 근무한 경력을 살려, 대한적십자사 사무총장일 때 윤인식 회장단에서 이사로서 사회복지사

업법의 제정에 기여하였다. 당시 연합회의 이사로 김덕준(강남대학 초대 사회사업학과장), 김치묵(YMCA 전무) 등이 참여하였다(김범수, 2019: 239).

사회복지사업법에 따른 법정 단체가 된 한국사회복지협의회는 위상을 정립하기 위해 전직 보건사회부 차관을 회장으로 선출했을 것이다. 김학묵이 한국청소년단체협의회 회장을 마치고 일 년도 되지 않은 시점이었다. 그는 주변의 추천과 자신의 사회활동을 위해 한국사회복지협의회 회장을 맡았다.

하지만, 윤인식 회장이 (구)사회복지회관을 건립하면서 많은 부채를 남겨서 회장은 상당기간 단명하였다. 최영희, 김상년, 김학묵, 강봉수 회장은 임기를 제대로 채우지 못했다. 한사협은 다시 회장이 된 16대 김상년 회장 시기에 안정을 되찾았다. 그는 1929년 1월 21일 경북 의성에서 태어나 육군사관학교 8기로 졸업하여 6·25 때 사단 작전참모로 근무하였다. 민주공화당 소속으로 고향에서 제8대, 제9대, 제10대 국회의원으로 당선되고, 현직 국회의원으로 한사협 회장을 역임했다. 그는 육사 8기로 5·16쿠데타에 적극 참여했기에 박정희 정부와의 긴밀한 소통을 위해 다시 회장으로 선출된 것으로 보인다.

제13대 최영희 회장이 1972년 7월부터 1975년 4월까지 9개월 근무하고 사직하고, 김학묵도 회장 임기를 채우지 못하고 조기 사직한 배경으로는 사회복지회관 증축으로 인한 채무관계가 작용한 것으로 알려졌다. 제9대 최치환 회장 시절 구 사회복지회관 기공식 이후 제10대와 제11대 회장을 지낸 윤인식이 사회복지회관을 8층까지 증축은 하였지만 채무관계가 많아서 당시의 회장단이 채권자들로부터 빚 독촉을 감당해 나가기에 많은 어려움이 있었던 것으로 전해지고 있다.

  이러한 위기를 타개하기 위해 당시 보건사회부에서는 1974년 10월부터 8개월간 국장급의 김원규와 박상열 씨를 각각 4개월씩 관선 대표이사로 파견, 한국사회복지협의회를 운영하도록 하였다. 그 후 1975년 4월 보건사회부 차관을 지낸 강봉수 씨가 제15대 한국사회복지협의회 회장으로 선임되었다. 이러한 상황으로 볼 때 1970년대 중반까지 구 사회복지회관 건립으로 인해 한국사회복지협의회는 재정적으로 많은 어려움을 겪은 것을 알 수 있다.

(김범수, 2019: 240).

  김학묵 회장은 11개월 동안 일했지만, 국제관계망을 활용하여 1974년 9월에 국제사회복지협의회(ICSW) 집행위원을 역임했다. ICSW는 사회복지에 기여할 비영리 민간단체가 필요하다는 국제적십자사연맹 사무총장인 레인 샌드 박사의 제안에 따라 44개국 대표로 1928년 파리에서 설립됐다. 1974년만 하더라도 한국인이 집행위원이 되기 쉽지 않았는데, 그동안 적십자활동을 통해 관계망을 형성한 덕택이었다. 2020년 현재 65개국, 109개 사회복지단체가 회원으로 가입 중이다. 2020년 11월에 서상목 회장이 ICSW 제21대 회장(임기 4년)으로 선출되었는데, 이는 한국인으로 처음이고 아시아에서 세 번째였다.

2. 삼부토건 부사장

  김학묵은 공무원으로 사회복지를 시작하고 이후 한국뇌성마비복지회 회장 등을 역임하면서 민간분야에서 사회복지에 기여한 것을 매우 자랑스럽게 생각했다. 그는 삼부토건에서 일한 것도 주택사업을 통해 사회사업을 한 것이라고 강조했다. 평생 동안 하루도 빠짐없이 "복지 분야"에서 일하게 되어 행복하다고 자신의 삶을 평가했다. 또한, 그가 삼부토건 부사장으로 일할 때인 1978년 3월에 사단법인 한국뇌성마비복지회 회장으로 취임하였기에 삼부토건에서 일한 시기를 간략히 살펴본다.

> 내가 한 10년 전까지 퍼블릭 웰페어(public welfare) 정부 프로그램에 생각을 쭉 해왔는데, 지금은 정부 프로그램을 떠나서 민간 프로그램을 내가 하거든. 더군다나 나는 하루도 중단이 없어. 다시 말하면 정부 프로그램을 하다 그쳤다가 민간 프로그램을 하는 게 아니라, 바로 그러니까 쭉 했지.
> 내가 한동안 주택사업을 했어. 근데 그것이 참 재미있는데. 우리 선생님들은 아키텍처(architecture, 건축)에 들어가더라. 그 당시 중앙대학교에서 내가 '주택 문제에 대해서 민간 기업의 역할'이란 주제로 세미나를 했고, 페이퍼를 냈습니다. 내 말은 주택사업을 해서 사회사업을 했어, 그래서 나는 일평생 쭉 일이 있어서 행복스럽다.
>
> (김학묵 인터뷰 - 박준범 질문, 1991년 5월 27일)

김학묵은 1973년부터 1981년까지 삼부토건에서 부사장, 의료보험조합 대표 등을 지냈다. 그가 삼부토건에서 일하게 된 것은 두 살 연배였던 조정구와 난형난제 하는 사이였기 때문이었다. 그는 60세가 넘은 나이에도 삼부토건 부사장으로 일하면서 1978년부터 한국뇌성마비복지회 회장(비상근)을 맡았다.

두 사람이 우정을 돈독하게 하게 된 것은 여러 인연이 겹쳤다. 김학묵은 1916년에 충북 음성에서 태어났고 조정구는 1914년 충남 부여에서 태어났는데, 경기도청에서 공무원으로 함께 근무한 적이 있었다. 일제 강점기에 경기도청은 경성(서울) 총독부(해방후 중앙청) 앞에 있었는데, "고향사람"이라는 공통점이 있었다. 김학묵은 종로구 계동에 있는 휘문고등학교를 졸업하고, 비슷한 시기에 조정구는 이화동에 있는 경성공업학교를 졸업했다.

두 사람은 연배와 거주지역이 같기에 고등학교 이전부터 알 수도 있었겠지만, 경기도청에서 공직생활을 했다는 공통점이 크게 작용했다. 김학묵이 경기도청의 공무원이 된 시기는 1942년 이전이었다. 1938년 3월에 보성전문학교를 졸업하고 경성방송국에서 아나운서를 한 경험이 있었기에 1940년 전후에 입사했을 것이다. 한편, 조정구는 1936년 3월에 경성공업학교를 졸업하고 경기도청 회계과에 취업한 것으로 보인다. 조정구는 김학묵의 직장 선배이고 고향 선배이었기에 자연스럽게 친분관계를 유지했다. 조정구는 해방 후에 경기도청 영선계장으로 일하다, 1948년 3월에 공직을 그만두었다.

삼부토건을 창업한 조정구 회장은 '한국건설업 면허 1호, 부여가 낳은 대표적인 기업가, 대한건설협회 명예종신회장'으로 소개되고 있다. 1914년 충남 부여군 장암면에서 태어나서, 부여공립보통학교를 졸업(1931년 3월)하고, 서울 이화동에 있던 관립경성공업학교 건축과를 졸업(1936년)하였다. 이후 경기도청 회계과에 취직하여 주로 설계업무를 맡았고, 간혹 공사현장에 감독으로도 나가면서 건축 전반에 대해 실무를 읽혔다.

그런데, 1947년 말 회계과 영선계장이었던 그에게 고위공직자들이 술자리에서 "기술자들은 승진이 늦으니 사무직으로 전환하라."는 말을 듣고, "이 나라에 가장 필요한 것이 기술인데 고위공무원들의 인식이 이렇다니…"라고 생각하며 새로운 도전을 하기로 마음을 먹었다고 한다. 그는 35세인 1948년 3월 위경련으로 인한 수술을 받고 병원에 있는 상태에서 경기도청에 사직서를 제출했다.

또한, 김학묵 부사장은 1979년에 한국주택사업협회가 신설한 법제위원회에 참여하기도 했다. 매일경제(1979년 2월 3일)에 보도된 바에 따르면, 한국주택사업협회(회장 최종성)는 1979년 2월에 법제위원회를 신설, 주택 건설과 관련된 각종 법규를 전문적으로 다루도록 했다. 위원장에는 김학묵 삼부토건부사장을 위촉하였으며 주택건설 지정업체 중 한국건업(윤병호 상무), 한일산업(이태교 상무)등 8개 업체의 이사급 이상이 법제위원회 위원으로 되었다.

그는 법학을 전공했고, 보건사회부 차관으로 일한 바 있기에 건설부나 국회에 주택 건설 관련 법률을 청원하는데 관여했을 것이다. 법률의 제정과 개정은 해당 분야에 대한 전문성, 행정부의 고급공무원과 국회의원과 연결망을 통한 로비가 중요하기 때문이다. 그는 주택 건설 관련 법률을 제정하거나 개정할 때 한국주택사업협회의 입장을 대변하였을 것이다.

3. 한국사회복지회관의 건축 추진

김학묵은 한국사회복지협의회(한사협) 회장 재임 이후에 한사협에 큰 도움을 주었다. 삼부토건이 구 사회복지회관을 1995년 9월부터 2002년 3월 재건축하도록 주선하였다. 김학묵이 삼부토건 부사장으로 일한 것이 계기가 되어 삼부토건이 한사협의 사회복지회관을 헐고 새 건물을 건축하게 되었다. 그는 김숙현 회장 시기인 1990년 11월 9일에 제1차 '건축추진위원회'에 위원으로 참여하였다.

한사협은 현재 한국사회복지회관의 건립을 위하여 모두 27차례의 건축추진위원회를 구성·운영했다. 1990년 11월 9일(금)에 출범한 제1차 건축추진위원회의 명단을 보면, 위원장은 박숙현 한사협 회장이 맡고, 위원은 박일상 부회장, 이세복 부회장, 정철수 사무총장이 참여하고, 김학묵 한국뇌성마비복지회장도 위원으로 참여했다. 김학묵은 사회복지계 인사이면서 삼부토건과 소통할 수 있었기 때문이었다.

제1차 한국사회복지회관 건축추진위원회

위원장 박숙현 한국사회복지협의회장

위원 박일상 한국사회복지협의회 부회장

위원 김학묵 한국뇌성마비복지회장

위원 김득린 한국아동복지시설협회장

위원 이세복 한국사회복지협의회 부회장

위원 김삼준 (주)건일종합건축사 사무소 대표이사

위원 심우갑 서울대학교 건축학과 교수
위원 정철수 한국사회복지협의회 사무총장
위원 천특훈 경북사회복지협의회장

    삼부토건은 한사협과 함께 기존 사회복지회관 터에 주변 땅을 더 매입하여 증축하였다. 1990년 2월 대의원총회를 통해 회관신축계획을 심의의결하고 사업에 착수한 지 12년 만에 2002년 12월 지상 23층 지하 7층 규모로 새롭게 증축하게 되었다. 이 일은 삼부토건주식회사의 창업자인 고 조정구(趙鼎九) 회장(1914~1993)의 의지가 반영된 것이었다. 삼부토건은 1960년대부터 1980년대까지 우리나라 3대 건설회사 중 하나로 건축업계에서는 매우 큰 회사였다. 조정구 회장은 "우리 회사도 이제 많은 성장을 했으니 사회에 공헌한다 생각하고 한번 사회복지회관 재건축을 검토해보라고 지시"하였다고 한다.

    실제 계약을 체결하고 사회복지회관 신축 기공식을 한 것은 1995년 9월이지만 4년여 전 조정구 회장이 생존했을 때 삼부토건에서 사실상 시작되었다. 이렇게 사회복지회관의 신축공사를 지시해 놓은 지 얼마 되지 않아 조정구 회장은 1993년 10월에 사망하였지만, 장남인 조남욱 회장이 1997년 외환위기에도 불구하고 유업(遺業)을 성공적으로 수행하였다.

    1952년 2월 15일 설립된 한사협은 2012년 설립 60주년을 맞아 한국사회복지협의회 60년사 '복지한국을 향한 위대한 여정'을 펴냈다. 그중 일부를 기관지 '복지저널'에 소개하였는데, 다음 글은 2015년 5월호에 실린 내용이다.

제7절 한국사회복지회관 재건축과 삼부토건과의 관계

현재 마포구 공덕동에 새롭게 재건축된 한국사회복지회관(이하 사회복지회관)은 1990년 2월 대의원총회를 통해 회관신축계획을 심의의결하고 사업에 착수한 지 12년 만에 2002년 12월 지상 23층 지하 7층 규모로 새롭게 증축하게 되었다.

그런데 한 가지 사회복지회관을 이용하면서 많은 사람들이 그냥 잊고 무심하게 지나치는 곳이 있다. 바로 6층 사회복지회관 대회의실 숙정(肅鼎)홀의 명칭에 대한 것이다. '숙정'은 사회복지회관을 건립한 삼부토건주식회사(이하 삼부토건)의 창업자인 고 조정구(趙鼎九) 회장(1914~1993)의 아호이다. 그렇다면 사회복지회관의 증축공사는 어떻게 하여 삼부토건에서 공사하게 되었는가?

삼부토건과 한국사회복지협의회의 인연은 조정구 회장과 한사협의 14대 회장과 보건사회부 차관을 지낸 김학묵 회장(1916~2001)과의 깊은 우정으로 맺어진 인간관계 때문이었다.

김학묵 회장과 두 살 연배였던 조정구와 두 사람 사이는 서로 난형난제(難兄難弟)하는 사이였다. 김학묵 회장은 60세가 넘은 나이에도 한국뇌성마비복지회 회장과 삼부토건의 부사장으로 3년여 근무한 바 있다. 당시 한사협의 박숙현 회장은 김학묵 전임회장으로부터 삼부토건을 소개받고 이사회의 승인을 받아 사회복지회관 재건축에 삼부토건이 참여할 것을 결정하게 되었다.

1990년대 초 사회복지회관을 재건축하려고 할 때, 주변의 복잡한 상황을 알았던 건축업계에서는 어느 회사도 뛰어들려고 하지 않았다. 그러나 삼부토건의 조정구 회장의 생각은 달랐다. 삼부토건은 1960년대부터 1980년대까지는 우리나라 3대 건설회사 중 하나로 건축업계에서는 매우 큰 규모의

회사였다.

당시 조정구 회장은 "우리 회사도 이제 많은 성장을 했으니 사회에 공헌한다 생각하고 한 번 사회복지회관 재건축을 검토해보라고 지시"하였다. 그리고 바로 삼부토건의 직원이었던 용태종 씨를 사회복지회관 현장소장으로 파견하면서 사회복지회관의 재건축은 시작되었다.

사회복지회관 신축공사가 실제적으로 계약을 체결하고 기공식을 한 날짜는 1995년 9월이지만 4년여 전 조정구 회장이 생존해있을 당시에 삼부토건에서 사회복지회관의 건축사업은 시작되었다. 이렇게 사회복지회관의 신축공사를 지시해 놓은 지 불과 얼마 안 되어 조정구 회장은 1993년 10월 만 79세를 일기로 별세하였다.

삼부토건의 차기 회장인 조남욱 회장은 부친인 조정구 회장의 유지를 받들어 주변 소상인들과의 당면 과제들을 한사협의 건축담당 직원들과 함께 부딪혀 해결해 나가면서 사회복지회관 공사에 적극적인 지원을 하였다. 그러나 사회복지회관 재건축 중인 1997년 12월 IMF 위기를 맞이하면서 1998년도에는 국가경제는 물론 모든 건축업계는 초비상이었다. 이렇게 어려운 상황에도 불구하고 사회복지회관의 재건축이 예정대로 진행된 것은 삼부토건의 설립자인 조정구 회장의 마지막 유업(遺業)이었기에 가능하였다.

IMF 이후 서울 시내의 모든 공사가 중단되었음에도 불구하고 레미콘의 굉음이 울렸던 곳은 공덕동 사회복지회관의 재건축 현장이 유일하였다. 2002년 3월 사회복지회관의 증축이 완공되면서 삼부토건에서는 6층 회의실에 300석 이상의 집기와 각종 사무집기를 기증하였다. 이를 기념하여 당시 건축위원회에서는 6층 회의실을 당시 삼부토건 조정구 회장의 아호를 따와 숙정홀로 명명하게 되었다.

4. 한국사회사업가협회 회장 경선

김학묵이 1973년 10월부터 1974년 9월까지 한국사회복지협의회 회장이었다는 것은 널리 알려졌지만, 1973년 2월에 한국사회사업가협회(현 한국사회복지사협회) 회장선거에 출마했다는 것은 별로 알려지지 않았다.

은평천사원 조규환 이사장은 한 인터뷰에서 "사회사업가협회는 조기동 회장 다음에 부청하 씨가 했어요. 홀트 회장하면서요. 그때 김학묵 박사와 경선이 붙어서 이겼어요. 부청하 씨가 70년대에 가서 홀트 회장을 했습니다. 그것을 하면서 사회사업가협회 회장을 하고, 그 다음을 쭉 내려오고 그랬는데요. 아까도 얘기했지만, 외원기관들이 많이 왔습니다(임상사회사업연구회, 2014: 247)."라고 증언하였다.

한국사회복지사협회는 2023년 1월 10일 현재 사회복지사 자격증을 소지한 139만 명(중복, 사망자 포함)을 대표하는, 사회복지에 관한 전문 지식과 기술을 개발·보급하는 법정단체다. 사회복지사의 자질 향상을 위한 교육훈련 및 사회복지사의 복지증진을 도모하기 위해 1965년 창단되었다. 1967년 3월 한국사회사업가협회로 명칭을 변경했다가 1985년 사회복지사 자격제도가 생김에 따라 법인 명칭을 지금의 한국사회복지사협회로 변경했다. 예비 사회복지사 교육, 사회복지사 해외연수 등을 통한 사회복지사의 전문성 향상과 국내외 사회복지관련 전문가 단체들과의 협력 강화를 주요 사업으로 전개하고 있다.

김학묵이 협회장에 도전할 때만 해도 한국사회사업가협회는 한국사회복지협의회보다 시설, 인력, 조직 등에서 위상이 낮았다. 한국사회복지협의회는 서울 마포구 공덕동에 사회복지회관(8층 빌딩)을 소유하고 사무국을 운영했지만, 한국사회사업가협회는 별도 사무국도 없고 회장이 소속한 기관의 직원을 '간사'로 부리는 수준이었다.

한국사회사회가협회(한국사회복지사협회) 회장(1967~1988)

초대~2대	하상락	1967.03.08. ~ 1971.03.19.
3대	조기동	1971.03.19. ~ 1973.02.23.
4~7대	부청하	1973.02.28. ~ 1981.01.18.
8~9대	민은식	1981.01.19. ~ 1987.03.20.
10대	김석산	1987.03.21. ~ 1988.04.14.

그런데도 보건사회부 차관으로 근무했고, 12년간 대한적십자사 사무총장으로 일한 김학묵이 한국사회사업가협회 회장 선거에서 낙선하였다. 그가 같은 해 9월에 한국사회복지협의회 회장으로 뽑힌 것과 매우 대조적인 사건이었다.

필자와의 인터뷰에서 부청하 회장은 대한적십자사 강당에서 열린 총회에서 보건사회부 차관 출신인 김학묵, 대한사회복지회 회장인 탁연택과 함께 경선하였는데, "저도 상상을 초월할 수준으로 몰표가 나왔다. 김학묵 박사가 내 손을 들면서 "부청하를 중심으로", 진짜 멋쟁이였어요."라고 회고했다. 당시 만 29세 청년 후보에게 몰표가 나온 이유가 무엇일까?

부청하는 만 28세에 홀트아동복지회 회장이 되었기에 젊은 사회사업가들의 지지를 받았다. 젊은 사회사업가들은 김학묵 전 차관이나 탁연택 회장보다 젊은 리더십을 요구하였다. 사회사업가의 지지를 폭넓게 받은 홀트아동복지회가 사회사업가만 직원으로 공채했다는 것도 중요했다. 당시엔 혈연이나 지연 등 연고로 채용하거나 대학교 선배가 후배를 데려오는 경우가 많았다. 그런데, 홀트는 사회사업가(법적으로 사회복지사업종사자)만을 공개 채용하여 새로운 풍토를 조성했기 때문이다.

또한, 젊은 사회사업가를 중심으로 부청하 회장이 대학교 다닐 때 학생회장을 했고, 캔들회를 조직하여 대학 간 연합 봉사활동을 하였기에 함께하는 동기나 후배들이 많았다는 점도 영향을 미쳤을 것이다.

당시 한국사회사업가협회는 명칭은 한국을 표방했지만, 주로 서울을 중심으로 활동하였다. 대구사회사업가협회, 제주사회사업가협회 등 지역 사회사업가협회는 독자적으로 회원과 재정관리를 했다. 따라서 한국사회사업가협회를 명실상부한 전국 조직으로 만들기 위해 지방에 사무소를 가진 홀트아동복지회 회장을 지지했을 것이다. 대학교를 졸업한 사회사업가들이 주로 외원기관에서 많이 일했기에 홀트 회장은 다른 외원기관의 장과 긴밀하게 소통하였다. 회장 선거에서 회원이 투표하지만, 기관장의 영향을 무시할 수 없기에 이번엔 부청하 회장으로 분위기가 형성되었기에 "몰표"가 나왔을 것이다.

김학묵은 12년간 일한 대한적십자사 강당에서 총회가 열렸지만 낙선하였다. 당선자가 결정되자, 김학묵은 부청하의 손을 들면서 "부청하를 중심으로"라는 구호를 외치며 응원하였다고 한다.

질문: 그 무렵에 한국사회복지사협회 회장을 했지요.

답변: 1972년에 (홀트아동복지회 본부가 있는) 미국에서 교육을 받고 와서 1973

년일 것이어요. 당시 협회는 재정이 없어서 운영이 안 되었어요. 오자마자 기독교양자회와 홀트가 합쳤지요. 기독교양자회의 모든 직원을 흡수하고 국내입양도 흡수하고, 그곳에 있던 심현숙 씨를 홀트 부회장으로 모셨어요. 당시 심현숙 씨가 사회복지사협회 부회장까지 했지요. 그분과 코드가 맞았어요. 심현숙 씨가 B라는 시설에 슈퍼바이저일 때 제가 대학교 3학년에 실습생으로 간 적이 있었어요. 이분은 이화여대 총학생회장도 했지요.

이전에는 직원을 아무나 뽑았어요. 내가 직원으로 온 후에는 공채를 주장했어요. 공채하고 시험을 보고 뽑자고 제안했어요. 이대, 성심여대, 중앙대 등 여러 대학교 출신이 왔어요. 지원자가 많아서 심사위원을 부장급으로 하여 홀트 앞 여관에서 재우고, 그곳에서 시험지를 출제하게 했어요. 아침에 회장에게 주어서 공개했어요.

공신력이 있으니 인정을 받았어요. 그때 한국사회복지사협회 회장에 나가도록 주변에서 추천을 했어요. 당시 김학묵 씨, 탁연택 씨 등이 후보자로 거명되었어요. 젊은 복지사들은 "당신이 출마해야 한다."고 추천했어요. 그래서 남산에 있는 대한적십자사 강당에서 총회를 하고 김학묵, 부청하, 탁연택 등이 나왔어요. 저도 상상을 초월할 수준으로 몰표가 나왔지요. 김학묵 박사가 내 손을 들면서 "부청하를 중심으로"라고 외쳤지요. 진짜 멋쟁이였어요.

(질문 이용교, 답변 부청하 회장 인터뷰, 2018년 1월 25일)

부청하 회장은 4대에서 7대까지 한국사회복지사협회 회장을 역임하였다. 네 차례 연속 회장이 된 경우는 그가 유일했다. 부청하 회장 시기에 한국사회복지사협회는 명실상부한 전국 조직으로 탈바꿈을 하였다. 이러한 변화를 조성하기 위해 홀트 직원에게 협회 일을 시켰는데, 1956년 내한하여 홀트에서 활동한 미연합감리교회 타이스(Theis, Rev, 1930년생) 선교사로부터 지지를 받았다. 협회가 독자적인 사무국도 없고 직원도 없을 때 홀트 직원을 협회의 간사로 쓰도록 후원해준 것이 협회 발전에 기여했다.

또한, 부청하 회장은 자구책으로 회원에게 협회비 연 1만 원을 내도록 하고, 사회복지시설·기관·단체에서 신입 직원을 뽑을 때에는 협회에 가입한 사람만 응시할 수 있도록 한 것도 큰 변화이었다. 처음에는 홀트에만 적용했지만, 시간이 갈수록 다른 사회복지시설·기관·단체도 동조하면서 협회의 위상이 커지고, 사회사업가의 자부심도 키울 수 있었다.

부청하 회장은 한국사회사업가협회를 전문가 단체로 키우기 위해 세미나를 하고, 체육대회를 하면서 친목을 다졌다. 당시 사회사업가들의 출신 학교를 보면, 이화여자대학교 졸업생이 먼저 배출되었지만 중앙신학교 출신이 다수였으며, 서울대학교와 중앙대학교 출신은 많지 않았다. 이 때문에 부청하 회장은 질투하는 세력도 있었지만, 직원을 공정하게 공채했기에 중앙대학교 나왔지만 폭이 넓다고 인정을 받았다고 회고했다.

그런데, 협회에 예산이 없잖아요. 모여서 무엇을 해야 하잖아요. 다 돈이어요. 미국 사람은 좋은 것이 있어요. 타이스는 한국사회복지가 발전해야 한다고 밀어주는 것이어요. 한 마디로 홀트의 직원에게 사협 일을 시켜도 봐주는 것이어요.

　의정부 다락방 등에서 세미나를 많이 했어요. 대회도 하고, 체육대회 등도 많이 했어요. 기관과 기관 대항 운동(배구, 줄다리기) 등을 상당히 많이 했어요. 뭉치기 위해서 했어요. 회장이 된 다음부터 우리 홀트는 "사회사업가협회 가입하지 않으면 직원의 응시자격을 주지 않는다."는 공문을 보냈어요. 홀트에 지원하려면 돈 1만원씩 내고 회원 가입을 했어요.

　그렇게 하다 보니까, 세미나도 커지고, 좋은 분들을 많이 만났어요. (당시 현장을 장악한 세력들은) 나를 질투하는 세력도 있어요. 그것과 상관없이 직원을 공정하게 공채했기에 "중앙대학교 나왔지만 폭이 넓다."고 인정을 받았어요.

(질문 이용교, 답변 부청하 회장, 2018년 1월 25일)

제6장

의료보험조합연합회 회장

1. 의료보험조합연합회 회장

김학묵은 1981년 10월 1일부터 1983년 7월 14일까지 의료보험조합연합회 회장으로 일했다. 의료보험조합연합회는 사라진 기관이기에 관련 정보를 검색하면 '건강보험심사평가원'으로 연결된다.

건강보험심사평가원(심평원)은 역대 원장을 심평원 설립(2000년 7월 1일) 전과 후로 나누어서 소개한다.[30] 심평원 설립 전에 의료보험협의회(1976~1977), 전국의료보험협의회(1977.11.~1981), 의료보험조합연합회(1981.10.~1987), 의료보험연합회(1987.12.~2000.6.)를 소개하고, 건강보험심사평가원(2000.7.~현재) 시기를 소개한다.

각 시기별로 전국의료보험협의회의 김입삼 회장, (중앙)의료보험조합연합회의 김학묵 회장, 의료보험조합연합회의 장원찬 회장, 의료보험(조합)연합회의 우종림 회장, 의료보험연합회의 최수일 회장, 윤성태 회장으로 이어진다. 심평원은 각 시기별 특징을 다음과 같이 소개하였는데, 필자는 회장의 역할을 추가로 정리하였다.

---

[30] 의약뉴스(2014년 8월 16일 자)에 따르면, 심평원이 2014년 3월에 누리집을 개편하면서 "역대 기관장 소개 범위를 2000년 설립 이전까지 확대한 것을 두고 건강보험공단이 불편한 심기를 드러냈다"고 한다. 심평원은 2000년 7월 1일 보험자 통합으로 심사업무승계(평가업무 신설)라는 설명과 함께 심평원 설립 전 6명과 이후 총 8명의 기관장을 소개했다. 이에 대해 국민건강보험공단 관계자는 "심평원의 이런 행동은 스스로 정체성을 흔드는 일"이라고 지적했다. 이 관계자는 "국민건강보험법 부칙을 보면 심평원은 의료보험연합회의 업무 중 심사업무만 승계하고 나머지 업무는 건보공단이 포괄승계한다고 돼 있다"고 강조했다. 심평원의 전신인 의료보험연합회는 국민건강보험법 통과로 전국의 직장조합과 지역조합, 의료보험관리공단 등이 단일조직으로 통합되면서 2000년 7월 1일자로 해산됐다.
http://www.newsmp.com/news/articleView.html?idxno=123832

건강보험심사평가원 이전의 회장		
(전국)의료보험협의회	김입삼	1977.01.13. ~ 1981.09.30.
(중앙)의료보험조합연합회	김학묵	1981.10.01. ~ 1983.07.14.
의료보험조합연합회	장원찬	1983.07.15. ~ 1987.08.17.
의료보험(조합)연합회	우종림	1987.08.18. ~ 1990.09.30.
의료보험연합회	최수일	1990.10.01. ~ 1993.09.30.
의료보험연합회	윤성태	1993.10.01. ~ 2000.06.30.

1) 의료보험협의회(1976~1977) - 사회보장제도로서의 의료보험시대 개막

1963년 의료보험법이 제정된 후 의료보험은 십여 년간을 소수 가입 국민만을 대상으로 운영되었다. 그러나 1970년대 중반을 넘어 경제개발의 성과가 가시화되면서 국민의 보건의료에 대한 관심이 증가되었고, 경제발전의 주역이었던 근로자에 대한 정부와 기업의 배려 필요성이 증대된 가운데 1976년 12월 22일 의료보험법 전문개정이 공포되었다. 이에 경제계가 의료보험의 당사자라는 의지를 가진 전국경제인연합회(전경련)는 보건사회부의 협조를 받아 의료보험사업 전개의 실무적 구심체로 자임하고 의료보험협의회 설립 추진위원회를 구성하였다.

1977년에 500인 이상 사업장을 중심으로 의료보험조합이 만들어진 것은 북한에는 의료보장제도가 있었지만 남한에는 없어서 박정희 대통령이 의료보험의 당연 적용을 강구하도록 지시하여 제도화되었다고 알려졌다. 그런데, 직장인 의료보험은 사용자와 노동자가 반반씩 보험료를 내고, 국가의 재정 지원이 거의 없는 상황이었기에 사용자 측의 동의가 필수적인 요소였다.

당시 전경련 상임 부회장인 김입삼이 1977년 의료보험을 태동시킨 주역 중의 한 명으로 '산파' 역할을 했다. 정부가 1976년에 의료보험 도입을 검토하자, 김입삼 부회장은 의료보험 시행 건의서를 냈고 기업들을 독려해 직장이 보험료의 일정 부분을 분담하는 의료보험의 형태를 갖췄다. 전경련 주도로 1977년 의료보험협의회를 발족해 초대 회장을 하였다.

김입삼은 함경북도 경성 출신으로 함북 경성고보와 미국 미네소타주립대 정치경제학부를 졸업하고, 정부의 경제개발 계획 수립에 참여했다. 이후 민간 경제단체 전경련으로 자리를 옮겼고, 1962년부터 1970년까지 사무국장과 전무를 거쳐 1971년부터 1982년까지 상근 부회장을 맡았다. 의료보험의 제도화에 기여한 공로로 국민훈장 동백장을 받았다. 그는 한국 경제에 참여한 경험을 담아 '초근목피에서 선진국으로의 증언'이란 회고록을 냈고, 2017년 12월 7일 95세로 영면했다.

한편, 전경련 상무이사를 지낸 뒤 SK, 금호, 효성 등에서 사장 등을 한 권오용 한국가이드스타 상임이사가 선정한 '전경련의 빛났던 10대 순간'의 하나로 꼽은 '기업 의료보험제도 도입'을 소개하면 다음과 같다.

[전경련 '빛났던' 10대 순간③] 기업 의료보험제도 도입

정부는 1977년을 시발로 하는 제4차 경제개발 5개년 계획부터 사회개발의 기초인 의료보장책 시행을 결정했다. 서러움을 해결하겠다고 나선 것이다. 이보다 앞선 1975년 여름, 김입삼 전경련 부회장은 평소 친교가 있던 한

양대학교 의과대학의 김모 교수로부터 의료보험제도를 만들어 달라는 부탁을 받았다. 입원비가 없어 보이는 환자한테 주사를 놓고 약을 주고는 곧 나을 것이라며 돌려보냈지만, 사실은 입원하지 않으면 생명이 위태로운 환자였다는 것이다.

돈이 없는 환자에게 의사로서 양심에 가책 받는 거짓말을 했다는 사연을 들은 김 부회장은 전경련에서 의료보험제도를 추진할 것을 결심했다. 여름휴가에서 돌아온 김 부회장은 전경련 회원사들의 사내 의료보험 사례 조사에 들어갔다. 당시 호남정유, 대한항공 등은 이미 사내 의료보험제도를 실시하고 있었다. 여기서 자신을 얻은 전경련은 노사 양측이 의료비용을 반반씩 부담하는 방식으로 회원사의 사내 의료보험을 확대, 보급할 방안을 마련하고 이사회에 상정했다. 그러나 이사회 심의 과정에서 반대 의견은 만만치 않았다. 사무국이 고금리, 자금경색, 세금 부담 등 기업이 겪고 있는 삼중, 사중의 어려움을 해결할 생각은 하지 않고, 오히려 기업이 추가 비용을 부담하는 일만 꾸미고 있다는 게 요지였다. 당시 임금 총액의 1~2%를 기업이 추가 지출해야 한다는 추계까지 제시됐다.

김용완 당시 전경련 회장이 분위기를 뒤바꿨다. 그는 자신의 회사인 경방이 1930년대부터 이미 초보적이나마 의료보험을 실시하고 있다면서 "회사의 생산성을 높이고 노사 평화를 위해 꼭 해야 한다."고 역설했다. 김 회장은 무엇보다도 자유기업제도, 자본주의의 발전을 위해 꼭 필요하다며 설득에 들어갔고, 결국 의료보험제도 안은 원안대로 확정됐다.

기업 의료보험제도가 확정되기 전에 한국개발연구원은 경제기획원과 함께 국가보험을 주장했다. 그러나 이미 사보험이 주도하는 미국, 국가가 주도하는 영국 등에서 발생했던 부작용을 직접 경험한 김 부회장의 주도로 전경련은 자기부담원칙 하의 기업 의료보험제도 도입에 나섰다. 전경련은 사무국을 총동원해 기업의료보험 제도 마련에 힘을 쏟았고, 마침내 1977년 1

월 13일 의료보험협의회가 설립됐다.

아이디어 단계에서부터 경제와 사회의 균형적 발전, '노블리스 오블리주(Nobless Oblige)'의 신념으로 기업 의료보험제도의 도입을 주도한 김입삼 부회장은 협의회 초대 회장으로 선출됐다. 전경련은 의료보험제도 정착을 위해 남다른 노력을 경주했다. 특히 의료보험협의회와 의사협회는 매월 조찬회를 갖고 복잡한 의료수가심사 등 현안 문제들을 허심탄회하게 상의했다.

정부도 1, 2차 진료 기관의 기능 분화를 진척시키며 의료보험제도 도입에 따른 부작용 해소에 힘을 쏟았다. 이에 따라 초기 500인 이상의 사업장 근로자만을 대상으로 하던 것을 1979년 7월부터는 300인 이상, 1981년 1월부터는 100인 이상, 1983년부터는 16인 이상의 사업장 근로자들까지 적용 대상을 확대해 오늘날 모든 국민이 의료보험의 혜택을 받게 됐다.

2017년 12월 7일 김입삼 부회장이 타계했다. 각 언론매체가 부음을 게재했는데, 고인의 가장 큰 업적으로 의료보험제도를 태동시킨 것을 헤드라인으로 뽑았다. 그만큼 의료보험제도는 고인에게도 의미 있는 업적이었으나, 전경련으로서도 한국 경제사에 결코 놓치고 싶지 않은 성과 중의 성과라고 할 수 있다.

민간 경제계가 자진해서 의료보험제도를 마련한 예는 한국 외에는 어디에도 없었다. 이 제도는 오늘날 우리 국민이 배고픔의 단계를 넘어 아파도 치료받지 못하는 서러움의 문제를 해결한 결정적 순간이었다.

2) 전국의료보험협의회(1977.11.~1981) - 직장보험의 정착과 심사 지급 일원화

의료보험협의회는 초창기 조합설립이라는 막중한 사업을 보건사회부의 적극적 지원 하에 수행해 왔지만 그 후 조합이 정상적으로 운영되는 단계에 이르러서는 점차 임의 법인 형태로 각 조합을 지도, 지원한다는 점에서 법인 행위에 많은 제약이 수반되었다. 이에 의료보험협의회는 1977년 10월 5일 전국의료보험협의회로 명칭을 변경하고 1977년 10월 29일 전경련 회의실에서 전국의료보험조합 사무국장 회의를 처음 열고 11월 28일 법인등기를 하여 사단법인으로 성립되었다.

3) 의료보험조합연합회(1981.10.~1987) - 법정보험자단체 설립과 발전

의료보험사업을 원활하게 하기 위해서는 법정 보험자단체를 설립함이 타당하다고 판단됨에 따라 전국의료보험협의회의 권리 업무를 포괄 승계하여 1981년 10월 1일 중앙의료보험조합연합회가 특수공법인으로 설립되었다.

김학묵은 이 시기에 회장으로 취임하여 약 2년간 재직하였다. 김학묵 회장 시기에 진료비공동심사위원회의 설치, 의료보험조합연합회로 명칭 변경, 의료보험법 시행령에 조합연합회의 기능을 상세히 규정, 의료보험심사위원회의 설치 등 연합회의 법적 지위를 공고하게 하였다. 김학묵은 법학을 전공하였고, 보건사회부 차관으로 일한 경력이 있었기에 의료보험조합연합회가 법정보험자단체로 일할 수 있도록 기반을 조성하였다.

1981년 10월에 진료비심사위원회가 연합회와 공무원및사립학교 교직원 의료보험관리공단(공·교공단)에 각각 설치되어 있어 심사기준이 상이하고 통일성이 결여되어 있어 진료비공동심사위원회가 설치되어 심사기구의 상부구조를 일원화하였다.

1981년 12월 31일 개정 공포되면서 연합회 명칭 중 '중앙'이라는 부분을 뺀 '의료보험조합연합회'로 명칭이 변경되었다.

1982년 4월 1일에 의료보험법 시행령 조합연합회의 기능을 상세히 규정하여 공포됨으로써 오늘날의 기능에 대한 기본틀이 법령상으로 확립되었다.

1982년 9월에 의료보험처분에 불복할 경우의 행정심판기구인 의료보험심사위원회가 의료보험연합회 내에 설치되었다. 이는 종전 각 시·도에 설치되어 있던 위원회 기능을 옮긴 것으로서 보험자단체의 전문적 지식과 경험이 공정하고 객관적인 행정심판의 주춧돌임을 확인시킨 것이다.

장원찬은 1983년 7월 15일부터 1987년 8월 17일까지 4여 연간 의료보험조합연합회 회장을 했다. 그는 1937년 경북 영천 출신으로 경북대 법학과를 졸업하고, 사법고시에 합격하여 서울지검 검사, 총무처 기획관리실장, 국무총리행정조정실 조정관, 서울특별시 제2부시장, 새마을금고연합회 회장을 거쳐 의료보험조합연합회 회장이 되었다. 이후 국민연금의 시행을 준비하기 위해 1987년 9월 15일에 초대 국민연금관리공단 이사장으로 임명되었다.

장원찬 회장 시기에는 의료보험조합연합회를 마포로 옮기고, 외래진료비를 대상으로 경향심사제도를 도입하며, 의원급 이하 요양기관에 대한 본인부담정액제의 도입, 한방 의료보험의 시범사업과 전국 확대 등 의료보험제도의 내실을 기했다.

1984년 11월에 의료보험조합연합회와 공무원및사립학교교직원의료보험관리공단은 마포구 염리동에 새로 마련된 의료보험회관에서 업무를 개시함에 따라 각각 여의도 교원공제회관과 전경련회관 시대를 마감하고 공동으로 마포시대를 개막하게 되었다. 양립된 두 단체가 공동으로 회관을 구입하게 된 것은 드세게 전개되었던 일원화 파동의 여건 속에서 이루어진 것이었다.

1985년 1월에 의원급 외래진료비를 대상으로 경향심사제도가 도입되었다. 이를 시작으로 수차례 심사기준개선을 통하여 발전하여 1998년에는 종합병원급 이상 외래 경향심사까지 확대하게 되었다.

1986년 1월에 의원급 이하 요양기관에 대한 외래진료비 본인부담정액제가 도입되었다.

1987년 2월에 1977년 의료보험 출범 당시부터 대한한의사협회에 의해 지속적으로 제기되어오던 한방 의료의 의료보험 적용이 1984년 12월 1일 청주시·청원군 거주 피보험자를 대상으로 한 시험 사업이 실시된 후 2년여의 경험을 축적하여 전국적으로 확대되었다.

의료보험조합연합회의 명칭은 여러 차례 바뀌었지만, 회장은 의료보험제도의 설계와 운영에 관여한 보건사회부 관료 출신이 많았다. 그런데, 장원찬은 박정희 정부에서 서울지검 검사를 하였다가, 이후 총무처, 국무총리실, 서울특별시 등에서 고위 행정공무원으로 일했다. 그가 검사에서 행정공무원으로 바뀐 것에는 1964년 1차 인혁당 사건의 수사와 관련이 높다. 후에 대법원장이 된 이용훈 부장검사가 장원찬 검사 등과 1차 인혁당 사건을 수사했지만 기소를 거부하면서 '항명 파동'이 생겼다.

인권변호사로 유명한 한승헌 전 감사원장은 1차 인혁당 사건을 수사한 이용훈 부장검사, 김병리, 장원찬 검사들은 "증거 불충분으로 도저히 기소할 수 없다."고 하였고, 검찰총장의 명령에 따라 당직검사가 사건을 기소하자, "세 검사는 사표를 냈다."고 회고하였다.

4) 의료보험연합회(1987.12.~2000.6.) - 전국민 의료보험시대의 개막과 심사기구 발전 성숙

1987년 들어 진료비 심사기구 독립논쟁이 제기되었고 1987년 12월 4일 관련 법률이 개정됨에 따라, 1988년 1월 1일부터 심사기구가 완전 통합되고 3월 1일 공무원 및 사립학교 교직원 의료보험관리공단이 회원으로 가입하여 연합회가 명실상부한 의료보험의 중심으로 자리매김 되었다. 이후 연합회는 도시보험 확대를 위한 준비에 매진하여 1989년 전 국민 의료보험 시대가 열렸다.

전 국민 의료보험 시대가 열리면서 의료보험조합연합회 회장은 우종림 의료보험관리공단 이사장이 맡았고, 이후 보건사회부에서 사회보험국장으로 의료보험제도를 도입한 최수일 차관, 사회보험국장을 했던 윤성태 차관이 맡았다.

우종림은 1987년 8월 18일부터 1990년 9월 30일까지 회장으로 일했다. 임기 중에 의료보험조합연합회를 의료보험연합회로 명칭을 바꾸었다. 그는 1931년 경기도 파주군 탄현면에서 태어났고 경희대학교를 졸업했다. 6·25 전쟁 중 학도병으로 참전하였고, 이후 육군 장교로 복무하였다. 제1보병사단장, 청와대 대통령경호실 행정차장보를 지내고 육군 소장으로 예편하였다. 이후 의료보험관리공단 이사장, 의료보험연합회 회장을 지냈으며 2000년에 사망했다.

최수일(1931년 생)은 1977년 보건사회부 사회보험국장으로서 의료보험제도를 만들었다. 당시 의료보험제도에 대해 사회 전반 및 관련 경제부처, 보건사회부 내에서 조차 인식의 한계가 있었으나 그는 "시기상조다.", "국가를 망치게 하는 공무원이다."라는 반대를 딛고 의료보험제도 도입을 추진하여 박정희 대통령의 재가를 받음으로써 의료보험시대를 열었다. 보건사회부 차관, 환경청장을 역임했고, 한국제약협회장, 의료보험연합회장을 지냈으며, 2017년에 사망했다. 사후에 '최수일 전 보건사회부차관 추모집 - 대한민국 의료보험 이렇게 만들어졌다'(2018)가 출간되었다. 이 책은 최수일 차관의 아들인 최영수의 구술과 자료 수집을 바탕으로 집필되었다.

윤성태는 서울대학교 법학과를 졸업하고 1966년 행정고시를 통해 공무원이 되어 보건사회부 사회보험국장(1980년), 대통령 정무비서관, 보건사회부 차관(1989년), 국무총리 행정조정실장 등을 걸쳐 의료보험연합회 회장, 가천의과대학교 대학원장, 가천문화재단 이사장을 역임했다.

5) 건강보험심사평가원(2000.7.~현재) - 심사평가기관 독립과 발전

한국의 건강보험은 1977년 사회보장 정책의 일환으로 시작되어 이후 12년 만에 전 국민 의료보험으로 확대 시행되었다. 성공적인 건강보험 제도의 정착을 위해 1979년 전국의료보험협의회가 진료비 심사기관으로 첫걸음을 뗀 후 진료비 심사시스템은 의료의 질적 보장을 위해 끊임없는 변화와 노력을 이어왔다. 그리고 2000년 7월 1일에 의료 선진화를 향한 국민적 열망을 담아 건강보험심사평가원이 출범하였다. 국민이 낸 의료비가 제대로 쓰였는지 진료는 적정한지를 평가함으로써 국민의 현명한 의료 소비를 돕고 신뢰받는 의료서비스 환경을 구축하는 데 중추적인 역할을 해 나갈 것이다.

2. 의료보험조합연합회 회장 시기의 일화

의료보험조합연합회 직원이었던 이수태 님이 2014년 2월 8일에 블로그에 올린 '김학묵 전 중앙의료보험조합연합회 회장에 대한 기억'에 소개된 일화로 업무 스타일을 알 수 있다.

김학묵 회장은 남을 비방하는 것을 싫어하여 회장 접견실 벽에 시를 하나 걸어놓았다 한다. 그 시는 "아는가 모르는가! 가랑잎이 솔잎더러 바스락거린다 함을…"로 시작되었는데, 다른 사람을 험담하는 사람에게 더 큰 흠이 있다는 것을 알려주었다. 연합회에는 수많은 의료보험이 있고, 각 조합의 대표이사들이 회장 인사차 찾아와서 이해관계가 다른 대표이사를 비방하는 것을 싫어했기에 그 시를 걸어두었다고 한다.

김학묵 회장은 직장에서 금연을 강조했다고 한다. 사무실을 순시하고 다니시다가 담배 피우는 직원을 만나면 "노 스모킹!"을 외치곤 했다는 것이다. 이수태를 비롯한 직원들은 걸리지 않으려고 병원에서 제출한 진료비청구명세서 보관 창고에 들어가 담배를 피웠다. 그런데 어느 날 김 회장이 그 창고에 불쑥 들어와서 "여기는 종이가 잔뜩 쌓인 곳이니 담배 피우는 것은 정말 위험해. 여기선 담배 안 피우겠지?"라고 물었고, 직원들은 한목소리로 "예, 절대 안 피웁니다."고 외쳤다. 그런데, 10초 후 창고 한 모퉁이에서 꽁초가 수북하게 쌓인 유리 재떨이를 우리들 코앞에 밀면서 "왓 이즈 디스?"라고 물었다는 일화를 전한다.

김 회장은 멋쟁이에다 로맨티스트로 통했는데, 회장실을 찾아오는 손님 중에는 멋쟁이 할머니들이 많았다고 한다. 할머니들이 오면 비서실 여직원들에게 그 할머니가 과거에 얼마나 예뻤는지를 극구 자랑했는데 부인과는 금슬이 좋았고 여자 문제로 말썽이 난 적도 없었다고 회고했다. 또한, 보은군지역의료보험조합에 출장 갈 때 속리산 올라가는 길섶에 보은식당을 자주 들려 뚱뚱한 주인 할머니가 먹는 법을 설명한 후에야 식사를 했다. 김 회장과 직원들이 가면 최고의 대우를 해주었는데, 그 이유는 바로 김 회장이 그 주인 할머니 언니의 20살 시절 첫사랑이었다는 것이다.

김학묵 회장은 호탕하고 인간적으로 따뜻했기에 관련 에피소드가 많았다. 그중 이수태 님이 직원 조회시간에 들은 이야기를 하나 전했다. 김학묵이 옛날 하와이에 업무차 갈 일이 있었는데 망명 간 이승만 전 대통령이 살아 있을 때였다. 박정희 대통령 시절이었기에 어느 누구도 이승만 전 대통령을 만나는 것은 금기시되고 있었다. 그러나 김학묵은 정치는 정치고 인간은 인간이라며 이승만 대통령의 처소를 방문하여 인사를 드렸다고 한다. 이 또한 그분의 인간적 측면이 아닐까라고 회고했다.

3. 의료보험조합연합회 회장직의 의미

김학묵은 의료보험조합연합회 회장을 '마지막 공직생활'로 했다. 의료보험조합연합회 회장은 재직 이후 활동에도 큰 영향을 주었다. 마지막 직장과 직위는 일생을 달려온 꼭짓점이고, 은퇴한 사람은 이후 주변 사람으로부터 마지막 직함으로 불리며, 그 네트워크가 이어지는 경향이 있기 때문이다.

그는 한국뇌성마비복지회 회장직을 평생 동안 유지했기에 의료보험조합연합회를 '마지막 직장'이라고 보기는 어렵지만, 상근으로 일한 '마지막 공직'이었다고 볼 수 있다. 그는 전국경제인연합회 상근 부회장으로 직장 의료보험조합을 만드는데 기여한 김입삼 회장 다음에 회장이 되었다. 이후 장원찬, 우종림, 최수일, 윤성태 회장 등 6명의 회장 중 전직 보건사회(복지)부 차관이 3명이었다. 의료보험조합연합회의 이름이 여러 차례 바뀌었지만, 기관장은 '차관급 자리'라는 것을 알 수 있다. 이는 김학묵이 보건사회부 차관에서 퇴직한 후 수십 년간 영향력을 유지했다는 것을 보여준다.

그가 의료보험조합연합회 회장을 했다는 것은 '전직 차관'과는 또 다른 이력이다. 당시 의료보험조합은 직장 의료보험이었고, 조합 대표이사는 조직, 인력, 재력을 갖춘 영향력 있는 인사였다. 즉 의료보험조합은 매달 보험료를 징수하여 기금을 조성하고 요양 취급기관으로부터 청구를 받아 지출했다. 기금은 은행에 예금했는데, 목돈이었기에 은행 지점에서 커미션을 주고 기금을 유치하는 관행이 있었다. 조합 대표이사는 직원을 채용하는 인사권과 기금을 관리하는 재정권까지 가지고, 병원, 은행 등과 네트워크를 형성하여 사회적 지위를 누릴 수 있었다. 당시 조합 대표이사는 기업인이 많았지만, 점차 정치인, 고급 공무원, 영관급 이상 장교 출신이 많았다. 연합회 회장은 전국 조합 대표이사를 포함하여 병원협회, 의사협회, 약사협회, 은행협회, 행정부, 정당 등과 네트워크를 형성할 수 있었다. 김학묵 회장은 조직, 사람, 돈을 가진 의료보험조합의 연합회를 이끌면서 사회적 영향력을 행사하고, 이후 사회적 관계망을 이어갈 수 있었다.

그가 보건사회부 차관을 했다는 경력은 널리 알려졌지만, 의료보험조합연합회 회장 이력은 사회적 주목을 별로 받지 못했다. 하지만, 그는 연합회 회장 시기에 한국뇌성마비복지회 회장을 겸하였고, 연합회 회장 퇴직 후에는 한국뇌성마비복지회 회장직으로 사회활동을 하였다. 한국뇌성마비복지회 회장으로 복지회를 크게 발전시킨 것은 전직 보건사회부 차관이라는 사회적 지명도와 함께 경제인과의 폭넓은 네트워크를 통해 후원을 이끌어낼 수 있었기 때문이었다. 한국뇌성마비복지회 부모회가 중심이 되어 후원금을 조성하였는데, 부모회의 핵심인사는 경제인 가족이었고, 김학묵 회장이 의료보험조합연합회 회장을 하면서 맺은 경제인들과의 인연이 시너지 효과를 거두었을 것이다.

제7장

한국뇌성마비복지회 회장

김학묵은 1978년 3월부터 2001년 5월까지 23년 동안 사단법인 한국뇌성마비복지회 회장을 맡았다. 삼부토건 부사장으로 있을 때 맡았고, 의료보험조합연합회 회장 때도 복지회 회장을 겸했으며, 연합회 회장을 마친 후에는 복지회 사무실로 자주 출근하였다. 그는 한국뇌성마비복지회를 통해 뇌성마비인의 복지를 추구했고, 1992년 3월부터 장애인복지단체협의회 회장을 겸하면서 장애인복지를 포함한 사회복지의 발전에 기여하였다. 한국뇌성마비복지회 회장으로 활동한 기간을 몇 시기로 구분하여 정리하면 다음과 같다.

1. 사단법인의 설립과 김학묵 회장

  사단법인 한국뇌성마비복지회는 당초 '한국뇌성마비아복지회'로 1978년 3월에 창립총회를 개최하고 김학묵 박사를 회장으로 추대했다. 서울특별시 관악구 봉천동에 있는 삼육재활원에 사무국을 두고, 그해 10월에 보건사회부로부터 법인설립허가(보사 제723호)를 받았다. 이 회는 뇌성마비장애인에 대한 사회의 인식을 제고하고 사회참여를 확대시키며 동시에 재활시설 확충 등을 통해 양질의 서비스를 제공하는 데 힘써왔다.

> **한국뇌성마비복지회 설립목적**
>
> 뇌성마비는 뇌의 손상이나 뇌의 발육 이상으로 생겨나는 기능장애로서, 그 장애상태는 다양하며, 대개의 경우에 공통된 점은 중추신경계의 이상으

> 로 정상발육이 안되며, 특히 운동기능에 장애가 오고 시각장애, 지능장애 등을 수반하는 경우도 있다.
>
> 현재 우리나라에는 뇌성마비 장애인을 위한 재활시설이 부족할뿐더러, 많은 가정에서도 여러 가지 사정으로 장애인을 돌보지 못하고 있어 많은 뇌성마비 장애인이 필요한 재활서비스를 제대로 받지 못하고 있는 실정이다.
>
> 이러한 현실에서 뇌성마비인들의 건전한 육성과 재활, 그리고 복지와 권익증진을 도모하고, 뇌성마비인들의 자립의욕과 능력을 제고시키는 한편 이들에 대한 가족과 사회의 올바른 인식개선 그리고 조기발견, 의료, 교육, 직업, 사회적 재활 나아가서는 예방사업도 전개하는 한편 정부에 장애인 정책을 제안하고 이에 협조한다.

한국뇌성마비아복지회는 뇌성마비아(인)의 회가 아니라, 이들의 복지를 추구하는 부모 모임에서 출발했다. 복지회는 뇌성마비인 당사자 조직이 아니라, 뇌성마비아를 둔 부모(특히 어머니)가 중심이 되어서 사단법인을 등록하였고, 법인을 통해 후원자를 모아서 더욱 발전된 조직이다.

필자는 한국뇌성마비복지회의 창립과정에서 김학묵 회장을 추대한 경위 등을 파악하기 위해 3대 최경자 회장을 면담하였다.[31] "한국뇌성마비복지회에서 초대 회장으로 김학묵 박사를 모시게 된 이유나 배경을 알고 싶습니다."라는 질문에 최경자 회장은 "한국뇌성마비복지회가 사

---

[31] 2022년 8월 10일 서울 마포구 홍대입구역에 있는 커피숍(with coffee)에서 한국뇌성마비복지회 제3대 최경자 회장을 인터뷰하였다. 최경자 전 회장은 뇌성마비 3급인 안성희(57세)의 어머니이고, 안성희 씨는 석사를 취득하고 박사학위과정을 이수하여 국가인권위원회 창립 직원으로 일하고 있다. 한국뇌성마비복지회 창립에 관한 내용은 '한국뇌성마비복지회 30년사'에 자세히 기록되어 있기에, 이 글에서는 최경자 회장과 면담하고 관련 자료를 찾아서 김학묵 회장 관련 내용을 중심으로 다룬다.

단법인으로 등록된 것은 1978년이지만, 그 뿌리는 연세대학교 세브란스 병원 재활학교의 어머니모임에서 시작되었다."고 증언했다. 재활학교의 프로그램만으로 부족했기에 자녀들의 통원을 돕고 치료·재활을 지켜보는 동안에 같은 마음을 가진 어머니들이 중심이 되어 자구책을 찾고자 했다.

당시 세브란스병원(현 연세의료원) 재활학교는 경제적으로 여유 있는 가정에서 자라는 장애아동이 물리치료를 받는 사립학교와 같은 모습이었다. 병원의 일부 공간에서 치료받고 일상생활을 하면서 교육도 받는 학교인데, 자녀를 통학시키는 어머니들이 자연스럽게 모이는 곳이었다. 어머니들은 식당겸 놀이공간에서 자녀들을 지켜보면서 지내는 경우가 많았고, 장애아동에게 불편한 시설을 돈을 내서 고치기도 하고, 병원 당국에 개선을 요구하기도 했다. 예컨대, 병원 세면대는 서서 손을 씻도록 되어 있는데, 뇌성마비아동은 앉아서 생활하는 경우가 많기에 앉아서도 세면대를 사용할 수 있도록 개조하기도 했다.

(최경자 회장 인터뷰)

뇌성마비 아동에게 치료와 재활은 매우 중요한데, 병원 치료만으로 부족하여 어머니회가 중심이 되어 행사를 기획하였다. 아동에게 더 나은 서비스를 해주려면 돈이 필요한데, 처음에는 세브란스병원 간호사회가 주관하는 행사에 재활학교 어머니들이 생활용품을 판매하였고, 그 수익금으로 학생들의 통학용 스쿨버스를 구입하기도 했다. 그런데, 바자회에서 생활용품 판매는 품에 비교하여 수입이 별로 크지 않았다. 어머니회에 참여하는 주요 인사들은 기업인 가족 등 경제적 여유가 있는 사람이 많았는데 생활용품을 판매하는 것은 썩 어울리지 않아서 다른 방법을 찾아야 했다.

뇌성마비 아동에게 치료와 재활은 매우 중요했다. 누워서만 지내는 아동이 치료하면 서서 걷고, 걷는 아동은 시간이 지나면 뛸 수 있게 되기 때문이었다. 아이들을 위한 행사를 자주 기획했는데, 당시 박창일 원장(재임기간, 2005.2.1.~2008.7.31.), 신정순 원장(1987~1991)이 협조를 많이 했다. 재활학교 학생들의 통학을 위해 스쿨버스가 필요해 세브란스병원 간호사회가 주관하는 바자회에 참여하여 재활학교 어머니들이 생활용품 등을 판매하기도 했다.

(최경자 회장 인터뷰)

재활학교 어머니회가 더 나은 사업을 구상할 때 삼육재활원 전봉윤 선생이 "어머니회를 법인화하면 모금에 도움이 된다."는 것을 알려주었고, 대학교에서 사회복지학을 전공한 민정애 부회장이 적극 관심을 가졌다. 어머니회라는 자조모임에서 사단법인으로 발전하는 데는 다소 진통이 있었다. 사단법인을 염두에 두어 두고 '뇌성마비(아)복지회'를 조직했는데, 처음에는 민정애, 박숙자가 참여하고, 나중에 김순녀, 최경자가 합류하였다. 두 사람이 늦게 합류한 것은 "굳이 법인까지 만들 필요가 있느냐?"라는 생각의 차이 때문이었다. 사단법인을 만든 이후에는 네 사람이 적극 동참하였고, 세기에어컨 회장 부인인 김순녀 부회장은 상도동 집을 복지회 사무실로 제공하기도 하였다. 뇌성마비아동의 복지를 위해 어머니회를 만들고, 그 어머니회가 모태가 되어 사단법인 한국뇌성마비복지회가 만들어졌지만, 법인의 동력은 초창기부터 함께 한 부모들의 헌신이었다.

　이 무렵 삼육재활원의 전봉윤 선생이 "어머니회를 법인화하면 모금에 도움이 된다."는 것을 알려주었고, 대학교에서 사회복지학을 전공한 민정애 부회장이 적극 관심을 가졌다. 1974년에 '뇌성마비(아)복지회'를 조직할 때에는 일부만 참여했다. 당시 핵심적인 인물이 4명이었는데, 2명만 참여하고, 김순녀와 최경자는 나중에 참여하였다. 참여를 유보한 사람들은 "굳이 법인까지 만들 필요가 있느냐?"라는 태도를 가졌기 때문이었다. 이후 추가로 2명이 참여하고, 삼부토건 김학묵 부사장을 회장으로 모시기로 합의했다.

(최경자 회장 인터뷰)

　1974년에 뇌성마비아복지회를 만들고, 1978년에 사단법인 한국뇌성마비(아)복지회의 등록과정을 보면, 당시 우리나라 대표적인 재활기관의 협조가 컸다는 것을 확인할 수 있다. 1959년에 만들어진 연세재활원 내에 최초 재활병원인 소아재활원에 통원하는 아동의 어머니들이 중심이 되어서 1974년에 뇌성마비아복지회를 만들었다. 또한, 1978년에 사단법인으로 등록할 땐 1952년에 최초 지체장애인복지시설로 설립된 삼육재활원에 사무실을 두었다.

　우리나라 근대 장애인복지의 역사를 보면, 미국인 선교사가 평양에서 맹인 학생을 집에서 보호하며 맹교육을 실시한 것이 최초이었다. 1944년에 조선구호령을 제정하여 장애인복지를 법으로 규정하였지만, 식민지 통치를 정당화하기 위해 실시된 사업이라는 한계가 있었다. 1948년에 이문형이 정신박약아 수용시설인 중앙각심학원을 설립하였고, 이는 최초의 정신박약아보호시설이며, 이후 국립재활원이 되었다.

1948년 정부수립 이후 장애인복지는 주로 외국의 원조단체에 의해 행해졌으며, 군사원호자와 국가유공자에 대한 대책이 마련되었다. 1977년에 장애 관련 법 중 최초로 '특수교육진흥법'이 제정되고, 1972년 4월 20일에 한국장애인재활협회 주최로 제1회 '재활의 날'(현 장애인의 날)을 지정하였다.

1952년에 최초의 지체장애인복지시설인 삼육원(이후 삼육재활원, 현 SRC)이 설립되었고, 1954년에 한국불구자협회(현 한국장애인재활협회)가 만들어졌고, 1959년에 연세재활원 내에 최초 재활병원인 소아재활원이 만들어졌다. 1962년에 한국특수교육협회, 1965년에 삼애회(현 소아마비협회)가 만들어졌다. 1981년에 장애인복지의 종합적 법률인 '심신장애자복지법'이 제정되었고, 4월 20일을 장애인의 날로 정했다.

사단법인 한국뇌성마비아복지회는 세브란스병원 재활학교 어머니회가 중심이 되어 만들었는데, 왜 김학묵 삼부토건 부사장을 회장으로 모시게 된 것인가? 최경자 회장은 어머니회에 참가한 사람들은 기업 회장과 사장의 부인들이 많았기에 돈은 부족함이 없었는데, 사단법인의 공신력을 높이기 위해 "사회적 후광"이 필요했기 때문이었다고 증언했다. 보건사회부 차관이란 "고급 관료 출신으로 사회활동을 좋아했던 김학묵 박사도 '운전사 딸린 승용차를 제공하여 예우하는 회장직을 마다할 이유가 없었을 것"이라고 말했다. 김학묵 박사가 한국뇌성마비복지회 회장이 된 것은 몇 가지 요인이 상호 연결되어 있었다.

첫째, 김학묵 박사는 1960년에 보건사회부 차관을 했기에 정계, 사회계에 명망이 높은 분이었다. 당시 공무원은 민간(기업 등)의 지원을 받은 경우가 많았는데, 보건사회부 차관이란 고위공직자 출신이 회장을 한다고 하면 그 단체는 사회적 신뢰를 받기 쉬웠다. 또한 정부도 사회복지시설의 위탁 등 민간단체와 협력해서 해야 할 일이 많은데, 전직 차관이 대표로 있는 단체는 관계하기에 좋았다.

둘째, 김학묵 박사는 언변이 좋고 대인관계를 잘했다. 행사에서 "Ladies And Gentlemen"이라고 말하면 많은 참석자들이 좋아했다. 김학묵 박사는 젊은 시절에 방송국에서 아나운서로 일한 경력이 있는 만큼 재담을 잘했다. 경성방송국에 아나운서로 프로그램에서 창(唱)을 부르러 나온 기생을 소개하면서 '여사'라는 호칭을 썼다는 이유로 논란이 일자 "사람 차별하는 곳에서는 일할 수 없다."며 사표를 쓴 것으로 알려졌다. 이후 대한민국 최초의 공개방송으로 알려진 최고의 인기프로그램 "스무고개"의 패널로 대중의 인기도 얻었다.

셋째, 김학묵 박사는 사람들을 친근하게 대하고 장애인을 진심으로 사랑했다. 젊은 시절부터 사회사업을 하였기에 직업적으로 사회복지를 잘 알았을 뿐만 아니라, 삼남 재덕이 베체트병이란 희귀병으로 투병하면서 장애아동을 둔 부모의 마음을 공감할 수 있었다. 재덕은 1969년에 신경이 썩어 들어가는 베체트병을 앓기 시작해 연세대 재학 중 시각장애인이 됐다. 8년간 투병 끝에 1977년 28세로 끝내 세상을 떠나고 말았다. 김학묵은 장애인 자녀를 가진 부모의 마음에 공감하였고, 장애인을 "제군" 혹은 "제군들"이라고 부르면서 격려했다.

2. 초기 사무국의 활동

한국뇌성마비복지회는 발전하면서 사무국을 몇 차례 옮겼다. 사무국을 옮기면서 규모도 키웠기에 협회 발전과 연결된다. 최초에는 삼육재활원의 사무실을 공유하였고(1978.3.~1981.9.), 이후 사회복지회관에 작은 사무실을 임대하였으며(1981.9.~1983.1.), 한국어린이보호회관에서 회장실이 있는 사무국을 마련하고(1983.1.~1985.3.), 김순녀 부회장 사택에서 활동 공간을 조성하며(1985.4.~1990.12.), 서울시립뇌성마비종합복지관에서 넓은 회장실이 있는 사무국을 마련하고(1990.12.~2008.11.), 마침내 법인 재산으로 뇌성마비복지회관을 마련하였다(2008.11.). 이와 별도로 부산지회, 대구·경북지회, 대전지회가 사무국을 운영하고 있다.

한국뇌성마비복지회 사무국

삼육재활원(서울 관악구 봉천동)	1978.03. ~ 1981.09.
사회복지회관(마포구 공덕동)	1981.09. ~ 1983.01.
한국어린이보호회(마포구 합정동)	1983.01. ~ 1985.03.
김순녀 부회장 사택(동작구 상도동)	1985.04. ~ 1990.12.
서울시립뇌성마비종합복지관(노원구 상계동)	1990.12. ~ 2008.11.
뇌성마비복지회관(강서구 방화동)	2008.11. ~ 2020.07.
법인사무국(영등포구 영신로 40길 16)	2020.07. ~ 현재
부산지회(동구 중앙대로 196번길 12-3)	
대구·경북지회(수성구 만촌로 4길 20-1)	
대전지회 (서구 대덕대로 160번길 50)	

최경자 회장에 따르면, 최초 사무실은 삼육재활원의 한 사무실에 '복지회 책상'을 두는 방식이었다. 민정애 부회장과 최경자 씨가 한 달에 두 번 정도 삼부토건으로 김학묵 회장께 찾아가서 결재를 받았다.

최초 협회 사무국은 삼육재활원에 전봉윤 선생이 근무하는 방에 '책상 하나'를 두고 일했다. 당시 그 방에는 전봉윤, 이청자, 미스 김 3명이 근무했다. 협회 사무 책임은 민정애 씨가 주도하였지만, 행정적인 일은 미스 김이 많이 도와주었다. 김학묵 회장은 공식적인 '판공비'도 없었고, (다소 여유가 있는) 어머니 혹은 어머니회에서 냈다. 협회 사무비를 조성하기 위해 바자회를 하였고, 처음에는 생활용품을 팔았다. 예컨대, 참기름을 짜서 팔았는데, 노력에 비교하여 남는 것이 별로 없었다. 한 달에 두 번 정도 민 부회장과 최경자가 삼부토건 김학묵 부사장실로 찾아가서 결재를 받았다.

(최경자 회장 인터뷰)

뇌성마비아복지회가 사단법인으로 발전하는 데는 삼육재활원 민은식 원장의 역할이 컸다. 삼육재활원은 세브란스병원 정형외과, 미국 재활의학 창시자인 하워드 러스크 박사와 함께 국내에 재활의학을 처음으로 도입한 민영재 박사가 설립한 삼육원이 모태이다. 삼육원은 6·25전쟁이 한창이던 1952년 6월에 서울 원효로 1가(그해 11월에 용문동 8-33 이전)에서 전쟁고아와 장애아동을 거둬들여 치료를 해줬다. 삼육재활원은 원효로 1가, 용문동, 신대방동, 봉천동으로 이전하면서 더욱 발전되었다.

아버지가 운영한 삼육재활원을 이어받은 민은식(閔恩埴, 1939-1988) 원장은 한국을 대표하는 장애인복지시설로 발전시켰다. 당시 삼육재활원은 각국 정상들이 한국을 찾을 때마다 영부인의 단골 방문지였다(삼육재활원은 1993년에 경기도 광주로 이전하여 오늘에 이른다).

민은식 원장은 한국뇌성마비복지회가 사단법인으로 설립될 때 상임이사를 맡고 삼육재활원에 사무실을 둘 수 있도록 협조하였다. 또한 그는 뇌성마비아동에 대한 서비스가 서울을 중심으로 이루어질 때 한국뇌성마비복지회와 함께 지역으로 무료 진료활동을 하였다. 1979년 10월 27일에 전남 광주에서 열린 제2회 뇌성마비아동 무료진료에 직접 참석하기도 했다(한국뇌성마비복지회 30년사). 그는 삼육재활원 원장, 한국장애자재활협회 상임이사, 한국사회복지협의회 이사 등으로 활동하였고, 1981년에 심신장애자복지법을 제정하는 데 크게 기여하였다.

한국뇌성마비복지회는 삼육재활원의 사무실에서 무상으로 계속 지낼 수만 없어서 마포구 공덕동에 있는 사회복지회관에 작은 사무실을 마련했다. 김학묵 회장이 한국사회복지협의회 회장으로 일한 것이 인연이 되었다. 이후 한국어린이보호회 이상용 회장의 후의로 보호회 2층에 6평 내외의 공간을 얻어서 회장 책상과 4인용 소파를 두었다. 김학묵 회장은 한 달에 한두 번씩 회의에 참석하였고, 의료보험조합연합회 회장을 퇴임한 후에는 복지회 사무실에 자주 나왔다.

김학묵 회장이 한국사회복지협의회 회장을 한 인연으로 뇌성마비복지회 사무실을 공덕동에 있는 사회복지회관으로 옮겼다. 신축하기 전 구 사회복지회관에 좁은 사무실을 하나 얻었다.

자선 만찬을 할 때 사회를 자주 보아준 이상용 씨는 심장병 어린이를 돕는 한국어린이보호회 회장으로 합정동에 사무실이 있었다. 이 건물은 크라운호텔 사장 집이었는데, 전두환 대통령 시절에 지탄을 받으면서 "이상용 회장에게 기부하였던 집"이라고 했다.

1983년 1월에 사회복지회관에서 한국어린이보호회로 사무실을 옮겼다. 어린이보호회 회관 2층에 6평 내외의 공간을 얻어서 회장님 책상과 4인용 소파를 두었다. 이때 처음으로 복지회는 규모 있는 사무실을 갖추었다. 김학묵 회장은 한 달에 1~2회씩 회의에 참석하다 삼부토건 부사장을 퇴임한 후 사무실에 자주 나오셨다.

(최경자 회장 인터뷰)

이때까지는 휠체어를 타고 야외로 가는 등 다양한 행사를 기획했다. 나들이를 할 수는 있었지만, 실내 공간이 없어서 다른 활동을 하기는 어려웠다. 어린이보호회 회관으로 사무실을 이전하는 것을 계기로 복지회는 1983년부터 매년 뇌성마비인을 위해 비장애아동도 참여하는 '오뚜기 축제'를 주최하였다. 한국뇌성마비복지회가 중심이 되어 연세재활원, 삼육재활원, 주몽재활원, 홀트 일산복지타운의 원생들도 참여하는 방식이었다.

'제9회 오뚜기 축제'는 1991년 9월 10일에 서울시립뇌성마비복지관과 상계 제7근린공원에서 열린다. 제1회 오뚜기 시, 사생 실기대회 시상식을 시작으로, 홀트 일산복지타운, 주몽재활원, 삼육재활원, 연세재활원생들의 장기자랑과 글, 그림 등 작품전시회, 한국장애인 선교예술단의 특별공연 순으로 진행된다.

(연합뉴스, 1991. 9. 7.)

그런데, 기금이 쌓이고 모금활동도 활발히 하던 시기에 '보여줄 것'이 있어야 했다. 작은 사무실만 보여주고 장애인을 위한 후원을 요청할 수도 없었다. 장애인들이 실내 놀이도 하고, 다양한 활동도 할 수 있는 공간이 있으면 좋겠다고 생각하던 차에 김순녀 부회장이 상도동에 있는 자신의 집 일부를 복지회에 제공했다.

3. 모금활동과 기금 조성

복지회는 기존 바자회와는 다른 모금활동을 구상해야 했다. 시대의 흐름에 맞고, 티켓을 팔아서 기금을 조성할 수 있는 새로운 유형의 모금활동은 없을까 궁리하는 중에 생각한 것이 "자선 만찬"이었다. 미국의 charity dinner를 참고하여 한국에서 자선 만찬을 기획하고 티켓 한 장을 10만 원(나중에는 물가상승으로 15만 원)으로 판매했다. 당시 부유층은 밍크 옷을 입고, 값비싼 장신구를 하고 폼 내고 싶어도 기회가 별로 없을 때였다. 자선 만찬은 조선호텔, 롯데호텔, 워커힐호텔 등에서 열렸기에 정계와 사회계에서 명망 있는 사람들에게 티켓값 10만 원은 문제가 되지 않았다. 최경자 회장은 뇌성마비복지회가 대규모로 자선 만찬을 기획했다고 말했다.

대체로 만찬은 600석을 예약하고, 티켓은 800장 정도를 발행했다. 민정애, 김순녀, 박숙자, 최경자 등이 각각 100명을 책임지고 할당받아 판매하고, 100장 정도는 보건사회부 등 주요 인사들에게 제공하였다.

해마다 후라이 보이 곽규석 씨, 이상벽 씨, 뽀빠이 이상용 씨 등이 자선 만찬의 사회를 보았다. 곽규석 씨와 인연이 된 것은 공개방송을 할 때 앞줄에 늘 앉아서 방송이 끝나면 찾아가서 "자선 만찬 사회를 봐 달라."고 요청했다. 자선 만찬에 사회를 "무료로 해주기로 했지만, 후에 사례를 하였다."

워커힐에서 자선 바자회, 자선 만찬을 할 때에는 조용필 등 당대의 유명 가수들이 출연했다. 또한, 옷도 앙드레 김[32] 등 유명 인사들이 기부한 옷을 판매했다. 예컨대, 앙드레 김이 3벌을 기부하면 2벌은 팔고 1벌은 경매했는데, 일반적으로 경매로 판 물건 값이 비쌌다. "내가 이런 사람이야를 과시할 수 있는 기회"를 준 것이다. 앙드레김은 최경자 씨와 개인적인 인연으로 후원하게 되었고, 이사는 아니었지만 오랫동안 뇌성마비복지회를 후원했다. 행사를 마칠 때에는 댄스파티를 열기도 했다. 자선 바자회와 자선 만찬을 하고 나면 수익금이 몇 천만 원씩 쌓였고 이것으로 한 해 운영비를 쓰고 남았다.

(최경자 회장 인터뷰)

복지회는 후원사업을 보다 조직적으로 하기 위해 부모들이 중심이 되어 뇌성마비후원회(일명 오뚜기후원회)를 조직했다. 자선 만찬을 하면 한 번에 1,000만 원가량을 남겨 1년 예산으로 사용했는데, 상시적인 후원 조직을 구상한 것이다. 김순녀, 민정애, 최경자, 박숙자 등 네 명이 주도적으로 참여하고, 주변의 인사에게 권유하는 방식으로 시작했다. 기금 모금을 위해 계를 만들고, 곗돈을 타면 전액 혹은 일부를 후원금으로 내

---

32 패션의 불모지나 다름없던 20세기 우리나라에서 1세대 디자이너로 활동한 최경자, 노라노, 앙드레 김은 국내 패션 산업을 키워 낸 주역들이다. 특히 대중에게 친숙한 앙드레 김은 1966년 파리에서 한국인 최초로 패션쇼를 개최한 디자이너로, 2010년에는 금관문화훈장을 추서 받았다.
https://www.hankookilbo.com/News/Read/A2023031211220003873?did=DA

놓기도 했다. 공식적인 활동은 김학묵 회장이 했지만 후원금 모금 등은 김순녀 부회장이 주도했다. 최경자 회장에 따르면, 언론 홍보 등을 통해 더 많은 후원금을 받는 것도 검토하였지만, 당시 더 이상을 키우지는 않았다고 한다.

최경자 회장이 36세일 때 어머니들이 중심이 되어 뇌성마비후원회를 조직했다. 기금 모금을 위해 500만원 계를 만들었다. 반포주공아파트 25평 한 채가 500만원 하던 시절에 계 1번을 탄 김순녀 씨가 500만원을 후원회에 기부하면, 2번, 3번 탄 사람도 일부를 기부했다.

뇌성마비후원회는 1년에 후원금이 수십억 원이 모인 경우가 있었고, 지금도 상당액이 모금되고 있다. 초창기 후원회원들이 연세가 들면서 떨어져 나가고, 사회복지공동모금회, 월드비전, 어린이재단 등 대형 모금 단체의 영향을 받기도 한다. 후원금을 더 많이 모으기 위해 다양한 홍보방법을 모색한 적이 있었다. 최경자 회장의 자녀가 방송국 피디여서 "홍보비를 쓰면 보다 많은 후원금을 모금할 수도 있다"는 계획을 수립하였는데, 김학묵 회장은 동의했지만 신정순 회장은 반대해 하지 않았다고 한다.

(최경자 회장 인터뷰)

한국뇌성마비복지회는 자선만찬 이외에도 다양한 방식으로 후원금을 모금하였다. 대표적인 방식 중의 하나는 복지회가 대한복식디자이너협회와 공동으로 유명백화점에서 '유명 디자이너 패션의류 자선 바자회'를 주최하고, 그 수익금을 후원금으로 조성하는 것이었다. 예컨대, 1984년 9월에는 대한복식디자이너협회 안윤정 회장이 뇌성마비복지회 김순녀 부회장·오뚜기후원회 회장에게 찬조금을 전달하기도 했다. 유명 디자이너의 옷을 판매하는 자선 바자회는 후원금의 조성에 도움이 될 뿐만 아니라, 한국뇌성마비복지회의 사회적 위상을 높여주며, 장애인에 대한 사회적 인식을 개선하는 데 기여하였다.

> 한국뇌성마비복지회와 대한복식디자이너협회는 3월28일부터 4월3일까지 뉴코아백화점 신관 지하1층에서 뇌성마비인의 복지기금 마련을 위한 자선 바자회를 연다. 올해로 9회째를 맞는 이번 바자회에는 앙스모드 외 13개 브랜드가 참여하고 특히 여성의류를 특별 염가로 제공한다.
>
> (연합뉴스, 1991. 3. 28.)

4. 국제회의 참석과 선진 제도의 도입

당시에는 해외여행이 자유롭지 않았던 시기였기에 국제회의에 참석하여 해외 장애인계의 동향을 파악하고 '세계로 열린 문'을 열었다. 외국에서 국제회의가 열리면 복지회 임원들이 자주 참가했다. 후원회의 임원들과 재력이 있는 사람은 참가비를 낼뿐만 아니라, 김학묵 회장의 참가비나 활동비도 후원하였다. 세기에어컨 회장 부인인 김순녀 부회장 등의 기여가 컸다.

휠체어를 탄 장애인이 승용차를 운전하고 장애 없이 이동하는 것과 같이, 외국에서 보고 배운 것을 한국에 도입하기도 했다. 또한, 한국뇌성마비복지회 활동과 국제회의 참가 등을 계기로 사회복지를 좀 더 심도 있게 공부하게 되었다. 장애인복지법, 장애인차별금지법 등을 공부하고 대안을 제시했다. 사회복지를 공부하여 세상을 바꿀 수 있는 힘을 갖게 되었다고 회고했다.

　　1980년 캐나다에서 열린 대회에 참석한 최경자 님은 "휠체어를 탄 장애인이 승용차를 운전하고, 주차장에서 대회장까지 장애 없이 이동하는 모습을 보고 신기했다."고 말했다. 선진 외국의 모습을 보고, 이것을 한국에 구현하는 방법을 구상하게 된 것이다. 한국뇌성마비복지회 활동과 국제회의 참가 등을 계기로 사회복지를 좀 더 심도 있게 공부하게 되었다. 장애인복지법, 장애인차별금지법 등을 공부하였다. 민정애는 학기마다 공부해서 학위를 취득하고 나중에 그리스도대학교(현 강서대학교)에서 교수로 일했다.

(최경자 회장 인터뷰)

　　국제회의는 김학묵 회장의 독보적인 활동무대였다. 한국뇌성마비복지회는 1981년 2월에 국제뇌성마비협회(ICPS)에 가입했고, 김학묵 회장이 아시아태평양지역 부회장을 하였다. 아태협회에는 회장이 있고, 6명의 부회장 중 한 사람이었다. 김학묵 회장은 인도 봄베이에서 열리는 국제회의에서 주제발표를 하였고, 협회 관계자뿐만 아니라 보건사회부와 서울특별시 관계자들도 많이 참석했다. 국제회의를 계기로 민관이 소통하고 지혜를 모을 수 있었다. 아태회의를 비롯하여 국제회의를 많이 참가했고, 선진 복지시설도 견학했다.

　　인도에서 대회가 열렸는데 김학묵 회장이 주제발표를 하였다. 당시 이매리 씨가 단장을 하였고, 보건사회부 직원, 서울시 직원, 학계인사들도 참석하였다. 이매리 씨는 남편이 사업을 하는 재력가였고, 이화여대 사회사업학과를 발전시킨 분이기도 하였다.

인도 봄베이(현 뭄바이)에서 열린 국제대회에 협회 관계자들도 참석했다. 협회에서는 김순녀, 최경자, 박숙자 등이 자비로 참석하고(민정애는 가지 못함), 참가자들이 회장님의 출장비를 지원했다. 당시엔 회장이 국제회의를 참석하면 "거마비"를 드리던 시절이었다. 보건사회부, 서울특별시 안희옥 과장도 참석하였기에, 이 국제회의를 계기로 장애인복지를 발전시키는 계기를 마련하였다. 이때만 해도 한국은 개발도상국이었지만, 국제회의 참가를 계기로 한국의 위상을 높였다. 부회장 중의 한 분이 네팔 시리키트 왕비였는데, 한국 참가자들을 자국으로 초대했다. 도중에 사정이 있어서 네팔까지는 가지 못했지만, 국제적 교류의 계기를 확실하게 마련했다.

(최경자 회장 인터뷰)

또한, 한국뇌성마비복지회가 중심이 되어 1982년 7월 17일부터 22일 덴마크 코펜하겐에서 열린 '제5회 국제뇌성마비인 올림픽'에 선수와 임원으로 참석하기도 했다. 한국뇌성마비복지회는 각종 국제 행사에 참가하고, 한국에서 국제 행사를 기획하기도 하였다.

5. 치료실 및 교실의 확보와 자체 회관 필요성

한국뇌성마비복지회가 활발히 활동하면서 공간의 필요성이 더욱 커졌다. 이 무렵 김순녀 부회장이 본인 집을 사무실·회관으로 내주었다. 김 부회장은 상도동에 600평가량 되는 집이 있었다. 부군이 세기에어컨 회장이었는데, 당시 10대 재벌에 들 정도로 재력이 좋았다. 1층에 사무실과 식당을 두고, 2층에 치료실, 교실(학습공간) 40여 평 등을 두었다. 넓은 마당이 있어서 체육대회나 캠프 등도 할 수 있었다. 상도동에 자체 공간이 생기면서 장애아동을 위한 직접 서비스를 시작했다. 이를 계기로 이용자들은 기존 회원뿐만 아니라 전국에서 모여들었다.

1981년 8월부터 '오뚜기 여름캠프'를 시작하였고, 매년 개최하고 있다. 오뚜기 캠프는 매년 내용은 조금씩 다르지만, 뇌성마비청소년 100명과 자원봉사자 등 총 300여명이 2박 3일 동안 참가하는 행사이다. 캠프에 참가한 청소년과 자원봉사자들은 도자기체험, 칠보체험 등의 체험학습, 오프로드카트, 곤돌라 등의 야외체험, 장기자랑, 캠프파이어 등 다양한 프로그램에 참가한다.

김학묵 회장은 상도동 사무실에는 거의 매일 출근하였다. 이때부터 복지회에서 회장에게 약간의 '거마비'를 드렸다. 처음에는 엄마들이 비공식으로 드린 것이고, 공식적으로 '판공비'를 드린 것은 나중이었다.

이러한 공적 등으로 김순녀 부회장은 보건복지부와 한국방송공사가 공동으로 수여하는 '2013년 대한민국 나눔국민대상'에서 영예의 '국민포장'을 받았다. 이 대상은 한 달여 동안 전국민을 대상으로 수상 후보자 공모를 실시한 결과, 최종 389건의 응모 원서가 접수되었고, 공정하고 엄격한 심사를 위해 서류 심사 등 총 7단계의 심사과정을 거쳐 170명(63개 단체 포함)의 최종 수상자가 선정됐다. 당시 국민훈장은 아너소사이어티 회원으로 한국의 기부문화 확산을 위하여 진정한 노블레스 오블리주를 실천하고 있는 고려아연(주) 최창걸 명예회장이 받았다. 국민포장은 72세의 고령임에도 24년간 청소, 말벗, 반찬 배달 활동 등 가정봉사원으로 꾸준히 나눔활동을 펼쳐 온 유창순 씨를 비롯, 하나은행 은행장 김종

준, (사)한국뇌성마비복지회 부회장 김순녀 씨가 받았다.

  복지회가 자체 회관을 마련해야 한다는 당위성은 커졌지만, 그 방법을 찾기는 쉽지 않았다. 자선바자회, 자선만찬 등이 잘 운영되면서 기금이 모아졌다. 통장에 40~50억 원이 쌓이면서 자체 회관을 가지면 좋겠다는 의견이 많았다. 특히 민정애 씨가 부동산에 조예가 있어서 최경자 씨와 함께 땅을 사자고 김학묵 회장에게 제안했다. 김 회장은 처음에는 땅을 사는 것을 반대했다고 한다. 회관의 필요성이 커지자 김 회장은 "상계동에 서울시 땅이 있으니, 그곳에 우리 건물을 지어서 기부체납하고 사용하는 방안을 제안했다."고 한다. 최경자 회장은 그 과정을 다음과 같이 설명했다.

> 당시에는 통장에 돈이 많으면 은행 지점장이 특별 관리를 하던 시절이었기에 예금을 가지고 있으면 '행세를 할 수 있었다.' 또한, 김학묵 회장은 의료보험조합연합회 회장으로 일한 경험도 있었다.
>   그런데, 회관의 필요성이 커지자 회장은 "상계동에 서울시 땅이 있으니, 그곳에 우리 건물을 지어서 기부체납하고 사용하는 방안을 제안했다." 이를 계기로 지은 건물이 상계동에 있는 서울시립뇌성마비복지회관이다. 고압선이 지나가서 2층으로 지었고, 최경자 회장 시절에 리모델링을 하였다. 당시 동부간선도로를 공사 중이었고, 외곽이었지만 최초로 독립된 건물을 갖게 되었다. 연간 운영비의 일부를 협회에서 자부담을 하는 것을 조건으로 회관을 운영했는데, 이때 회장실을 규모있게 조성했다.
>   (최경자 회장 인터뷰)

6. 청소년캠프와 국제청소년캠프

한국뇌성마비복지회는 1981년 '세계 장애인의 해'를 계기로 더욱 왕성하게 홍보하고 활동할 수 있었다. 지금은 장애인의 해라고 하지만, 당시만 해도 '세계 장애자의 해'라고 불렸다. 세계 장애자의 해를 계기로 언론이 장애인과 장애인복지에 관심을 가졌다. 최경자 회장의 책 '이 죄 없는 아이에게 빛을'은 이 시기에 발간되었고, 이 책의 발간을 계기로 뇌성마비아동에 대한 사회적 관심을 더욱 커질 수 있었다. 최 회장은 이렇게 증언했다.

당시 한국일보(장기영 회장, 후에 부총리)가 관심을 가졌고, 특히 현재 한국일보 회장(이화학당 이사장)인 장명수[33] 기자(당시엔 문화부 차장)가 한국뇌성마비복지회에 "장애인을 키운 엄마의 마음을 써달라."고 청탁했다. 처음에는 민정애 부회장에게 원고 청탁이 들어왔는데, 못 쓴다고 하여 김순녀 씨에게 갔다가, 결국 최경자 씨가 쓰기로 했다. 마침 최경자 씨의 작은 시아버지 안정모[34] 회장이 장명수 기자의 멘토라서 인연이 있었다.

맨 처음에는 "장애인을 키운 엄마의 마음"을 원고지 15매를 한 편 쓰기로 했다. 최경자 씨는 "딸 상희 이야기를 쓰자."고 시작했다. 그런데, 첫 원고를 읽은 기자가 "주 2-3회씩 2-3달을 연재하자."고 제안했다. 독자들의 반응이 좋아서 연재하였다. 책을 좋아해서 하루에 한 권을 읽었기에 글을 쓰는 것은

---

33 https://100.daum.net/encyclopedia/view/b18j3022n8
34 안정모는 1921년 출생. 전 기업인, 전 언론인, 전 정일건설 회장, 서울대학교신문대학원 수료.

어렵지 않았지만, 남편 사업을 돕고 종갓집 살림을 해야 했기에 글을 쓸 시간이 별로 없었다.

그때 문학예술사 주필(강OO)이 단행본 발간을 제안하였다. 원고 600매는 15매씩 40회를 쓰면 되었기에 약속하고 800매를 써서 '이 죄 없는 아이에게 빛을'(1981년 7월 30일)이란 단행본을 출판했다. 인세로 500만 원을 받았는데, 당시 삼육재활학교에 스쿨버스가 필요하다고 하여 기부했다. 찻값 1,300만 원 중에서 500만 원을 후원한 것이다.

(최경자 회장 인터뷰)

김학묵 회장은 '이 죄 없는 아이에게 빛을'의 추천사를 써주었다. 그는 "장애자의 종류가 다양한데, 정신과 신체의 장애가 공존하는 뇌성마비 아동을 가정에서 기른다는 것은 일반 아동, 아니 다른 장애자들을 기르는 것보다 10배, 1백배 어려운 일이다. 우리나라 뇌성마비 아동을 가진 가정들이 남모르는 고생을 수식하거나 빼거나 왜곡하지 아니하고 겪은 경험을 그대로 써서 유사한 아이들을 가진 가정을 위해서 뿐 아니라 일반사회에 소개하는 책"이라고 평가했다. 추천사의 전문을 인용하면 다음과 같다.

최경자 회장의 책 '이 죄 없는 아이에게 빛을'에 대한 추천사

위대한 사랑의 진실

영어로 인간을 휴먼(human), 인도를 휴머니티(humanity)라 한다. 국제적 십자위원회의 장 빅대 박사는 인간을 휴먼(human)이라 하는 것은 휴머니티

(humanity)가 있는 까닭이라고 했다. 이 휴머니티는 우리말의 인(仁), 자선, 측은지심(惻隱之心)이다.

아득한 옛날부터 오늘날까지 사람이라면 누구나 사랑하는 동물이 다친 것을 보고도 안됐다고 하는데 심신장애자를 보고 그 누가 측은한 마음을 갖지 아니하랴. 그러나 사람은 이상해서 장애자에 대해서 정도의 차이는 있지마는 특별시하며 편견, 차별, 심지어 멸시하는 경우도 있어서 장애자들 중에는 자신이 남한테서부터 소외감을 느껴 자기 자신을 미워하기도 하고 자포자기 하는 경우를 종종 볼 수 있다.

우리 사회가 문명과 문화가 발달되고 경제가 향상되고 정치가 안정됨에 따라 장애자도 인간으로서의 존엄과 가치에 대한 권리, 그리고 사회 경제활동 참여에의 노력과 길이 점점 넓어지는 것은 다행한 일이라 하겠다. 특히 1981년은 '세계 장애자의 해'라서 우리 국내에서도 일반의 관심이 제고되고 다양한 프로그램이 진행되는 것은 흐뭇한 일의 하나이다.

그런데 뭐니 뭐니 해도 이 장애자를 돕는 데는 사랑과 과학이 바탕이 되어야 하며, 그 가정이 특히 부모의 책임과 노력이 일차적이라고 하겠다. 이렇게 볼 적에 그 부모가 장애자를 어떻게 키웠느냐 다시 말하면 키우는 과정에 있어서 잘한 것은 무엇이며 잘못한 것은 무엇이며 앞으로 무엇을 어떻게 더 할 것이냐 하는 것에 각 가정이 회고하고 반성하고 각오하는 것이야말로 제일 소망스런 일이 아닐 수 없다.

장애자의 종류가 다양하거니와 뭐니 뭐니 해도 정신과 신체의 장애가 공존하는 대표적인 예가 뇌성마비일 것이다. 그런고로 이 뇌성마비 아동을 가정에서 기른다는 것은 일반 아동, 아니 다른 장애자들을 기르는 것보다 10배, 1백배 어려운 일이다.

내가 흐뭇하게 여기는 것은 우리나라 뇌성마비 아동을 가진 가정들이 남모르는 고생을 굳건히 이겨나가는 사례가 근자에 와서 많은 것이다. 그 실상을 수식하거나 빼거나 왜곡하지 아니하고 겪은 경험을 그대로 써서 유사한 아이들을 가진 가정을 위해서 뿐 아니라 일반사회에 소개하는 책이 있으니, 바로 '이 죄 없는 아이에게 빛을'이란 책이다.

이 책의 저자는 결코 시인이나 소설가가 아니다. 평범한 주부이다. 또 그는 세속적인 매명가도 아니다. 금년 정월부터 한국일보에 그의 글을 연재하였는데 누가 그 글을 가필한 것도 아니다. 나는 매일매일 그 글을 읽을 때마다 위대한 것은 사랑이구나, 아니 모정이로구나, 또 위대한 것은 의지, 아니 끈기로구나 하는 마음을 금할 수 없었다.

그 죄 없는 아이란 저자 최 여사의 따님 바로 상희다. 나는 상희와 그 어머니와 그 형제들을 자선음악회에서 자리를 같이하며 장시간 눈여겨보았다. 그 상희의 명랑한 모습 그 형제들 간의 우애, 그 어머니의 사랑, 이것이 총집결한 그야말로 상희네 집안의 값진 보배며 그 보배는 누가 깨칠래야 깨칠 수 없는, 누가 바꿀래야 바꿀 수 없는 보배라고 하는 것을 절감하였다. 상희는 오늘도 아니 이 순간에도 무럭무럭 자라나고 있다. 그 아이는 잠재력을 총발휘하여 재활 자립의 길을 걸어갈 것이다.

나는 이 책을 뇌성마비아동을 가진 가정이나 다른 형태의 장애자를 가진 가정은 물론이거니와 일반 가정, 그리고 장애아들을 돕는 의사, 물리치료사, 작업치료사, 간호원, 특수학교교사, 또 사회사업가 그 외 모든 인사에게 읽어 보시기를 진심으로 권한다. 이 책은 우리나라 사람에게만 읽혀질 것이 아니라 다른 나라 사람에게도 읽혀지길 바라는 마음 간절하다.

하나님이시여, 이 죄 없는 장애자들에게 빛을 주소서.

1981년 여름
김학묵(뇌성마비복지회장)

1981년 세계 장애자의 해를 계기로 장애인에 대한 사회적 관심은 높아졌다. 또한, 한국이 1986년 아시안게임과 1988년 서울올림픽을 유치하면서 사회 각 분야에서 국제교류는 더욱 활발해졌다. 초기 국제교류는 주로 외국에서 주최한 국제행사에 한국인이 참가하는 방식이었지만, 점차 한국과 특정 국가 간 정기적인 교류, 한국이 국제행사를 개최하는 방식으로 확대되었다.

한국뇌성마비복지회는 국내 행사를 기획하고, 국제교류 경험을 바탕으로 국제캠프를 기획했다. 1982년 6월에 국제뇌성마비스포츠-레크리에이션협회(CP-ISRA)에 가입하고, 그해 12월에 일본 전국 지체부자유아·자부모의회연합회(전지련)와 자매결연 하였다. 김학묵 회장은 영어를 유창하게 구사했고, 민정애 부회장도 영어를 했으며, 최경자도 어느 정도 소통했기에 국제캠프를 기획하고 진행할 수 있었다.

한국뇌성마비복지회는 1984년 6월 용평리조트에서 일본, 영국 등에서 온 청소년들과 함께 '국제뇌성마비청소년친선캠프'를 개최하였다. 1981년부터 매년 '오뚜기 캠프'를 기획한 경험을 살려 외국 뇌성마비청소년도 참가시킨 것이다.

한국뇌성마비복지회가 국제 행사를 기획할 수 있었던 것은 일본 전지련과 자매결연의 경험이 컸다. 두 단체는 자매결연 하고, 한번은 한국인이 일본을 방문하고, 다음 해에는 일본인이 한국을 방문하는 형식으로 행사를 진행했다. 자매결연 10주년 행사에는 김학묵 회장, 김순녀 부회장 등이 참석하고, 일본 측에서 전지련의 다마루 회장과 부인, 유에노 요시오 상무 등이 참석했다. 특히, 1986년에 전지련 결성 25주년 기념식을 동경 신주쿠에서 할 때에는 한국뇌성마비복지회 소속 아동과 부모가 많이 참석했다.

1988년 장애인올림픽을 계기로 한국뇌성마비복지회는 더욱 발전했다. 그해 10월 15일에는 김포공항에서 입국하는 외국 선수를 환영하기도 했다. 또한, 1995년 10월에 제5회 서태평양뇌성마비협회 서울국제회의를 개최하였다.

7. 뇌성마비인의 성장과 자립 지원

김학묵 회장은 뇌성마비인을 복지회의 직원으로 채용하였다. 관용차를 운전하는 운전원으로 뇌성마비인을 채용하고, 사회복지사 등 자격을 갖춘 경우에는 정규 직원으로 채용하였다. 사회적 편견으로 뇌성마비인을 채용하는 것을 꺼리는 시절에 솔선수범한 것이다. 복지회가 장애인을 채용하면서 장애인 고용 촉진을 위한 사회적 분위기를 형성하고, 마침내 장애인 고용할당제와 같은 제도적 기반을 조성하였다.

예컨대, 2018년에 아산상(복지실천상)을 수상한 서울시립뇌성마비복지관 오명원 사무국장은 복지회와 함께 성장했다. 그녀는 1963년에 태어나자마자 황달이 있더니 이후 뇌성마비 판정을 받았다. 소아재활원을 거쳐 다섯 살 무렵부터 초등학교를 졸업할 때까지 10여 년간 연세재활원에서 생활했다. 그녀는 일반 중·고등학교를 거쳐 1982년 그리스도신학대(현 강서대학교) 신학과에 진학하면서 복지회에서 봉사를 시작했다. 1984년에 열린 뇌성마비 청소년 국제캠프에서 만난 친구들과 자조와 자립을 위한 단체 '청우회'를 조직했다.

뇌성마비인 중에는 지적장애가 없는 사람이 꽤 있다는 것을 알고,

1985년에 교육의 시기를 놓친 만 18세 이상의 뇌성마비인들이 모여 공부할 '오뚜기 글방'을 열었다. 신학대를 졸업한 후 숭실대 사회사업학과로 편입했고, 1991년 서울시립뇌성마비복지관이 개관하자 사회복지사로 일했다. 오 씨는 뇌성마비인으로서 부모교육, 여가활동 및 직업재활, 재가 뇌성마비 장애인을 위한 자원봉사자 파견사업 등 뇌성마비 장애인에게 최우선으로 필요한 프로그램을 개발하고 보급하는 데 힘썼다.

특히 도예와 칠보공예를 이용한 직업재활 프로그램을 개발해 중증의 뇌성마비장애인에게 제공했다. 2000년대 들어 장애인 직업재활 사회적기업이 대두되자 도자기와 칠보공방을 직업모델로 내세운 사회적기업 인증을 고용노동부에 신청했다. 3년간의 노력 끝에 2012년 '꿈을 일구는 마을'이라는 이름으로 인증을 받았다. 2015년에는 서울시의 보조금을 받아 국내 처음으로 뇌성마비 장애인을 위한 공동생활가정 '오뚜기하우스 1·2'를 개소했다.

고등학교를 졸업한 중증 뇌성마비 당사자들의 어려움은 고스란히 보호자에게 전가된다. 갈 곳이 없어 집에 갇히게 되자 스트레스를 받아 짜증을 내는 뇌성마비 자녀와 그 보호자들을 위해 주간보호센터 설립이 절실하다고 느낀 그녀는 2005년 오뚜기 뇌성마비인 주간보호센터를 설립하고, 이어 2012년에는 뇌성마비 자녀를 둔 부모를 위한 '힐링캠프'를 기획해 진행했다. 힐링캠프는 1년에 한 번 1박2일 일정으로 뇌성마비 자녀와 부모가 각자 다른 곳으로 여행을 떠나는 프로그램으로, 이는 서울시에서 2015년부터 시행한 '장애돌봄가족휴가제'의 모태가 되었다. 오로지 뇌성마비 장애인을 위해 살아온 30년의 시간, 오명원 씨는 본인이 뇌성마비 장애인이기에 그들의 마음이 더 잘 보인다고 했다.

한편, 한국뇌성마비복지회 최명숙 팀장[35]은 홍보팀장 시절인 2013년에 사회복지에 기여한 공로로 보건복지부 장관상을 수상하기도 했다. 한국방송통신대학교에서 문학을 공부하고, 뇌성마비 모임을 이끌던 1992년에 '시와 비평'에서 신인상을 수상하여 등단한 후에 시집을 여러 권 발간했다. 의사가 되고 싶었지만 뇌성마비인이라는 이유로 불합격 통지를 받았다. 시인이란 주특기를 살려 다른 장애인에게 시를 쓸 기회를 열어주었다. 장애인을 위한 다양한 문화예술활동을 기획하고 이들이 문화예술에서 성장하도록 지지하였다. 2005년 장애인 불자 모임인 '보리수 아래'를 만들어 대표로 활동하고 있다.

---

35 http://www.hyunbulnews.com/news/articleView.html?idxno=404009 '보리수 아래' 대표 최명숙의 삶에 대한 소개글

한국뇌성마비복지회 최명숙 홍보팀장은 2013년에 사회복지에 기여한 공로로 보건복지부 장관상을 받았기도 했다. 그녀는 1992년 '시와 비평'에서 신인상을 수상하며 등단한 후 시집만 6권을 냈다. 5년째 장애 불교인의 모임을 이끌면서 2012년 3월엔 불교 포교사 시험에도 합격했다. 그녀는 처음에는 뇌성마비인들을 치료하는 의사가 되고 싶었지만 태어날 때부터 다리를 절고 손과 발이 제멋대로 뒤틀린 5급 장애인은 의학 실험

최명숙 홍보팀장

조차 할 수 없어 기회가 주어지지 않았다. 다른 학과에 진학하기로 마음을 돌린 그에게 대학은 "제대로 걸을 수도 없는데 학교는 다닐 수 있겠어요?"라는 입학담당자의 핀잔과 함께 불합격 통지를 보냈다.

그녀에게 행복의 비결을 묻자 주저 없이 '행복해지겠다는 마음'과 '주변의 도움'을 꼽았다. 그녀는 "남을 부러워만 하면 사는 의미가 없어요. 그리고 내가 행복해야 다른 사람을 행복하게 해줄 수 있죠. 울상을 하며 '우리 뇌성마비인 좀 도와 달라'고 하면 누가 돕고 싶겠어요?"라고 말한다.

8. 복지회 임원과 회관 건립

김학묵 회장은 뇌수술을 받았다. 뇌수술을 받아서 두개골이 일부 함몰된 이후 그의 트레이드마크가 된 '모자'를 쓰고 살았다. 최경자 회장은

김 회장이 돌아가시기 직전에 병원에서 복지회 이사회를 소집했는데, 세브란스병원의 신정순 박사를 회장 유고시 대리할 부회장으로 선임했다고 증언했다(매일경제, 2013.9.30.).

> 모 종합병원에 입원해서 돌아가시기 10여일 전쯤에 한국뇌성마비복지회 이사회를 소집하였다. 병원에서 환자가 회의실을 활용할 수 있다는 것은 큰 위세였다. 보건사회부 차관, 의료보험조합연합회 회장이란 전관예우를 받은 것이다. 세브란스병원의 신정순 교수를 부회장으로 선임하였다. 아마도 당신 후임으로 신정순 박사를 염두해 둔 것으로 보인다. 당시 이사진은 유명한 소설가, 화가, 건설업 사장, 연예인 등이 많았다.
>
> (최경자 회장 인터뷰)

한국뇌성마비복지회 20년사에 나온 역대 임원을 보면, 복지회 임원은 김학묵 회장을 중심으로 구성되었다는 것을 알 수 있다. 1978년 최초 임원은 회장 김학묵에, 부회장 민정애, 박정은이고, 이사는 김승국, 안병즙, 최정순, 민은식, 오정희, 이상용, 유경환, 박종세, 안경렬, 정재규, 강세윤이며, 감사는 이희원, 김만두 등이었다. 뇌성마비아복지회를 이끌었던 민정애, 박정은 부회장이 김학묵 회장을 모시고, 김 회장이 민은식, 이상용, 김만두 등 유명 인사를 이사와 감사로 위촉한 것이다. 복지회는 1982년에 김순녀 부회장, 최경자 이사 등이 참여하면서 부모회의 역할이 커지고, 1984년에 참여한 이사진과 함께 1999년까지 안정적으로 법인을 유지시켰다.

한국뇌성마비복지회 역대 임원 명단(1978~1999)

직위	이름	취임년도	퇴임년도	대표적인 직업
회장(현)	김학묵	1978		전 보건사회부 차관
부회장(현)	민정애	1978		대학교수, 사회복지학, 부모
부회장(현)	박정은	1978		부모
이사(현)	김승국	1978		대학교수, 특수교육학
이사(현)	안병즙	1978		대학교수, 특수교육학
이사(현)	최정순	1978		부모, 사업
상임이사(전)	민은식	1978	1985	삼육재활원 원장
이사(전)	오정희	1978	1995	대학교수, 재활의학
이사(전)	이상용	1978	1994	연예인
이사(전)	유경환	1978	1981	시인
이사(전)	박종세	1978	1982	아나운서
이사(전)	안경렬	1978	1982	변호사
이사(전)	정재규	1978	1982	사진작가?
감사(전)	이희원	1978	1984	
감사(전)	김만두	1978	1984	대학교수, 사회복지학
부회장(현)	김순녀	1982		부모
이사(현)	최경자	1982		부모
이사(전)	김정	1982	1984	
부회장(현)	신정순	1984		대학교수, 재활의학
이사(현)	정현화	1984		부모, 사업
이사(현)	김인실	1984		부모, 사업

이사(현)	유수명	1984		부모
이사(현)	이강목	1984		대학교수, 재활의학
이사(전)	김형풍	1984	1997	
이사(전)	이장우	1984	1997	
이사(전)	안용팔	1984	1991	
이사(전)	정우택	1984	1988	
이사(전)	김희경	1985	1988	
이사(현)	공라도	1987		나환자를 돕는 신부, 독일인
감사(현)	노상학	1987		대학교수, 사회복지학
감사(현)	김진성	1989		
이사(현)	임국선	1994		당사자, 스님
이사(현)	강세윤	1978	1982	대학교수, 재활의학
		1996		
이사(현)	박승서	1996		변호사

출처: 한국뇌성마비복지회 20년사, 244쪽

　이사 중에는 외국인도 있었는데, 1964년 한국에 첫 발을 디딘 후 반평생 나환자와 장애인, 불치병 환자 등 복지의 사각지대에 놓인 소외 계층을 위해 헌신한 콘라드 피셔(한국명 공라도) 신부였다. 공라도 신부는 1987년부터 복지회 이사직을 맡았다. 1970년대 후반부터 독일에 있는 동료 신부들에게서 지원금을 받아 필요한 곳에 내놓던 공 신부는 1990년 이후 300만원 안팎의 돈을 한국뇌성마비복지회 등 여러 장애인 시설에 매년 정기적으로 기부해 오고 있다. 복지회의 이진명 사무총장은 "지

훈장을 받은 뒤 한국뇌성마비복지회 이진명 사무총장과 함께 포즈를 취하고 있다.

난 30년간 공 신부의 지원으로 수술이나 재활치료를 받은 뇌성마비 장애인 수가 300명을 넘는다."며 "그가 여러 장애인을 동시에 지원해왔기에 전체 수혜 장애인 수는 헤아리기 힘들 정도"라고 말했다. 공 신부는 어려움을 딛고 봉사활동을 펼친 공로를 인정받아 지난 1998년 정부로부터 국민훈장 목련장을 받았다.

2001년 5월에 김학묵 회장이 별세한 후 6월에 2대 회장으로 연세대학교 의과대학 세브란스병원 병원장을 역임한 신정순 박사가 취임했다. 같은 해 12월에 서울시립뇌성마비복지관을 4차 재수탁받고, 이후에도 계속 재수탁받아 운영하고 있다. 2012년 8월에 취임한 3대 최경자 회장은 7년간 재임하였다. 2019년 4월에 4대 김태섭 회장이 취임하였고, 2022년 4월부터 5대 김정우 회장이 활동하고 있다.

김학묵 회장 임기 중에 기금은 있으나 땅을 사지 못했다. 신정순 회장은 부모들이 원하는 대로 복지회를 운영하는 등 열린 사고를 했다. 이 시기에 강서구 방화동에 있는 7층 건물을 50억 원쯤에 경매 받고, 20억 원 엘리베이터와 경사로 설치 등 리모델링을 했다. 총 70억 원가량으로 회관을 만들고 이진명 관장을 임용했다.

　　지하 3층 지상 7층 건물이었고, 한 개 층이 약 100평이었다. 1층에 치료실, 5층에 연구실, 그리고 서울시보장구센터도 두었다. 현재 서울시보장구센터는 모두 3개소인데, 그중 방화동에 있는 것이 가장 크다. 다른 센터는 명일동(시립장애인복지관), 상계동(상계동 회관)에 있다. 그동안 상계동에 있는 회관을 뇌성마비복지회 법인 사무실로 쓰는 데 애로사항이 있었는데 자체 건물을 가지면서 이 문제도 해결되었다.

뇌성마비복지회관 건립…"숙원 풀었다"
한국뇌성마비복지회 30년 숙원사업 이뤄내

에이블뉴스, 기사작성일 : 2008-11-14 14:55:12

　　신정순 한국뇌성마비복지회회장이 13일 열린 뇌성마비복지회관 개관식에서 인사말을 하고 있다.

뇌성마비복지회, 뇌성마비복지회관 건립
　　서울 강서구 방화동 김포공항 인근에 10층 규모의 뇌성마비복지회관이 들어섰다. 1978년 창립한 한국뇌성마비복지회(회장 신정순)가 창립 30주년 만에 숙원사업을 이뤄낸 것이다.

고 김학묵 초대회장에 이어 2대 회장으로 취임해 계속해서 뇌성마비복지회를 이끌고 있는 전 세브란스병원장 신정순 씨는 "전국의 20만 뇌성마비인들의 재활과 복지증진을 위한 사업들을 한층 새롭게 펼쳐나갈 수 있는 터전을 마련했다"고 의미를 전했다.

이 회관은 30년 동안 수많은 후원회원들이 건네 온 성금을 모아 지어졌다. (주)간삼파트너스종합건축사사무소는 무상으로 회관 개·보수공사의 설계를 맡아주었다.

뇌성마비회관이 들어선 서울 강서지역은 서울시립뇌성마비복지관이 위치한 노원구에 이어 두 번째로 뇌성마비장애인이 많은 곳이다. 뇌성마비회관이 강서구에 들어온 이유가 바로 여기에 있다.

뇌성마비복지회는 10층 규모의 회관 중 지하 3층에서 지상 4층까지는 강서뇌성마비복지관으로 활용한다. 이미 강서구청 사회복지과로부터 운영 인가를 받았다.

5층은 재활보조공학센터와 장애인치과로 활용할 예정이다. 개관을 기념해 일단 재활보조공학센터 자리에서 12일부터 14일까지 재활보조기기 전시회를 진행하고 있다.

6층은 뇌성마비복지회 사무실로, 7층은 식당과 독립생활훈련센터로 활용한다. 뇌성마비복지회는 지난 9월 1일자로 노원구 서울시립뇌성마비복지관에서 이곳으로 사무실을 이전했다.

뇌성마비복지회는 정·관계 및 장애인계 인사들을 초청해 지난 13일 회관 내 강당에서 개관식을 가졌다. 전재희 보건복지가족부 장관은 이동욱 장애인정책국장 편에 축하 인사말을 전했고, 오세훈 서울시장은 영상메시지를 보내 축하 인사를 전했다.

뇌성마비복지회측은 "앞으로 더욱 더 뇌성마비장애인들의 재활을 위해 의료, 교육, 직업 및 사회 영역에서 보다 전문적인 재활 프로그램을 개발하

> 고, 정부에서도 뇌성마비인의 재활과 복지를 위해 최선의 정책이 수립될 수 있도록 올바른 방향을 제시하며 아울러 다양한 서비스가 원활히 제공될 수 있도록 많은 분들의 협조를 이끌어 내는데 최선을 다해나갈 것"이라고 포부를 전했다.

한국뇌성마비복지회를 사단법인으로 등록할 때 첫 번째 회장으로 생애 마지막 날까지 일한 김학묵 회장에 대해 최경자 회장은 뇌성마비아동에 대한 사회적 관심을 이끌어 냈고, 일생동안 장애인복지를 추구한 분이라고 평가했다. 1970년대에는 '뇌성마비'라는 낱말조차 없었고, '뇌성소아마비'라고 불렸다. 1981년 세계 장애인의 해조차 장애자의 해라고 했고, 장애자라는 낱말보다는 "병신"이라는 말이 회자될 때 "한국뇌성마비복지회 회장"을 맡은 것은 대단한 용기와 의지가 있었기 때문이라고 평가했다. "사회적 명망이 높고 공무원으로부터 예우를 받은 김학묵 회장님의 덕을 복지회가 보았고, 회장님도 복지회 엄마들의 뒷바라지를 잘 받았다."고 평가했다.

김학묵 회장의 장점에 대해 "언변이 좋고, 쇼맨십이 있었다."고 말했다. 장애인 관련 행사에서 늘 "사랑하는 제군들"이라고 말하고, 장애인과 가족의 아픔에 공감했다는 점이 장점이라고 했다. 자선 만찬 등에서는 "레이디스 앤드 젠틀맨"이라고 말하며 분위기를 잡았다.

김학묵 회장이 한국뇌성마비복지회를 통해 다양한 사회활동을 할 수 있었던 것은 복지회 엄마들이 평생 동안 뒷바라지를 했기 때문이다. 초기부터 회장님께 기사가 딸린 승용차를 제공했고, 상계동 회관에 넓은 회장실을 마련해 각종 모임을 주도할 수 있도록 지원했다.

(최경자 회장 인터뷰)

제8장

장애인복지계에서 중추적 활동

한국뇌성마비복지회는 1990년 12월에 서울특별시로부터 서울시립뇌성마비복지관을 수탁하여 운영하였다. 이를 계기로 복지회는 서울시립뇌성마비복지관으로 사무국을 이전하였다. 회관이 생기면서 삼육재활원에 있었던 이진명 씨가 복지회 사무국장으로 임용되어 행정체계를 잡았고 상근직원은 20여 명이었다. 김학묵 회장은 보건사회부 차관이라는 전관예우를 받으면서 한국뇌성마비복지회 회장이란 직함으로 장애인복지계에서 중추적인을 역할을 수행하였다.

1981년 심신장애자복지법이 제정된 이후 장애인복지에 대한 사회적 관심이 높아지고 있었다. 특히, 1988년 서울올림픽을 계기로 정책의제가 폭발적으로 늘어날 때 김학묵 회장은 역량 있는 사무국 직원과 넓은 회장실에 기사가 딸린 승용차가 있었으니 사회활동을 하는데 부족함이 없었다. 당시 장애인계 인사들은 큰일을 의논할 때마다 '회장실'로 모이는 것이 자연스러웠다.

1. 장애인복지단체협의회 회장

1981년 세계장애자의 해를 계기로 6월 5일에 심신장애자복지법이 제정되고 당일부터 시행되었다. "이 법은 심신장애의 발생의 예방과 심신장애자의 재활 및 보호에 관하여 필요한 사항을 정함으로써 심신장애자의 복지증진에 기여함을 목적으로 한다(법 제1조)."에서 밝힌 바와 같이, 우리나라 최초 심신장애자의 복지증진을 위한 법이었다. "이 법에서 "심신장애자"라 함은 지체부자유, 시각장애, 청각장애, 음성·언어기능장애 또는 정신박약 등 정신적 결함(이하 "심신장애"라 한다)으로 인하여 장기간에 걸쳐 일상생활 또는 사회생활에 상당한 제약을 받는 자로서 대통령령으로 정하는 기준에 해당하는 자를 말한다(법 제2조)."

당시 정부는 이 법의 '제정이유'로 "산업화·도시화 추세에 따른 생활환경의 변화로 심신장애자가 증가하고, 이들의 복지욕구도 크게 증대되고 있음에 대처하여 심신장애의 발생예방과 심신장애자의 의료·직업재활 및 생활보호 등 복지시책을 효과적으로 추진함으로써 장애자의 재활·자립과 그 가족의 정상적인 경제·사회활동을 도와주며, 나아가 사회복지의 증진에 기여하려는 것임."이라고 밝혔다.

삼육재활원에서 일할 때 뇌성마비아복지회가 사단법인을 등록하면 후원금 모금에 도움이 될 것이라며 지혜를 나누어주었던, 서울장애인종합복지관 전봉윤 관장(1982년 개관할 때 기획실장)은 UN의 장애인의 해 선포가 세계 각국의 장애인복지를 한 단계 끌어올리는 중요한 계기가 되었고 회고했다.

> 지금까지 우리나라에는 없었던 새로운 모형이 탄생하도록 한 중요한 계기는 역시 UN이 1981년을 세계장애인의 해로 선포한 것이에요. 이를 계기로 우리나라도 1981년에 장애인복지법이 제정되었고 그 이후 장애인복지 발전 5개년 계획이 수립되는 등 UN의 장애인의 해 선포가 세계 각국의 장애인복지를 한 단계 끌어올리는 중요한 계기가 되었어요. 따라서 정부(보건복지부)에서도 장애인복지 시설을 대폭 늘리고 장애인의 요구에 따라 서비스 형태도 수용시설에서 이용시설로, 대형시설에서 소규모시설(그룹홈 등)로, 의료 중심에서 사회통합 기능강화(자립생활) 등으로 획기적인 변화의 계기를 마련해 주었어요.

(임상사회복지실천연구회, 2014: 226)

'함께 하는 사회'가 쓴 '제1회 장애인의 날' 기사에 따르면, 유엔이 1981년을 '세계 장애자의 해'로 선언하자, 한국은 '세계 장애자의 해 한국 사업추진위원회'를 구성하였고, 보건사회부가 4월 20일에 세종문화회관에서 '제1회 장애자의 날' 행사[36]를 주최하였다. 1972년부터 민간단체가 중심이 되어 4월 20일을 '재활의 날'로 기념해왔는데 1981년에 정부 행사가 된 것이다. 다음 해부터 한국장애인재활협회 주관으로 '장애인재활대회'라는 이름으로 기념식을 개최하였다. 1991년 장애인복지법이 개정되면서, 제43조의 규정에 "국가는 국민의 장애인에 대한 이해를 깊게 하고, 장애인의 재활의욕을 고취하기 위하여 장애인의 날과 장애인 주간을 설정한다."고 명시함으로써 장애인의 날이 '법정기념일'이 되었다.

그리고 1991년 '장애인의 날' 기념행사를 준비하기 위해 구성된 14개 민간 장애인 단체의 모임인 '장애인복지단체협의회' 회원 단체들이 '재활의 날' 전통을 잇기로 결의하여 4월 20일을 '제11회 장애인의 날'로 정하게 되었다. 당시 장애인복지법에 명기된 유일한 법정단체였던 '재단법인 한국장애인개발원'이 보건복지부로부터 위임받아 행사를 주관해오고 있다.

14개 단체로 구성된 장애인복지단체협의회는 1991년[37]에 한국뇌성마

---

36 제1회 장애자의 날 기념식은 보건사회부가 주최하고, 전국에서 모여든 장애인과 그 가족, 장애인 복지기관 대표, 장애인을 돕는 자원봉사자 등 4,300명이 참석했다. 홍성철 보건사회부장관의 경과보고, 남덕우 국무총리의 치사에 이어서, 운보 김기창 화백과 이방자 여사 등 유공자에게 정부포상을 수여하였다. https://blog.naver.com/apc8899/222653063326

37 복지단체협의회장을 1992년부터 맡았다는 설도 있다. 나무위키에서 김학묵을 검색하면, "1992년 3월부터 장애인복지단체협의회장을 맡아 2001년까지 계속 연임하였다."는 구절이 있다. https://namu.wiki/w/%EA%B9%80%ED%95%99%EB%AC%B5

비복지회 김학묵 회장을 초대회장으로 추대하고 김 회장은 2001년까지 역임하였다. 이후 협의회 회장은 한국뇌성마비복지회 신정순 회장이 이어받고, 2004년부터 '장애인의날행사추진협의회'로 명칭이 바뀌었다. 현재 이 협의회는 27개의 회원단체로 구성되어 있다. 김학묵 회장이 10년간 장애인복지단체협의회 회장을 역임한 것은 1989년에 중앙장애인복지대책위원회 위원장을 역임한 것에서 본 바와 같이 장애인복지계의 대부였기 때문이다.

2. 장애인복지계 민관협력 활동

김학묵 회장은 1989년에 중앙장애인복지대책위원회 위원장, 1990년 8월에 한국장애인고용촉진공단 이사를 맡았으며, 1991년 9월부터 중앙장애인복지위원회 위원장을 역임하였다. 그는 한국뇌성마비복지회의 회장으로 일하면서, 장애인복지법의 제정, 장애인고용촉진법의 제정, 장애인복지계획의 수립 등을 할 때 각종 민관협력 기구에서 장애인복지계를 대표하여 활동했다.

정부는 1989년에 심신장애자복지법을 장애인복지법으로 전부 개정하고, 1990년에 장애인고용촉진등에관한법률 등을 제정하는 등 장애인복지의 큰 틀을 바꾸었다. 1989년에 중앙장애인복지대책위원회는 민간과 정부의 가교 역할을 하면서 장애인계의 숙원 사업을 장애인복지법, 장애인고용촉진법 등에 담을 수 있었다.

한국장애인고용촉진공단은 1990년 1월 13일에 제정되고 1991년 1월 1일부터 시행된 '장애인고용촉진등에관한법률'에 의거하여 1990년 9월

1일에 설립되었다. 이 법 제12조에 "장애인이 직업생활을 통하여 자립할 수 있도록 지원하고 장애인의 고용촉진업무를 효율적으로 수행하게 하기 위하여 장애인고용촉진공단(이하 "公團"이라 한다)을 설립한다."고 규정되었다.

이 법률은 1991년부터 시행되었지만, 공단이 1990년 9월 1일에 설립된 것은 '부칙'에 의거하여 "노동부장관은 이 법 시행 이전에 공단을 설립하기 위하여 3인 이내의 설립위원을 위촉하여 공단설립에 관한 사무를 처리하게 하고 이에 필요한 예산을 지원한다. 설립위원은 공단의 정관을 작성하여 노동부장관의 인가를 받아야 하며, 인가를 받은 때에는 지체 없이 공단의 설립등기를 하여야 한다."는 규정 때문이었다. 당시 정부는 장애인고용촉진을 위해 공단의 설립을 서둘렀던 것이다.

공단은 1992년 1월에 일산직업전문학교를 인수·운영하고, 1993년부터 부산, 인천, 광주, 대전지사 등을 설치하였다. 김학묵은 공단 설립을 위해 1990년 8월에 이사로 위촉되었고, 초대 이사장은 고귀남(1990.8.27.~1992.1.9.)이었다. 현재 근거 법의 명칭은 '장애인고용촉진 및 직업재활법'으로 바뀌었다.

1989년 12월 30일에 심신장애자복지법이 장애인복지법으로 전부 개정되었다. 심신장애자를 장애인으로 바꾸고, 법의 명칭도 장애인복지법으로 개정하였다. 장애인복지위원회의 설치, 장애인등록제의 신설, 장애인의 의료비와 자녀교육비의 지원, 청각장애자를 위한 수화 또는 자막의 방영, 한국장애인복지체육회의 설립 등을 담았다. 1987년 6월 항쟁을 계기로 민주화의 분위기가 장애인복지 분야에도 큰 영향력을 미친 시기였다.

장애인복지법 개정이유

심신장애자들이 자립 자활할 수 있도록 필요한 법적 지원을 개선하려는 것임.

① "심신장애자"라는 용어를 "장애인"으로 변경하고, 이에 따라 이 법의 제명을 "장애인복지법"으로 함.
② 장애인복지에 관한 사항을 심의·건의하기 위하여 보건사회부에 장애인복지위원회를 설치함.
③ 장애인등록제를 신설함.
④ 국가 또는 지방자치단체는 장애인의 의료비 및 자녀교육비를 지급할 수 있도록 함.
⑤ 국가 또는 지방자치단체는 방송국에 청각장애자를 위한 수화 또는 자막의 방영을 요청할 수 있도록 함.
⑥ 장애인의 체육진흥을 위하여 한국장애인복지체육회를 설립함.

장애인복지법 제6조에는 장애인복지위원회의 설치와 역할이 규정되었다. 즉, "①장애인복지에 관한 사항을 심의·건의하기 위하여 보건사회부에 중앙장애인복지위원회를, 서울특별시·직할시·도에 지방장애인복지위원회를 둔다. ②장애인복지위원회는 필요하다고 인정하는 때에는 관계행정기관에 대하여 그 소속직원의 출석·설명과 자료의 제출을 요구할 수 있다. ③장애인복지위원회의 구성 및 운영에 관하여 필요한 사항은 대통령령으로 정한다."

1990년 12월 1일 동법 시행령이 제정되면서 제3조에 중앙장애인복지위원회는 장애인복지에 관한 장·단기계획 및 정책건의, 장애인복지증진을 위한 각종 제도의 개선, 장애인에 대한 인식전환, 이해증진과 장애인의 사회참여 확대를 위한 유관기관과의 협조, 기타 장애인복지에 관한 사항을 심의한다.

중앙위원회는 위원장 및 부위원장 각 1인을 포함한 20인 이내의 위원으로 구성하며, 위원중 3분의 1이상은 장애인으로 한다. 위원장과 부위원장은 위원 중에서 호선하는데 초대 중앙장애인복지위원회 위원장으로 김학묵 회장이 선임된 것이다. 위원장은 당해 위원회를 대표하며, 그 회무를 통할한다.

3. 훈장·포장

김학묵 박사는 1976년 미국 독립 200주년에 '200주년 명예훈장'을 받았다. 이 훈장은 미국 정부가 독립 200주년을 맞이하여 국내외 인사에게 준 격이 높은 훈장으로 알려졌다. 4남 재연은 "한국인으로 이 훈장을 받은 사람은 많지 않을 것"이라고 했다. 김학묵이 왜 이 훈장을 받았는지에 대한 공적사항을 확인하기는 어렵지만, 미군정기 이후 미국이 대외원조활동을 할 때 한국 측 대표로 일한 점을 높이 평가한 것으로 보인다. 그는 1986년 9월, 제1회 국제사회복지공로상을 받았는데, 이 상은 세계 각국의 추천을 받아 국제사회복지회의(International Conference of Social Welfare : ICSW)가 5년에 한 번씩 민간 사회복지 세계적 유공자에 주는 상이다.

제9장

가족

1. 결혼

　김학묵 박사의 4남 재연에 따르면[38], 김학묵은 휘문고보에 다닐 때인 15살에 결혼했다고 한다. 신부는 안성 사람인 이영수(李英秀)이다. 혼사를 주도한 아버지는 며느릿감을 찾아 사돈을 방문할 때 키가 작은 큰아들 대신에 작은 아들 주묵과 함께 갔다고 한다. 주묵은 키도 크고 잘생겼기 때문이었다. 동네 사람들이 "니 신랑 될 사람이다."라고 수군거렸는데, 신부가 혼례식에서 보니 신랑의 키가 더 작았다. 신랑이 신부에게 "첫날 밤 감상이 어떻소?"라고 물으니, 신부가 "생감은 왜 찾나요?"라고 답변했다는 일화가 있다. 재연은 어머니가 불편한 심사를 표현했던 것으로 이해했다.

　또한, 재연은 "할아버지가 며느릿감을 고를 때, "중학교를 보내주겠다."고 약속했는데, 결혼 후 어머니는 충북 음성군 감곡면 상평리 상촌 산골에서 살았기에 실망도 컸을 것"이라고 어머니의 입장을 대변했다. 시누이는 이화여전(현 이화여대)을 다닐 때, 산골에서 누에를 치면서 "중학교를 보내주겠다."는 약속을 지키지 않은 시아버지에 대한 원망도 했을 것이다.

　상촌은 뽕나무 상(桑)자를 쓰는데, 재연은 할아버지가 뽕나무를 심고 양잠을 장려하면서 마을 이름이 되었다고 전한다. 이영수는 산촌으로 시집와서 시부모를 모시면서 누에를 치는 등 집안일을 했다. 배움에 대

---

[38] 2023년 2월 27일 용산 파크파워 101동 로비 응접실에서 4남 김재연 님과의 인터뷰. 이하 별도의 표기가 없는 김재연의 증언은 이 날 인터뷰에서 얻은 자료임.

한 어머니의 한을 재연은 다음 일화로 소개했다. 외국인이 주최하는 파티에 아버지와 어머니가 함께 참석한 적도 있었다. 당시 허정 씨가 어머니를 예뻐하고, "말수가 적고 입이 무거운 사람"이라고 평가했다고 한다. 자녀의 입장에서 보면, "소학교만 나온 어머니가 외국인 등이 모인 자리에서 무슨 말을 하기는 어려웠을 것"이라고 말했다. 아내는 남편이 외국인들과 영어로 대화할 때, "중학교를 보내주겠다."는 약속을 지키지 않은 시아버지가 야속했을 것이다.

김학묵과 이영수는 금슬이 좋은 부부로 알려졌다. 1984년에는 15세 때 동갑내기로 결혼해 53년간 해로해온 부인을 먼저 떠나보냈다. 그는 평소 자녀들에게 스스럼없이 첫날밤 얘기를 들려주면서 아내에 대한 사랑을 표현하곤 했다. 그가 부인을 땅에 묻으면서 마지막 연애편지를 썼다는 것도 널리 알려졌다.

"그대의 것, 나 김학묵은 아뢰오. 그대를 묻으니 나의 가슴 찢어지는구려. 이제 나 혼자 남았지만 사회봉공을 계속하다가 하느님이 부르시면 그대 옆으로 내 가겠소. 너무 외로워 말구려, 나의 사랑아. 어찌 당신을 꿈엔들 잊으랴."

그는 부인의 무덤가에서 한 약속대로 2001년 3월말까지 사무실에 나가 장애인들을 위해 일하다 삶을 마감했다.

2. 자녀

김학묵의 자녀는 4남 1녀로 알려져 있다. 그런데, 4남 재연에 따르면, "부모님이 낳은 자녀는 10여 명이 되었다고 합니다만 일부는 어린 시절에 죽고, 4남 1녀가 성장했다."고 말했다. 5남매의 순서는 재형, 재휘, 재옥(여), 재덕, 재연이다.

큰아들 재형은 그가 19세 때인 1936년 6월 5일 서울 종로구 삼청동에서 태어났다. 그가 다녔던 휘문고를 다녔고, 용의 눈물, 여인천하 등을 감독하여 브리태니커백과사전에도 등재되었는데, 2011년 만 74세에 사망하였다. 다음백과사전에 '김재형'은 다음과 같이 소개되어 있다.

김재형 金在衡
출생   1936. 6. 5. 충북 음성
드라마 연출가

김재형은 휘문고등학교에 입학했으나 1950년 9월 28일 서울 수복 이후 경기상업고등학교를 졸업했다. 고교시절 연극반 활동을 했으며, 고등학교 2학년 때부터 기독교방송에서 성우생활을 했다. 동국대학교 국어국문학과에 진학한 후, 대학교 2학년 때 KBS 성우 2기생 모집에 합격해 두 방송사 성우 일을 함께 했으며, 3학년 때는 연극부장을 맡기도 했다. 이때 〈명암시대〉라는 단막극을 첫 작품으로 연출을 시작했다.

1961년 KBS 개국 요원으로 입사한 후 첫 연출 프로그램은 어린이 연속극 〈영이의 일기〉였으며 사극 첫 작품은 국내 최초 연속사극인 박만신 작 〈국토만리〉였다. 1964년 초 동양방송주식회사(TBC)가 개국되면서 자리를 옮겨, 개국 작품으로 역시 사극인 〈민며느리〉(이서구 작)를 연출했는데 이때부터 사극 전문 PD라는 이름이 붙게 되었다.

김재형은 1996년 정년퇴임했지만 이후에도 열정은 식지 않았다. 2001년 〈여인천하〉(SBS)를 연출하여 커다란 성공을 했으며, 2003년에는 〈왕의 여

> 자〉(SBS)를 연출했다. 2007년에는 70대의 고령에도 불구하고 내시의 일대기를 다룬 〈왕과 나〉(SBS)를 연출했다. 하지만 그는 건강이 악화되어 이 작품을 마무리하지 못했는데, 이것이 그의 248번째 작품이었다.
>
> 그는 한국 최초의 일일 연속사극인 〈사모곡〉(신봉승 작)을 비롯해 〈연화〉·〈인목대비〉·〈별당아씨〉·〈임금님의 첫사랑〉·〈옥피리〉·〈한명회〉 등 일일이 나열할 수 없을 정도로, 프로그램마다 나름대로 의미를 지닌 작품들을 연출했다.

재형은 '대하드라마 용(龍)의 눈물'을 연출한 사극 전문 PD로 알려졌다. 보수적인 집안 분위기에서 드라마 연출가로 성장한 것은 아버지와 어머니의 영향이 컸다. 아버지는 고교 시절엔 문학써클 활동을 하였고 첫 직장이 경성방송의 아나운서였다. 아나운서를 도중에 그만 두었지만, 대한민국 최초 공개방송 '스무고개'에 초대 손님으로 출연하였으며, 각종 행사에서 재담을 잘해 분위기를 주도했다.

재형이 연출가로 성장하는 데는 어머니의 지지가 컸다. 일제 강점기 말기에 서울 폭격을 피해 경기도 안성으로 피난을 가서 어머니의 손에 이끌려 '애원극장'에 영화를 보러 가곤 했는데 그때 영화의 재미에 눈을 떴다. 그는 서울로 올라와 중학생이 되어서도 영화를 보러 주로 단성사와 서대문극장을 다녔다고 한다.

한편, 재형은 휘문고 2학년일 때 아버지로부터 "나라를 일으키려면 달러가 필요하니 상업학교에 가서 돈 버는 법을 배우거라."라고 해서 경기상업고등학교로 편입했다. 그런데, 영어를 가르치며 연극반을 지도하던 박영민 선생은 배역 중 한 명이 사고를 당하자 재형에게 맡겼다. 연극 '양만춘 장군'에서 문지기역을 맡은 것을 계기로 연극의 재미에 푹 빠진 그에게 아버지는 불호령을 내렸다. "너는 내 자식이 아니다!"라는 일갈과 함께 학비 지원을 일절 끊는 것은 물론 가족들 누구도 그를 돕지 못하게 했다. 그는 학비와 용돈을 벌기 위해 1955년에 CBS 성우 1기로 들어가 방송인의 길을 걷기 시작했다고 한다.

김학묵은 재형이 공무원이 되길 희망하고, 연출가가 되는 것을 반대했다. 이 때문에 부자관계는 상당기간 소원했다. 하지만, 어찌 부모가 반대했다고 관심조차 가지지 않을 수 있겠는가? 아들의 PD 진출을 반대했던 아버지도 아들을 지켜보았고, '용의 눈물'을 감독할 땐 아버지가 의견을 제시했다[39]는 것은 널리 알려진 사실이다. 이 작품은 1996년 11월부터 1998년 5월까지 3년에 걸쳐 159부작으로 방영된 대하사극이었다. 시청률 40~50%를 오르내리는 드라마를 촬영하는 현장에 한 전화가 걸려왔다. 평소 전화도 잘 안 하지만, 촬영에 임하고 있는 아들들에게 연락을 해온 적은 한 번도 없었다. 재연이 전하는 당시 전화 내용과 재형의 소감은 다음과 같다.

---

39 전화 내용은 "이런 무식한 놈, 어떻게 상복을 입은 이방원이 아버지 이성계의 시신이 놓인 병풍 쪽으로 엉덩이를 향하고 절을 올리느냐? PD를 하려면 제대로 공부하고 하라"는 호통이었다. 하지만, 김재형 PD는 아버지가 자신의 드라마를 시청해주셨을 뿐 아니라 딴따라가 되었다고 상대도 해주지 않던 자신에게 전화까지 해 주었다고 너무나도 기분이 좋아 그 이야기를 한동안 만나는 사람마다 들려주었다고 한다. https://namu.wiki/w/%EA%B9%80%ED%95%99%EB%AC%B5

> "나다."
>
> "예, 아버님. 무슨 일로…"
>
> "드라마를 보다가 할 말이 있어 전화했다. 거, 의상과 궁중예법이 잘못됐더라."
>
> 이 말을 듣고 형님은 순간적으로 온갖 감정의 소용돌이가 휘몰아쳐서 그만 정신이 멍해지고 말았다고 그때를 회고했다. 그 복잡한 감정의 실체가 감격이었는지, 회환이었는지는 분명하지 않았다.
>
> 아버지의 지적은 예리하고 정확했다. 드라마의 시대적 배경을 나름대로 연구해 온 게 분명 보였다. 아버지는 어떤 부분을 어떻게 바로잡아야 하는지 설명하곤 바로 전화를 끊었다. 이것이 아버지의 스타일이었다.
>
> 연출 인생을 걸어온 지 30여 년 만에 처음 듣게 된 한 마디 말씀. 이런저런 지적 사항은 중요하지 않았다.
>
> "의상과 궁중예법이 잘못됐더라."
>
> 이 말속에, 30여 년 동안 관심을 두지 않은 척하면서도 표 내지 않고 형님의 연출 행로를 지켜봐 온 아버지의 마음이 응축되어 있었다. 형님도 그 말속에 숨은 모든 말의 의미를 이해했다. 형님이 말은 안 했지만 그동안 응어리처럼 가슴 속에 쌓여 있던 모든 한이 그날 말끔히 싹 씻겨 내려갔을 것이다.
>
> (김재연, 2017: 307~308)

둘째 아들 재휘는 성균관대학교를 졸업하고, 현대건설에 입사하였다. 당시 이명박 씨보다 먼저 임원이 되었지만, 작은아버지인 김주묵이 국회의원이었기에 정치에 관심이 많았다. 어느 날 정주영 회장이 "정치를 하던지, 사업을 하던지 하라."고 하여 사표를 쓰고 임광토건으로 옮겼다고 한다. 후에 충청일보 사장도 했고, 80세에 사망했다.

딸 재옥은 성장하여 이재구와 결혼하였는데, 그는 고려아연 사장을 했다. 고려아연은 영풍그룹 계열의 종합 비철금속 제련업체다. 1974년 8월 설립되어, 정부의 중화학공업 육성방침에 따라 아연생산 및 공급사업에 진출하면서 사세를 키웠다. 국내 아연 시장의 50%가 넘는 점유율을 보유하고 있으며, 아연을 비롯해 연·금·은·동 및 희소금속 등 총 18여 종의 비철금속을 생산하고 있다.

셋째 아들 재덕은 연세대학교를 다니다가 홍익대학교 미대로 편입했다. 시신경에 염증이 생기는 베체트병에 걸렸는데, 28세에 사망했다. 재연이 소개한 셋째 형 재덕에 대한 일화에서 질병을 치료하는 과정에 김학묵이 장애인복지에 대한 관심을 가진 것을 확인할 수 있다.

재연의 회고에 따르면, 형이 졸업작품을 만들었는데, 눈이 보이지 않아서 밥상을 작품에 던졌다. 아버지는 형을 치료하기 위해 백방으로 노력하였다. 보건사회부 차관을 할 때 충무로에서 한의원을 하면서 가족 주치의로 일한 분이 경희대에 한의학대학을 만들 수 있도록 지원했다. 이후 배원식 교수는 한의학계에 전설적인 인물이 되었다고 한다.

재덕이 아플 때 일본 황족 출신으로 실명하여 시각장애인을 위해 운영하는 '성명원' 원장을 알게 되었다. 재덕은 이분으로부터 "나는 종교를 믿지 않지만, 무슨 일을 하고 살 것인가는 중요하다."는 말을 들었다. "일본으로 유학 오면 시설에서 연수를 받고, 한국에 시설을 만들어 줄 터이니…"라는 비전을 듣기도 했다.

재연이 2005년에 '이대부고 12회 동창회' 카페에 올린 글을 보면, 재덕의 눈 제거 수술, 간호사들과의 인간관계, 성명원 원장과 교류 과정 등을 확인할 수 있다.

'이대부고 12회 동창회' 카페에 실린 글

살아 있다는 것은 계속…
재연아!!! 추천 0 조회 54 2005.01.27. 16:36

[전략] 투병 생활이 계속되던 어느 날이었어. 우리 아버님이 회장으로 있던 아시아태평양지역 사회복지협의회가 열리던 날 일본 대표로 참석한 분이 계셨는데 그분은 성명원이라는 맹인 양로원을 운영하시던 일본 황족이었는데 그분은 몇 년간 눈을 앓다가 실명하신 분인데, 그분을 간호해주시던 간호사와 결혼을 해서 새로운 인생을 개척하며… 황족답게 실명한 노인들을 위해 큰 봉사사업을 하시는 분이시지. 한국에 대표로 참가하신 그분을 아버님이 우리 집에 초대하셨어. 그분은 절망 앞에 선 우리 형님에게 이런 말씀을 하셨지… 종교를 믿느냐고!!, 난 종교는 안가지고 있지만 사람은 태어나서 무슨 일을 하면서 일생을 의미 있게 보내느냐가 더욱 중요하다고 생각한다고!!! 그래서 일하는 것이 생의 중요한 의미를 깨달은 순간 절망을 딛고 희망을 보았다는 말을 형님에게 전해주셨지…

그분 말씀에 감동을 받은 형은 그 당시 완전히 실명은 안 돼 눈이 뿌연 상태였지만…결국엔 실명을 예감한 형은 스스로 눈 제거 수술을 결심하고 맹인으로서 보람된 일을 하고저 그분의 뒤를 걷겠다고 다짐하고 수술대에 오르셨지…

수술 당일 날 많은 간호사들이 옆에 모였어. 형은 인기 짱이었으니까!!! 입원 당시 어떤 간호사는 형을 납치하다 싶이 하여 천둥 치는 밤 산속에서 신을 찾아 만나면 병이 나을 거라고 형을 납치하기도 했고, 여름휴가 때 많은 간호사들이 경쟁적으로 바닷가에서 주운 소라 목걸이를 형에게 선물도 했지. 아프면서도 여복은 많았던 멋진 재덕이 형이었지…

눈 수술은 전신마취를 안 하더군, 눈에만 부분 마취를 했지… 정신은 살아있었지!!! 형을 좋아했던 간호원들은 눈 수술하는데 기타를 치기 시작했지. 그리고 합창을 했지. 모두 모여서 행복하게 형의 곁을 지켜주면서… 당시 유행하던 홍민의 노래를 불러주었지… 두 눈을 떠 봐요 그리고 날 봐요 재덕 씨… 하는 노래를, 수술이 끝나자 형은 그 노래에 미소를 지어보이며 화답했지. 형의 말 어쩜 비극 속에서의 재치라고나 할까!!! 그 답은 앞이 안 보이네요!!! 였지… 늘 뿌옇던 늘 흐렸던 그 눈은 조그만 갈색병에 담겨 내 손위에 나란히 들려져 있었지. 두 눈은 마치 오래된 퇴색된 갈색의 눈으로 크로즈업 되었지 전율이 오더군!!!

그리고 세월이 흘러 형은 재활을 결심하고 집에서 맹인 타자기와 점자를 배우며 일본 유학에 꿈을 키웠지… 일본 맹인성명원 양로원 회장의 후계자가 되어 한국에도 제2의 성명원을 운영하겠다는 야심찬 계획을 세우고 맹인으로서의 새 생활을 시작했지…

재덕은 적십자병원 간호사 허현자와 결혼하였고, 1977년 28세에 생애를 마쳤다. 두 사람의 사랑이야기는 한 편의 드라마와 같았다. 즉, 재덕이 베체트병에 걸렸을 때 눈을 제거하였고, 간호하던 간호사가 형을 좋아했는데, 가족이 반대하니 선배 간호사에게 상담했다. 선배 간호사도 형을 사랑하게 되어 집안의 반대에도 불구하고 결혼했다는 것이다.

재연에 따르면, 형수는 친정에서 결혼식을 반대하였는데 자살 소동을 하면서 허락받았다. 재덕의 질병이 전신에 퍼지면서 일상생활이 어려웠는데 죽을 때까지 극진하게 간호했다. 당시 김학묵은 재덕 부부를 위해 여의도에 꽃집을 내어 주었는데, 계약기간이 끝날 때 계약금을 며느리에게 증여했다.

재덕의 이야기는 KBS에서 연극배우이면서 프로듀서인 최상현 연출로 '소망'이란 작품으로 각색되었다. 소망은 1980년 9월 21일부터 1983년 11월 16일까지 방영되었던 KBS 1TV 주간(매주 일요일) 드라마였다. 종합병원을 배경으로 인간생명의 존귀함과 병에 대한 보건상식을 알려주는 우리나라 최초의 순수 메디컬 드라마였다. 최상현(연출), 박성조, 이은교(극본)이고, 출연진은 신구(주인공: 닥터 리), 김성겸, 박근형, 최선자, 연규진, 노주현, 백윤식, 정영숙, 허진, 선우은숙, 송석호, 이덕희 등이었다. 한편, 베체트병은 혀에도 염증이 생기기도 하는데, 재연은 자신과 누나도 가끔 혀밑에 염증이 생겼다고 한다. 정도의 차이이지 병을 품고 사는 것으로 보인다고 증언했다.

베체트병은 구강 궤양, 음부 궤양, 안구 증상 외에도 피부, 혈관, 위장관, 중추신경계, 심장 및 폐 등 여러 장기를 침범할 수 있는 만성 염증성 질환으로 각 증상의 기본적인 특징은 혈관에 염증이 생기는 혈관염(vasculitis)이다. 베체트병은 20대와 30대에 처음 시작되는 경향이 있고, 발병 후 시간이 지나면서 질병의 활성도가 점차 떨어지게 된다. 우리나라의 경우 발병 연령이 늦고 여자에게 보다 많이 발병하며 질병의 중증도가 비교적 덜한 경향이 있다. 현재까지 베체트병의 원인이 명확히 밝혀지지 않았으므로, 개개인의 증상을 조절하여 삶의 질을 높이고, 눈이나 중추신경계, 혈관 등에 돌이킬 수 없는 손상이 발생하지 않도록 하는 것을 치료의 목표로 한다. 치료 과정에서 약물을 복합적으로 사용하는 경우가 흔한데, 이는 치료 효과를 극대화하고 부작용을 최소화하기 위함이다.

막내아들 재연은 KBS에서 프로듀서로 일하며 도전 지구탐험대, 삶의 체험, TV는 사랑을 싣고, 한국인의 밥상 등을 연출하였다. 초대 문화부 장관인 이어령은 재연을 타고난 '유목민 PD'라고 평가했다. 재연이 쓴 '도전하고 질문하고 의심하라'는 책 추천사에서 이어령은 "창조는 자기 부정에서 시작된다. 방송을 하는 PD도 창조적이고 늘 새로워야 한다. 우물을 파서 물이 나올 만하면 다른 우물을 파기 위해 떠나야 한다." "김재연 PD도 이런 점에서 나와 상당히 비슷하다. 그도 늘 새로운 프로그램을 만들고, 또 그것이 안착하면 다시 새로운 프로그램을 만들기 위해 온 힘을 다해 매달렸다고 한다. 그는 타고난 '유목민 PD'다. 새로운 초원의 풀(프로그램)을 찾아 한 곳에 머무르지 않고 떠도는 그런...."이라고 썼다(김재연, 2017: 12-13).

이처럼, 재형은 대한민국을 대표하는 사극 PD로 이름을 떨치고, 재연은 다큐멘터리와 엔터테인먼트를 융합한 새로운 다큐멘터리의 장을 연 KBS 아이디어 뱅크이자 베테랑 PD로 성장하였다. 그러나, 김학묵은 아들들이 젊은 시절에 공무원이 되길 희망하며 '딴따라'가 되지 말도록 훈계하였다. 재연은 중앙대학교 연극영화과에 진학할 때 '대학 합격보다 통과하기 힘든 관문'이었다고 회고했다. 재연은 분기탱천한 아버지의 훈계와 형의 몽둥이찜질을 통과한 후에야 자신의 길을 걸을 수 있었다.

대학 합격보다 통과하기 힘든 관문

딴따라 형제

중·고등학교 시절을 지내는 동안 필자의 꿈은 오로지 연극이었다. 대학

입시를 앞두고 슬슬 걱정이 되었다. 목표는 중앙대학교 연극영화과. 그러나 필자는 그 학교에 합격하는 것보다 더 어려운 난관을 극복해야 했다. 아버지의 반대. 이미 형님도 부딪쳤던 거대한 벽을 스스로의 힘으로 뚫어야 했다. 하나도 아니고 두 아들이 딴따라(아버지의 표현)가 되려는 걸 가만 놔두진 않을 터였다. 각오는 되어 있었다. 몰매를 맞는대도 할 수 없었고, 단식투쟁부터 더 극단적인 행동도 할 참이었다.

마침내 비장한 각오로 '연극영화과'라는 지망학과가 선명하게 기록된 원서를 아버지께 건네고, 무릎을 꿇고 앉아 필자의 의지를 밝혔다.

"여기로 대학 진학을 하겠습니다."

"연극영화? 여길 가겠다고?"

"허락해주십시오. 연극을 하고 싶습니다."

"뭐? 이놈이 지 형 따라다니더니 헛바람이 단단히 들었구나."

"전 이미 결심했습니다."

"나가! 네 놈마저 딴따라가 되는 걸 두고 볼 수 없다."

고개를 숙인 채 힐끗 아버지의 표정을 살폈다. 정말이지 두려웠다. 분기탱천하여 활활 타오르는 아버지의 눈길을 도저히 마주할 자신이 없었다. 거기서 후퇴하는 수밖에 도리가 없었다. 허탈하기 그지없었다. 아버지를 설득할 수 있는 그 어떤 말도, 아무런 수단도 떠오르지 않았다.

믿었던 형님까지

생각다 못해 형님에게 도움을 요청해 보기로 했다. 적어도 형님이라면 기꺼이 필자의 방패막이가 되어줄 거라 굳게 믿으며, 형님에게 구원투수가 되어 줄 것을 요청했다. 형님은 필자의 부탁을 듣자마자 대뜸 혼쭐부터 냈다. 귀가 멍멍해지고 머릿속이 새카맣게 변했다. 형님은 우이동 2층 거실에서 필자를 옥상으로 불러냈다. 옥상에 올라갔더니 야구배트를 손에 쥔 형님이 필자를 기다리고 서 있었다.

"엎드려."

그 순간 눈물이 왈칵 솟구쳤다. 억울함 때문이었다. 필자에게 연극의 꿈을 심어주고 연극에 매혹 당하게 한 사람은 바로 형님이었다. 어릴 때부터 그랬다. 나이 차이가 많이 나서 그렇기도 했지만 어린 필자에게 형님은 우상이자 스승이나 다름없었다.

"똑바로 안 엎드려?"

다시 두 번째 타격이 가해졌다. 오기가 났다.

'좋아, 얼마든지 맞아주마.' 그런 심정으로 여러 차례 맞았다.

공무원이 되기를 원했던 아버지의 뜻을 거역해 아버지의 기대에 부응하지 못했다는 자책, 그 일로 아버지와 오랫동안 불편한 관계로 지내야 했던 장남으로서의 심정..... 그리고 연극 무대나 방송 현장에서 겪었거나 겪고 있는 고난들.... 그런 역경들로부터 동생만은 멀리 떨어져 있게 하고 싶었을 테다. 결과적으로 그날 우직한 방식으로 결심을 피력한 것이 많은 도움이 되었던 것 같다. 두 사람의 견고한 반대의 벽을 무사히 뚫고 원하던 대학교에 진학하는데 성공했으니까. 안 되면 되게 하라는 누군가의 말이 떠오른다.

(김재연, 2017: 48-50).

재연은 중학교 3학년 때 휴가 때 쓸 용돈을 좀 타려고 큰형 재형이 일하던 동양방송(TBC) 운현궁 드라마 스튜디오에 들렀다가 형님이 마치 오케스트라의 지휘자처럼 일하는 모습을 보고 PD를 꿈꾸었다고 한다. 흠모했던 스타에게 형님이 호통을 치는 모습을 보고 어린 마음에 '야! PD 대단하다'는 것을 처음 느꼈다고 회고했다. 이런 인연으로 그는 김창숙 씨를 '세상만사'에 출연을 제의했고, 이후 '체험 삶의 현장' 등에도 출연하는 등 인연을 이어갔다.

> 중학교 3학년 여름방학 때로 기억된다. 형님(김재형 감독)이 일하고 있던 동양방송(TBC) 운현궁 드라마 스튜디오로 휴가 때 쓸 용돈을 좀 타려고 들렀다.
> 당시 인기 사극 드라마 '연화'가 한창 녹화 중이었다. 부조정실에서 형님이 연출하는 모습을 보며 필자는 점점 그 세계로 빠져 들었다. 연출자의 큐 사인과 컷 콜에 따라 카메라 스위치를 누르면 긴박하게 화면이 빠르게 넘어가는 것을 보니 형님이 마치 오케스트라의 지휘자처럼 보였다.
> PD의 큐 사인에 맞춰 출연자의 연기, 음악, 블로킹(동선)이 하모니를 이루어 일사불란하게 녹화되는 모습은 경이롭기만 했다. 필자는 형님의 컷과 큐 사인을 지켜보다가 속으로 따라 해보았다. 그러자 똑같이 화면이 넘어가는 것이 아닌가. 신기할 뿐이었다.
> 밤새 녹화가 이어지던 때, 여주인공 역인 김창숙 씨가 잠시 자리를 비워 녹화가 중단되자 형님이 (중략) 호통을 쳤다. 필자가 흠모했던 스타에게 형님이 호통을 치는 모습을 보고 어린 마음에 '야! PD 대단하다'는 것을 처음 느꼈다.
> 그 순간부터 필자는 인생의 목표를 드라마 PD로 정하고, 필자만의 방식으로 PD 수업을 쌓아갔다. 집에서 TV를 보며 형님이 연출하는 드라마 연출의 컷과 큐 사인을 떠올리며 속으로 연출 모습을 연신 따라 했다.
>
> (김재연, 2017: 340)

많은 사람들은 김학묵을 "청빈하고, 청렴하다."고 평가하는데, 자녀의 입장에서 보면 가장으로서 재력을 모으지 못한 측면이 있었다고 한다. 재연은 "제기동의 한옥, 우이동의 집을 생각해보면 넉넉한 살림이 아니었다. 제가 분가할 때 도와주신 것도 없고, 3년을 모셨는데 유산으로 남겨준 것이 없었다."고 말했다.

재연은 어린 시절에 본 장면을 소개하면서, "당시에는 아버지가 멋있어 보였는데, 지금 보면 유약했다고 볼 수도 있다."고 증언했다. 즉, 서울특별시장 비서실장을 할 때 집에 사과 궤짝이 들어올 때 돈이 들어있는 경우가 있었다. 그런데, 돈을 되돌려 준 것으로 알고 있다. 또한, 서울시 직원들의 도움으로 우이동의 땅을 어머니 이름으로 사려고 했는데, 아버지가 야단을 쳐서 사지 못했다. 시장은 우이동 장미원 주변에 땅을 사서 집도 지은 것으로 알려졌다. 김학묵은 도시개발 과정에서 재력을 모을 기회가 있었지만 이를 잡지 않은 것이다.

위의 증언은 서울의 도시개발 역사로 볼 때 신빙성이 높다. 1957년 12월에 서울특별시는 미아리 제2공동묘지에 있는 묘지 8만위 가량을 경기도 광주군 언주면 반포리로 이장하기로 결정했다. 1958년 10월 6일에 허정 시장이 미아리 제2공동묘지를 시찰한 것으로 보아, 이 시기에 미아리와 주변의 공동묘지를 이장하고 그 일대를 택지로 개발하였다.

제10장

장례와 추모

김학묵 회장은 2001년 5월 15일 서울 고려대학교 부속병원에서 노환으로 별세했다. 향년 85세. 발인은 5월 18일 삼성의료원 영안실에서 거행되고 음성군 감곡면 상평리 선영에 안장되었다.

최경자 회장에 따르면, 김학묵 회장의 장례는 사실상 한국뇌성마비복지회장으로 치러졌다. 장례를 마친 후 고인의 둘째 아들이 가족을 대표하여 감사의 표시로 복지회에 1천만 원을 기부하였다고 한다.

그의 별세 소식은 주요 신문과 방송에 추모 기사로 채워졌다. 보건사회부 차관이란 전직과 한국뇌성마비복지회 회장이란 현직, 장애인복지계에서 중추적인 역할을 했기에 사회적 주목을 받았다. 그리고 형제들은 전 국회의원, 신문사 사장이었고, 자녀들도 한국방송공사의 유명한 연출가, 신문사 사장이었기에 언론은 부고와 함께 추모 기사를 게재하였다.

인터넷으로 검색된 중앙일보, 함께 걸음, 음성신문, 에이블뉴스의 기사 등을 종합하면, 한국뇌성마비복지회가 보도자료를 작성하여 홍보한 것을 알 수 있다. 뇌성마비복지회는 전사적으로 장례를 준비하고, 추모시 등을 담은 보도자료를 언론기관에 제공하였다. 보도자료에는 '숙환으로 85세에 돌아가신 것'으로 실렸다.

[삶과 추억] 고 김학묵 한국뇌성마비복지회장

중앙일보 입력 2001.05.21 00:00

"당신은 우리에게 꿈과 희망의 싹을 틔워 주셨지요. 이제 가지를 제법 뻗은 나무로 자라나 당신의 그늘이 되어드리기 위해 고개를 드니 당신은 이별의 손짓을 하며 먼 길 가시려 합니다. '이 생명과 힘을 눌린 것을 쳐들고 굽은 것을 펴는데 쓰리로다, 부리리로다' 하신 당신의 말씀만이 떠나신 자리에 더욱 형형하게 빛나고 있습니다…. "

지난 15일 85세를 일기로 별세한 김학묵(金學默)전 보건사회부 차관의 빈소가 차려진 삼성서울병원 영안실. 뇌성마비 시인 최명숙 씨의 헌시 한편이 고인의 삶의 향기를 은은히 전해주고 있었다.

고인은 우리나라에 사회복지란 개념을 첫 도입한 학자였으며, 보사부 차관을 지내면서도 전셋집에서 살았던 청렴한 공직자였다. 아울러 한국뇌성마비복지회장을 맡아 30여 년간 장애인들의 재활과 복지증진을 위해 정열을 바친 실천가였다.

고인은 1916년 충북 음성군에서 일제시대의 민중계몽단체 '자강회'의 발기인이었던 김상범(金相範)공의 맏아들로 태어났다. 金공이 위암 장지연(張志淵)선생이 창간한 황성신문의 주필과 편집국장을 지내서인지 고인의 집안에는 유난히 신문·방송인이 많다.

동생 주묵(周默) 씨가 조선일보 정치부장, 경향신문 상무를 지냈고, 큰아들 재형(在衡) 씨는 KBS대하사극 '용의 눈물'을 연출한 한국의 간판급 PD다. 둘째 아들 재휘(在徽) 씨는 춘천일보 사장을 역임했고, 넷째 아들 재연(在衍) 씨는 인기 프로그램 'TV는 사랑을 싣고' '체험 삶의 현장' 등을 연출한 PD다.

휘문고보와 보성전문 법학과를 나온 고인도 짧게나마 경성방송국에 아나운서로 몸을 담았다. 하지만 음악프로그램 진행 중 창(唱)을 부르러 나온 기생을 소개하면서 여사라는 호칭을 썼다는 이유로 논란이 일자 "사람 차별하는 곳에서는 일할 수 없다"며 직장을 그만두었다.

이후 경기도 사회과장으로 공직에 들어간 그는 해방과 더불어 유엔 장학생으로 선발돼 영국 런던대에서 사회보장 제도를 연구했다. 유학 중 경기도 근무시 그를 눈여겨 본 이승만(李承晩)대통령이 직접 전화를 걸어 "이 사람아, 빨리 나와 배운 것 좀 써먹게" 하고 독촉하자 51년 1·4 후퇴 때 귀국했다.

그는 보성전문 선배인 허정(許政) 씨 밑에서 사회부(현 보건복지부) 구호과장을 맡아 세계 각국에서 구호물자를 조달해 배분하는 중책을 맡았다. 허정 과도정부하(60년)에선 보건사회부 차관까지 지냈다.

65년 저술한 사회사업개론은 이 분야 최초의 교과서로 기록돼 있고, 71년 남북 적십자 회담 때는 대한적십자사 사무총장으로 회담을 진두지휘했다. 72년 대한 적십자사 부총재를 끝으로 공직에서 물러난 뒤에는 여생을 뇌성마비 장애인들에게 바쳤다.

수많은 장애인이 "가고 또 가면 다다름이 있고, 하고 또 하면 이룸이 있다"는 그의 말을 가슴에 새겼다. 그는 자식을 가슴에 묻는 아픔을 겪기도 했다. 셋째 아들 재덕 씨가 신경이 썩어 들어가는 베체트병을 앓기 시작해 연세대 재학 중 시각장애인이 됐다가 8년간 투병 끝에 77년 스물여덟 살의 나이로 끝내 세상을 떠났다.

이 사연은 KBS에서 '소망'이란 드라마로 제작되기도 했다. 84년에는 15세 때 동갑내기로 결혼해 63년간 해로해온 부인 이영수(李英秀)씨를 먼저 떠나보냈다. "내가 '첫날 밤 감상이 어떻소' 하고 묻자 너의 모친 대답이 '생감은 왜 찾나요' 였지." 평소 자식들에게 그는 스스럼없이 첫날밤 얘기를 들려주면서 아내에 대한 극진한 사랑을 표현하곤 했다.

그는 부인을 땅에 묻으면서 이렇게 마지막 연애편지를 썼다. '그대의 것, 나 김학묵은 아뢰오. 그대를 묻으니 나의 가슴 찢어지는구려. 이제 나 혼자 남았지만 사회봉공을 계속하다가 하느님이 부르시면 그대 옆으로 내 가겠소. 너무 외로워 말구려, 나의 사랑아. 어찌 당신을 꿈엔들 잊으랴.' 그는 부인의 무덤가에서 한 약속대로 지난 3월 말까지 사무실에 나가 장애인들을 위해 일하다 삶을 마감했다.

　빈소에서 만난 아들 재형 씨에게 "아버님의 삶은 드라마로 치면 어떤 것이냐"고 물었다. 그는 "그 어른의 인생은 한마디로 '휴머니즘 강한 홈드라마'였다"고 회고했다.

강민석 기자

　한국뇌성마비복지회는 장애인복지 관련 대표적인 잡지인 '함께 걸음'에 "참사랑과 봉사정신은 큰 성운으로 남아 찬란하리라. 한국뇌성마비복지회 김학묵 회장"이란 기사를 남겼다. 이 글은 1978년부터 2001년까지 23년간 초대 회장으로 일한 김학묵 박사에 대한 공식적인 추모글이다. 이 글에서 김학묵 회장을 "이 땅에 "재활"이라는 용어를 뿌리내리게 한 장본인"이라고 평가했다.

참사랑과 봉사정신은 큰 성운으로 남아 찬란하리라
한국뇌성마비복지회 김학묵 회장

뇌성마비복지회 기사입력 2001-06-01 11:13 1,271회

　이 땅에 "재활"이라는 용어를 뿌리내리게 한 장본인 한국뇌성마비복지회 김학묵 회장이 지난 5월15일 숙환으로 85세의 삶을 마감했다. 그분의 참사랑과 봉사정신은 우리나라 사회복지를 이끌어 가는 데 커다란 비표로 자리매김할 것이다.

　2001년 5월15일 뇌성마비인들의 재활과 복지는 물론 우리나라 사회복

지계의 선각자이며 최고 어른이시던 김학묵 회장님께서 갑작스럽게 우리의 곁을 떠나가셨다. 타고나신 건강에 사람을 휘어잡는 카리스마를 지닌 눈빛과 목소리로 언제나 위풍당당하던 노신사, 빨간 나비넥타이와 중절모가 잘 어울리고 그 멋있는 외모에 걸맞은 매력과 유머를 지닌 김학묵 회장의 모습은 누구나 기억하고 있다.

누구도 꺾지 못할 김학묵 회장님의 의기, 호탕한 웃음 뒤에는 너그러움이 늘 숨겨져 있어 늘 사람을 감싸주는 정다움이 있었다. 책이나 신문을 손에서 놓지 않으셨고 젊은이들도 따르지 못할 새 지식과 새 생각들을 쩌렁쩌렁한 목소리로 이르시고 일신 우일신 하라 하시면서 만인을 매료시키던 생전 모습은 영원히 가슴에 남아 지워지지 않을 듯하다.

▲故한국뇌성마비복지회 김학묵 회장

김학묵 회장님을 옆에 모신 많은 사람들이 그분의 한결같은 삶을 일컬어 우리 장애인 재활의 역사와 사회복지의 역사 그 자체이며 긍지라고 하고 있다. 김학묵 회장님은 해방과 더불어 정부의 복지행정을 맡은 공직생활을 하기 시작하여 미국과 영국 유학시절 우리나라 최초로 사회복지를 공부하면서 한국 사회복지의 기틀을 잡아보겠다고 굳게 한 다짐을 한국에 돌아와 수년의 공직생활과 후진양성으로 실현하면서 우리나라 사회복지의 산파 노릇을 하여 오셨다.

대한적십자사에 재직하던 시절에는 우리나라 적십자 운동의 근간을 마련, 남북대화와 화해의 물꼬를 트였으며 의료보험연합회장 시절에는 우리나라 의료보험제도의 기틀도 마련하셨다. 한국사회복지협의회 회장, 국제사회복지협의회 집행위원 등을 두루 역임하고 23여 년간을 한국뇌성마비복지회의 회장으로 어느 누구도 관심 갖지 않았던 뇌성마비인들의 치료와 교육, 복리 증진에 혼신의 힘을 기울여 뇌성마비인들의 희망이요, 길잡이가 되어 주셨다.

그분의 뇌성마비인들을 향한 의지와 뜻은 서울시립뇌성마비종합복지관 현관에 붙어 있는 "서울시립뇌성마비종합복지관을 열면서"라는 현판에서 "오늘 여기 오뚜기들의 재활의 꽃 활짝 피울 새 터전을 여니 … 중략 … 오뚜기들의 재활에 꽃 활짝 피워 복된 삶, 복된 내일 가꾸어 나가세"라고 밝힌 글에서 잘 알 수 있다.

언젠가 어떤 이가 한번은 요사이는 살기가 어려운지 남을 돕는 일에 그리들 관심이 없다고 원망 섞인 말을 하자, 김학묵 회장은 "세상인심 탓하지 말라. 오히려 남의 인심이 나의 인심보다 낫다"는 말씀으로 모든 인간은 선한 마음을 가지고 있다고 꾸짖으시며 자신 스스로의 실천을 강조하신 적이 있다.

그리고 뇌성마비인들에게 "무엇이든 무조건 할 수 있다는 용기보다는 아무리 불편한 몸이라도 하느님께서 주신 한가지의 재주는 꼭 있는 법이니 그것을 잘 발견하여 개발하고 살리는 게 중요하고 그것을 이루기 위해 노력하다보면 비장애인 못지않게 사회에 봉사할 수 있다"고 이끌어 주시며 그것을 실천하도록 하셨다.

이러한 일화들은 뇌성마비인들이 이 사회의 당당한 구성원으로 살아가는데 큰 가르침이 되었을 것이다. 그리고 진정 우리 사회복지를 향한 이 시대의 선지자였던 그 분은 스스로 높고자 하지 않으셨다.

"물대는 사람은 물길을 바로 잡고 활 만드는 사람은 화살을 바로 잡으며 집 짓는 사람은 나무를 잘 다룬다."는 말과 같이 때로는 물대는 사람이, 때로는 활 만드는 사람이, 때로는 집 짓는 사람이 되어 자신의 손이 필요한 곳이면 높고 낮음을 가리지 않고 달려가 무엇이든 바로 잡아주고자 하시고 하셨기에 그분의 떠나가심을 많은 이들이 더욱 애통해 하고 있는 것이다.

> 이제 김학묵 회장님은 영원히 우리의 곁을 떠나가셨다. 그 분의 떠나가심을 슬퍼하고 애도하는 눈물도 시간이 흐름에 따라 가시겠지만, 국내외를 멀다 아니하고 장애인복지, 우리나라의 사회복지를 걱정하고 계획하시는 데 병석에 누우셔서 까지 한 치의 늦춤이 없으셨던 그분의 참사랑과 봉사의 실천은 그분의 큰 발자취로 남아 이 나라의 사회복지를 이끌어 가는데 영원히 빛나는 성운으로 찬란할 것이다.
>
> 글 뇌성마비복지회

한국뇌성마비복지회 팀장인 최명숙 시인은 '김학묵 회장님 영전에'라는 추모시를 남겼다. 이 추모시는 장례식장에서도 소개되고, 보도자료에도 게재되어 언론의 주목을 받기도 했다.

< 추 모 시 >

김학묵 회장님 靈前에

최 명 숙 (한국뇌성마비복지회)

아카시아 꽃 만발한 이 5월에
당신은 먼 길 가려 합니다.
당신이 가는 길을 환히 밝히려
하얀 그 꽃들은 자꾸만 떨어지고
우리들의 눈에는 눈물이 하염없이 솟아납니다.

나비넥타이와, 중절모, 왼손의 지팡이
한결같은 그 모습으로 우리들을 포옹하던 당신은
우리들 서로가 모이고 모여서
가고 가고 또 가면 다다름이 있을 것이니
굳건한 의지와 끊임없는 노력으로
오뚝이들의 재활의 꽃을 활짝 피워
밝은 내일, 복된 삶을 가꾸어 나가자고
꿈과 희망의 싹을 틔워 주셨지요.

이제 가지를 제법 뻗친 나무로 자라나
당신의 그늘이 되어 드릴 날이 언제인가
헤아리며 고개를 드니
당신은 이별의 손짓을 하며
먼 길 가려 합니다.

이 생명과 이 힘을
눌린 것을 치들고 굽은 것을 펴기에
쓰리로다, 부리리로다 한
당신의 깊은 뜻과 말만은
당신이 떠나신 자리에 남아
더욱 형형하게 빛나고
당신을 그려 흘리는 저 많은 이들의 눈물로
당신이 그토록 꿈꾸던

재활의 꽃 활짝 피우고

이 사회의 안락을 이뤄 나가는

커다란 숲으로 자라니

편히 가소서, 편히 잠드소서.

김학묵 회장이 별세한 그해 음성군 감곡면에서 '김학묵 회장 공덕비' 건립이 추진되었고 2002년 봄에 준공되었다.

고 김학묵 회장 공덕비 건립 추진
감곡면 왕장리 체육공원

2001년 12월 26일 (수) 00:00:00   김요식 yskim@usnews.co.kr

대한적십자사 부총재, 한국뇌성마비복지회 회장을 역임한 고(故)김학묵의 공덕을 추모하고 자라나는 청소년들에게 꿈과 희망을 심어 주기 위한 공덕비 건립을 추진하고 있다. 감곡면 왕장리 체육공원에 건립 추진중인 공덕비는 각급 기관 단체와 사회단체의 성원으로 추진하고 관내주민뿐 아니라 외부인들도 볼 수 있는 체육공원을 선택해 청소년들의 산 교육장으로 활용할 계획이다.

이번 공덕비 건립은 총 9백여만 원이 투입되고 규모는 3단으로 제작되며 1단은 가로 2백55cm, 세로 60cm, 2단 가로 2백25cm, 세로 45cm, 3단 가로 1백80cm, 세로 1백20cm 건립할 예정이며 2001년 12월에 착공에 들어가 2002년 3월에 준공 예정이다.

고(故) 김학묵은 1916년 감곡면 상평리에 태어나 감곡초교를 졸업하고 1938년 3월에 고려대학교 법과를 졸업하여 1961년에 미국 아칸소주 하딩대

> 학 명예법학박사 학위를 취득했다.
> 　1958년 서울특별시 비서관으로 관계에 진출한 고(故) 김학묵은 1960년 보사부 차관, 1972년 대한적십자사 부총재 역임, 1978년 한국뇌성마비복지회 회장 등을 역임하면서 세계평화 복지, 박애 정신을 구현한 거목으로 알려져 있다. 특히 남북 적십자 회담을 최초로 성사시킴으로서 남북대화의 장을 실현시키는 데 큰 공적을 세웠다.
>
> 　　　　　　　　　　　　　　　　　　　　(음성신문, 2001. 12. 26.)

　85년 동안 열정적으로 살아온 인간 김학묵은 어떤 사람인가? 사람마다 보는 관점이 다를 수 있지만, 그의 일대기를 집필하면서 필자는 다음 몇 가지로 정리하고자 한다.

　김학묵은 일제 강점기에 경기도 사회과 공무원을 시작으로 해방 이후 대한민국 복지행정을 개척한 행정가이다. 일제 강점기에 경기도는 경성시의 상위기관이었기에 사실상 중앙행정을 경험할 수 있었다. 해방 이후에는 경기도 사회과장에서 사회부 사회국 국장서리로 자리를 옮겼고, 1·4 후퇴 전후 피난민을 관리하는 데 탁월한 역량을 발휘하였다. 서울특별시장 비서관, 지역사회개발중앙위원회 간사장을 거쳐, 보건사회부 차관으로 일하면서 전후복구사업을 주도하였다. 그는 일제 강점기에서 시작하여 해방직후 미군정기, 정부수립 이후, 4·19 직후 과도정부까지 복지행정가의 길을 걸었다. 그는 '보건사회부 차관' 출신이었기에 평생 동안 다양한 방식으로 전관예우를 받으면서 활동할 수 있었다.

　김학묵은 한국에 서구식 사회사업학을 도입하였고, 최초로 '사회사업개론'을 집필하여 여러 대학교에서 오랫동안 사회복지학을 강의한 복지

교육자이었다. 보성전문학교에서 법학을 배울 때 사회정책을 접한 후에 1950년에는 유엔의 지원을 받아 영국에서 연수하고, 1955년부터 1957년까지는 미국 미네소타대학교 대학원에서 사회사업학 석사를 취득하였다. 그는 서구식 사회사업학을 배워 서울대학교, 이화여자대학교, 중앙신학교(현 강남대학교), 중앙대학교 등에서 꾸준히 강의하였다.

김학묵은 1978년부터 한국뇌성마비복지회 회장으로 뇌성마비인의 복지증진을 위해 정열을 바쳐 온 실천가이고, 1981년 세계 장애인의 해를 계기로 심신장애자복지법의 제정에 참여하는 등 장애인복지계의 '대부'로 활동하였다. 1991년에는 장애인복지단체협의회 회장으로 이 땅에서 장애인복지의 지평을 넓히는 데 헌신하였다. 3남 재연이 베체트병으로 시각장애인이 되었고, 28세에 사망하였기에 장애인의 부모이기도 했다.

김학묵은 일본어, 영어를 자유롭게 구사하면서 사회복지계 국제교류협력의 개척자가 되었다. 그는 대한적십자사 사무총장으로 일할 때 국제교류활동을 주도하였고, 남북대치상황에서 한국의 위상을 높이는 데 크게 기여하였다. 한국청소년단체협의회장, 한국사회복지협의회장을 할 때에도 외국인 친구들이 많았기에 국제단체에서 집행위원 등 임원을 역임하여 한국의 위상을 높였다. 한국뇌성마비복지회장 시절에는 국제기구의 부회장, 회장을 역임하며 국제행사를 개최하기도 했다. 한국에 대한 국제적 위상이 낮을 때 활발한 국제교류활동은 선진국의 복지제도를 도입하는 계기를 만들고, 국제회의에 함께 참가한 민·관인사들이 공식·비공적으로 협력관계를 형성할 수 있었다.

김학묵은 평소 "이 생명과 이 힘을 눌린 것을 치들고 굽은 것을 펴기에 쓰리로다, 부리리로다."란 신념을 실천한 휴머니스트이었다. 청년시절에 '사회주의자(socialist)'에 관심이 많았고, 장애인과 같은 사회적 약자도 좀 더 살기 좋은 세상을 열어가기 위해 노력하였다.

김학묵은 평소 나비넥타이를 즐겨 착용하고, 유머와 언변으로 좌중을 휘어잡는 신사이었다. 고등학교를 다닐 때는 문학청년이었고, 대학교를 졸업한 직후에는 경성방송국에서 아나운서로 일한 경력도 있었다. 사람들에게 호의를 베풀며 처세를 잘 했기에 주변에는 늘 사람들이 모였다.

김학묵은 15세 동갑내기로 결혼하여 53년을 해로한 애처가로 널리 알려졌지만, 자녀들은 엄한 아버지로 기억했다. 공무원이 되길 희망했던 자녀들이 연출가로 길을 걷자 소원했지만, 김재형 감독에게 연출의 실수를 지적한 것은 널리 알려진 사실이다. 언론은 "보건사회부 차관 시절에도 전셋집에서 살았다."고 '청렴한 공직자'로 칭송하지만, 가족의 입장에서 보면 가장으로서 역할을 소홀히 한 측면도 있다고 볼 수 있다.

연보

김학묵 金學默

본관 안동 (安東)

1916년 4월 24일 ~ 2001년 5월 15일

1916년 4월 24일 충북 음성군 감곡면 상평리에서 김상범(金相範)의 맏아들로 태어났다.

1931년 15세 동갑내기인 이영수와 결혼했다.

1934년 휘문고등보통학교(현 휘문고등학교)를 졸업했다.

1935년 4월에 보성전문학교 법과에 입학했다.

1936년 6월 5일 첫아들인 재형을 삼청동에서 낳았다.

1938년 3월 보성전문학교 법과(고려대학교 법과대학의 전신)를 졸업했다.

    일제 강점기에 경성방송에서 아나운서로 재직한 바 있고, 경기도 사회과에서 공무원으로 근무했다.

1942년 경기도 사회과 공무원으로 근무한 기록이 있다.

1946년 경기도 사회과장으로 근무했다.

1950년 유엔 장학생으로 선발돼 영국 런던문화원과 런던대학교에서 영국 사회보장 제도를 연구했고, 11월에 귀국하여 1·4 후퇴 피난민구호사업을 담당하였다. 이때 세계 각국에서 구호물자를 조달해 배분하는 중책을 맡았다.

1954년 보건사회부 사회국 국장서리로 근무할 때, 7월 '고등고시 행정과'에 합격했다.

1955년 9월에 미국 미네소타대학교 대학원 석사과정에 입학하고 1967년 6월에 졸업했다(사회사업학 석사).

1955년 우리나라 최초 '사회사업개론'을 발간하고, 1965년에 개정판을 출간했다.

1958년 1월 서울특별시(시장 허정) 비서관이 되었다.

1958년 5월 동생 김주묵은 제4대 국회의원 선거에서 음성군 선거구에 민주당 후보로 출마해 당선되었다.

1959년 6월 지역사회개발중앙위원회 간사장이 되었다.

1960년 4·19 직후 보성전문학교 선배인 허정 총리가 수반으로 있던 과도내각에서 보건사회부 차관을 지냈다.

1960년 10월 대한적십자사 사무총장이 되었다. 이후 12년 동안 대한적십자사 사무총장으로 일하였고, 서울 시내 여러 대학교에서 사회사업행정을 강의하였다.

1961년 5월 브라질에서 열린 국제지역사회개발회의에 한국 대표로 참가했다. 그러다가 5·16을 맞이했지만, 박정희 정권 때도 계속해서 대한적십자사에서 일했다.

1961년 미국 하딩대학교에서 명예박사학위를 취득하였다. 그해 5월 브라질에서 열리는 국제회의 참석할 때 미국을 경유할 때 학위를 수여한 것으로 보인다.

1969년 셋째 아들 재덕이 신경이 썩어 들어가는 베체트병을 앓기 시작해 연세대 재학 중 시각장애인이 됐다. 재덕은 8년간 투병 끝에 1977년 스물여덟 살의 나이로 세상을 떠났다.

1971년 남북 적십자 회담 때는 대한적십자사 사무총장으로 회담을 진두지휘했다. 1972

년 10월 대한적십자사 부총재를 끝으로 공직에서 물러난 뒤에는, 여생을 뇌성마비 장애인들에게 바쳤다.

1973년 10월에는 한국사회복지협의회장을 지냈고, 1974년 9월부터 1984년까지 국제사회복지협의회(ICSW) 집행위원을 역임했다.

1973~1981년까지 삼부토건에서 부사장으로 일하고, 직장 의료보험조합 대표 등을 지냈다.

1978년 3월부터 2001년 5월까지 20년이 넘는 동안 한국뇌성마비복지회 회장으로 열정적으로 일했다.

한국뇌성마비복지회 회장으로 일할 때, 과거 3남 재덕을 치료하는 과정에서 알게 된 일본 '성명원' 원장 등과 교류했다.

1981년 평화통일정책자문위원회 자문위원으로 일했다.

1981~1983년 의료보험조합연합회 회장이 되었고, 1982년에 연세대학교 의과대학 외래교수로 강의했다.

1984년 결혼 후 53년간 해로한 이영수와 사별했다.

1986년 9월 제1회 국제사회복지공로상을 받았다. 이상은 세계 각국의 추천을 받아 ICSW가 5년에 한 번씩 민간 사회복지 세계적 유공자에 주는 상이다.

1989년에 중앙장애인복지대책위원회 위원장을 역임했다.

1990년 8월 한국장애인고용촉진공단 이사를 맡았다.

1991년 9월 장애인복지법상 심의위원회인 중앙장애인복지위원회 위원장을 맡았다.

1991~2001년 장애인복지단체협의회 회장으로 매년 '장애인의 날'을 주관했다.

1993년 무궁화동산 이사장을 역임하고, 1995년에 강남대학교 대우교수로 강의했다.

1996~1998년 아시아태평양지역뇌성마비협회 회장을 역임하고, 1997년에 장애인대책협의회 위원을 역임했다.

1997년에 한국사회복지협의회 이사, 2000년에 대한노인회 부회장을 역임했다.

2001년 5월 15일 노환으로 별세했다(향년 85세).

참고문헌

공임순, "김학묵이라는 에이전시-서울대학교 사회사업학과 신설을 둘러싼 미국 발 원조의 회로-", 한국학연구, 제47권, 인하대학교 한국학연구소, 2017.

김학묵, 사회사업개론, 한국사회사업연합회, 1955.

김학묵, '사회복지의 편편수상-생이별의 한', 계간 아산 여름호 통권 제33호, 아산사회복지사업재단, 1986.

김학묵, 미국의료사회사업의 기능【상】, 연세춘추, 제2권 제115호 : 2면(3), 1957년 12월 2일

김학묵, 세미나 참관기-2000년대를 향한 사회복지정책의 방향과 과제에 부쳐(25~42쪽), 社會福祉, 통권105호, 한국사회복지협의회, 1990년.

김학묵, '귀환동포와 월남 피난민의 구호사업', 계간 아산 여름호, 아산사회복지사업재단, 1985

김범수, "김학묵 복지선구자 : 우리나라 최초 사회사업개론 펴낸 이론과 현장의 모범생", 복지저널 5월호, 한국사회복지협의회, 2013.

김범수, 초창기 사회복지인물사, 공동체, 2019.

박윤철, "다시 보는 팔타원 황정신행 종사의 '이타적' 삶", 월간 원광 9월호, 월간 원광, 2020.

박형순, "우원과 강남대학교", 2018년도 창학정신 아카데미, 교목실/우원기념사업회, 2018.

서울대학교 사회학과, 서울대학교 사회학과 50년사.

신명호, '신명호의 상해임정 27년사(1)', 월간중앙 2022년 4월호.

오국근, '자유세계의 청년회의', 동대신문 2011년 1월 20일.

이동현, '언론인 오재경(1919~2012)', 2020.

이용교, "소년법과 조선소년령의 역사", Social Worker 2017년 10월호, 한국사회복지사협회, 2017.

이용교, "사회보장심의위원회의 설치와 운영에 관한 연구", 사회복지역사연구 제5권, 한국사회복지역사학회, 2022.

이혜경·남찬섭, 한국 사회복지학의 고등교육 50년- 사회복지의 제도화와 고등교육의 대중화를 배경으로, 한국사회복지교육, 2005.

이화여자대학교, 대학안내, 1955.

최수일, 대한민국 의료보험 이렇게 만들어졌다, 대한민국CEO연구소, 2018.

최옥채, "한국 사회복지학 비평-형성 초기 1세대의 개론서와 역사주의 관점 중심으로-", 한국사회복지학, 64권 제3호, 2012. 8.

최원규, "한국사회사업학회의 태동과 해산(1957~1972)", 한국사회복지학회, 2007.

황온순, 천성을 받들어 90년, 1992.

사진출처

33p https://blog.naver.com/s5we/222925992774

46p 네이버 통합검색

117p https://www.yna.co.kr/view/AKR20201211165700371?input=1179m

138p https://www.donga.com/news/article/all/20120628/47351086/1

191p http://ok1659.tistory.com/495

204p https://archives.kdemo.or.kr/isad/view/00726745

274p https://www.asanfoundation.or.kr/af/bsns/prize/afBsnsPrizeDetail.do?idx=1099

276p https://blog.naver.com/talkjockey/90183459446

280p https://n.news.naver.com/mnews/article/001/0002870822?sid=102

복지행정의 선구자 김학묵

초판 발행   2023년 12월 29일
2 판 발행   2025년 1월 6일

지 은 이 이용교
펴 낸 곳 미래복지경영 · 코람데오
등   록 제300-2009-169호
주   소 서울시 종로구 세종대로 23길 54, 1006호
전   화 02)2264-3650, 010-5415-3650
              FAX. 02)2264-3652
E-mail   soho3650@naver.com

ISBN | 979-11-92191-22-5 03230

값 15,000원

※ 잘못된 책은 바꾸어 드립니다.